DU MÊME AUTEUR

Aux Éditions Gallimard

LES AQUARELLES DE L'ARCHITECTE ENGEL, 2022

Du monde entier

JUKKA VIIKILÄ

RÉCEPTION CÉLESTE

roman

Traduit du finnois
par Claire Saint-Germain

nrf

GALLIMARD

Épigraphe : William Blake, *Le Mariage du Ciel et de l'Enfer*, traduit de l'anglais par André Gide.
Page 174 : Claude Simon, *Orion aveugle*, Genève, Albert Skira, coll. « Les sentiers de la création » n. 8, 1970.
Page 258 : Maggie Nelson, *Bleuets*, traduit de l'anglais par Céline Leroy, Paris, Éditions du sous-sol, 2019, §79.

Titre original :

TAIVAALLINEN VASTAANOTTO

Je suis moi-même le modèle de chaque personnage de ce livre.

Inutile de réfléchir à quelque correspondance que ce soit avec la vie dite réelle.

« Le renard se pourvoit,
Dieu pourvoit au lion. »

William BLAKE

J'ai toujours su que j'étais bénie. Après avoir lu ce livre, tu le seras toi aussi, et ni la maladie ni la misère ni la mort ne te toucheront plus.
SIMONE

p. 7
Je me suis mis à pratiquer la symétrie suivante. Je ne pense pas à ce que les autres pensent de moi. Au contraire, je veux, à l'endroit de chaque sentiment, me rappeler que les autres aussi en éprouvent de semblables. Cette symétrie implique que, lorsque je me vexe, je me demande aussitôt s'il m'est déjà arrivé, possiblement, de causer pareil sentiment chez autrui. Mes vexations, de même que mes autres sentiments, ne sont pas une connaissance sur moi-même émergeant en mon for intérieur, mais des messages provenant de l'extérieur, du monde des gens.

p. 10
La crainte, je l'ai reçue de ma mère. L'histoire de toute ma vie jusqu'à ce jour a été écrite par mes peurs. L'évitement des choses épouvantables m'a porté où je suis.

Je ne serais pas ce que je suis si j'étais courageux ou assez insensible au monde pour ne pas en redouter les dangers. J'ai peur en voiture, en avion, en train. J'ai peur des incendies, des situations sociales, de l'eau, des hauteurs, de la proximité avec les gens, de la trahison sexuelle, de la pauvreté et de l'électricité, pour n'en mentionner que quelques-unes.

Lorsque je quitterai enfin cette planète des affres, j'en serai reconnaissant, et je ne repenserai plus jamais à ce que j'aurai vécu ni ne regarderai en arrière. À quarante-sept ans, j'en ai assez.

(le début)
C'est tellement inintéressant, la conscience d'un homme qui se réveille, en fait. J'observerais l'éclosion d'un Hatchimals avec mille fois plus d'intérêt. Ces descriptions impliquent toujours l'analyse de manifestations lumineuses ainsi que des sons qui « se propagent » du dehors, sur fond d'une difficulté prévisible à différencier le rêve et la « réalité ».

Il serait plus intéressant d'étudier le processus d'éveil faisant advenir cet homme. À quel point de son réveil prend-il les commandes ? Quelle est la première chose qu'il décrète vraie, et la dernière qu'il identifie comme un rêve ?

La deuxième scène d'éveil du roman offre plus d'intérêt. Le livre aurait pu s'ouvrir par là. Jan Holm est réveillé en réanimation, après l'opération, à l'orée de sa seconde vie. Il s'éveille instantanément. Le visage de Maija est tout près. Le tube du respirateur l'empêche encore de parler.

MINTTU

(7 h 04)
Je ne tire plus le rideau de douche devant le miroir quand je me lave. Avec la course à pied, j'avais fait apparaître mon ossature délicate, mais maintenant ma pratique d'Uber commence à se faire ressentir. Ma journée débute réellement au lave-auto, à Töölön tulli, le carrefour de l'ancien octroi de Töölö, où je prends mon premier café et lis mes premières pages. Lorsque je ne vois plus, par ma vitre, que l'eau et le rouleau, je m'imagine pris dans un gigantesque déluge qui s'est abattu sur Helsinki. La paix se fait dans mon esprit, le flot efficace emporte mon véhicule où ça lui chante tandis que moi je me concentre sur les mouvements de mes sens, l'absorption des gorgées de café au moment idoine, l'existence et tout le reste.

Je franchis les portes du lave-auto et gagne la ville, régénéré. Si aucun client ne se présente, je prends à droite sur l'avenue Mannerheim et roule tant qu'il y a de la route. Ensuite, je tourne à nouveau à droite, descends le Bulevardi et prends à gauche au bout. Je laisse mon véhicule au parking de Kaivopuisto. Suivant le temps, je m'installe pour lire dans le parc ou dans ma voiture.

RAUNO

p. 328
La forme de mon roman est celle d'un *himmeli*, une décoration légère suspendue au plafond à la manière d'un lustre. Il est égal de partout. Je l'ai fabriqué en brins de paille. Les plus infimes changements de température le font bouger. Si l'on passe devant à pas feutrés, il se met à tourner. Un seul craquement d'allumette, et il prendra feu.

p. 28
Mohamed Salah quitte les moniteurs de la salle d'opération pour rejoindre ceux qu'il a installés chez lui. Il a besoin d'informations graphiques, d'un indice de référence ou d'une courbe cardiaque, de voir simultanément deux cents électrocardiogrammes ou d'en faire la moyenne en un seul. Il a commencé à investir, mais il est trop loin des banques. Il lui faudrait rapprocher son ordinateur de son cœur à la manière des moniteurs de surveillance de la salle d'opération, sinon, jusqu'à sa mort, il sera en retard pour les transactions.

On lui a confié l'opération d'un poulpe. Il connaît le cœur humain dans ses moindres replis, même s'il s'est spécialisé professionnellement en chirurgie valvulaire. Il n'avait jamais entendu parler des trois cœurs du poulpe, et encore moins pratiqué d'intervention dessus.

p. 13
Qui sait depuis combien de temps mon sang traverse mon cœur dans la mauvaise direction ?

(l'expression)
Dans son livre, Holm évoque l'expression de mort qu'il voit se peindre sur le visage des amis à qui il annonce sa maladie. Qu'il soit malade éveille en eux la peur de leur propre mort. Cette expression est tout à fait reconnaissable, écrit Holm. Il ne l'avait jamais croisée de sa vie auparavant, mais elle est identique chez tout le monde. Un peu comme si les gens détectaient une odeur de pourri ou retenaient leurs excréments.

Je suis l'une de ces personnes qui ont toujours vécu la main sur le cœur. Je contrôle tout le temps mon pouls. Je

n'ai aucune confiance en mon cœur, pas la moindre. Je crois que, pour battre, il a besoin de mon attention sans partage.
MINTTU

p. 111
Il faut laisser les thèmes naître naturellement. Si le sujet est viable, il produira de lui-même des thèmes naturels et puissants. Écrivant à partir de mon cœur, je me rends compte que j'écris sur la naissance de mon enfant. J'ai toujours pensé que je mourrais à un stade précoce de sa vie, que je serais pour elle un souvenir avant tout, à l'instar de nombreux pères. Pour l'heure, je me concentre sur deux lieux. Le pub William K de Kurvi, où je reçois un appel de ma femme qui vient de perdre les eaux. J'évoque sa situation au chauffeur de taxi qui accélère comme dans les films, avec jubilation. Sur ce, me voilà remontant la rue Fredrikinkatu jusqu'à l'église Temppeliaukio, ou plutôt essayant de le faire, la faiblesse possède tout mon corps, ma poitrine, mon dos, j'ai l'impression d'être rempli de liquide. Je m'arrête pour reprendre mon souffle à la porte d'un magasin de souvenirs. J'ai bu, avec un ami poète, une demi-douzaine de bières sans alcool au pub William K de Kamppi. Le lendemain, je vais parler de ce que j'ai ressenti à un infirmier en santé publique du centre médical du quartier de Töölö.

Le froid est vif la nuit précédant la naissance de l'enfant. Nous nous promenons avec Maija autour de la maternité de Kätilöopisto et achetons des brioches Dallas au fromage blanc vanillé dans un kiosque. Nous vivons ensemble depuis onze ans. Nous possédons un vidéoprojecteur que nous nous sommes procuré à l'occasion des « Jours Fous » du grand magasin Stockmann, nous regardons des films toutes les nuits. Le préféré de Maija est *Le Mépris*. Cela fait huit ans que nous essayons d'avoir un enfant. Je n'avais pas imaginé le don d'amour que Maija représente pour moi. Me voici à la clinique de fertilité avec du café et des toasts. Quelques heures plus tôt je suis allé me masturber au rez-de-chaussée, dans une salle disposant d'un assortiment de revues pornographiques, d'équipements vidéo et d'un canapé en cuir. Je m'excite sur une blonde qui figure à la première double page d'un magazine, et mon sperme jaillit, épais et abondant. Je sais que cela pourrait marcher. J'ai eu la même sensation au concours d'entrée de l'École supérieure de théâtre d'Helsinki ou lorsque j'ai envoyé à mon éditeur le manuscrit de mon roman sur l'architecte Engel.

Maija se présente en cardiologie avec des cafés, elle aussi, et s'installe près de mon lit. L'enfant veut prendre ma place, je m'assois dans un fauteuil à côté, je bois mon café. L'enfant me fait un dessin, avec une savane et un lion.

p. 16
Je suis tout bonnement incapable d'écrire un livre personnel. Mon caractère secret offrirait en principe un bon point de départ à une prose autobiographique, mais je n'ai pas la force de me mettre à nu devant les faits.

Les larmes me viennent en songeant à mon impuissance, à laquelle je me heurte une fois de plus. Ma maîtresse m'a dit un jour que je m'ouvrais extraordinairement de certaines choses tandis que je laissais les autres profondément dissimulées.

Ma pire peur est que, à force de faire la fine bouche, toutes mes paroles soient entachées d'insincérité, que je ne confesse plus rien, en fait, si je ne confesse pas tout. L'infidèle est maître en demi-vérités. On dit en effet que, pour éviter de se faire prendre, il faut parler aussi vrai que faire se peut.

Je crois toutefois que tous mes amis subodorent mon secret. C'est par tact qu'ils ne reviennent pas sur la question.

Je me suis connecté à la webcam de l'aigle, dès le matin, suivant mon habitude. Il ne se passe pas grand-chose au nid ces derniers temps. On peut s'estimer heureux de voir l'oiseau s'y poser ou s'en envoler. Parfois, un petit piaf file devant l'objectif.

Aujourd'hui fut néanmoins exceptionnel. L'aigle s'est posé dans le nid, tenant une proie à fourrure dans son bec. J'ai cru au début que c'était un de ces visons ou autres rongeurs cruels au nom impossible à retenir. Puis j'ai aperçu un collier au cou de l'animal. Avec une inscription que je n'ai pas eu le temps de déchiffrer.

Je me suis dit que c'était peut-être le début de quelque chose de majeur.

J'ai trouvé, sur le Facebook du Club de vidéos animalières, une personne qui enregistre le flux de la webcam de l'aigle, et me suis fait envoyer un arrêt sur image de l'événement. Je le connaissais, ce collier. On y lisait « Minttu ». Avant de disparaître au fin fond du nid, Minttu semblait être en vie, elle miaulait. J'ai fait une capture d'écran et l'ai envoyée sur le WhatsApp des Saariluoma.

M. Saariluoma se fera prêter des griffes d'élagage par M. Simonen, son partenaire de squash. Rien de ce qu'on a vu vivant et dont la mort n'est pas entièrement certaine ne peut être abandonné à son sort. C'est la base de bonnes nuits de sommeil et d'un quotidien sans peur.

H

Les souvenirs se trouvent aux parages des eaux.

Je reçois, au parc Kaivopuisto, une demande de course d'un client qui se trouve au carrefour de Viiskulma. Ça me désole de devoir abandonner *Réception céleste* dès les premières pages. Je sors de ma place et tourne à gauche. Je prends l'avenue Ehrenström en direction du centre.

À l'époque où j'occupais des fonctions de management, je me sentais toujours triste, coupable, le soir venu. Avant de m'endormir, livré à cette sensibilité, il me semblait que c'était le comble de la malhonnêteté : donner des ordres à des gens qui les accomplissent sous la pression du chantage. Personne ne se fait volontairement le subordonné d'autrui. La subordination est le prix de l'amour. Une personne a désiré avoir une famille et un bel appartement, quelque chose de bien dans sa vie. Pour se le payer, elle accepte d'obéir à des gens comme moi. Les managers parlent entre eux de bon management. Il n'y a pas de bon management. Il n'y en a que du mauvais. On ne peut jamais savoir d'avance ce que deviendra quelqu'un qui accède à une position de pouvoir, mais cela ne lui fait jamais de bien.

Nul ne devrait disposer d'un pouvoir sur autrui, ni en art ni en science ni dans la vie économique. L'égalité, ce ne seront que de belles paroles tant que nous rembourserons nos emprunts en obéissant aux ordres d'autrui.

Je n'étais pas un responsable trop affreux, en tout cas je ne faisais pas mon petit chef, mais ce statut rendait mon âme malade.

À Viiskulma, devant le disquaire Digelius, j'aperçois deux hommes en costume, ivres, qui me font signe.

RAUNO

Tout est si triste. Y compris le fait que les gens qui sont, en leur fond, la bonne volonté même finissent toujours par ruiner leurs chances d'accéder à mon amour en laissant échapper quelque remarque de mauvais aloi que je ne pourrai, quoi que j'y fasse, jamais oublier.
PAULIINA

p. 120
L'appartement du taxi ambulancier n'avait pas bougé depuis le début des années 2000. Les murs affichaient des tableaux représentant des krachs boursiers célèbres, des graphiques d'ajustements des cours.

Dès l'entrée, au-dessus des patères, figurait l'ajustement de la crise financière asiatique de 1998. Un tableau abstrait contenant une figure en W. Lorsque le taxi ambulancier le regardait, il se représentait mentalement trente mille foyers dans lesquels on ne savait plus comment s'en sortir. Il en parcourait les pièces, les salles de bains, les cuisines raccordées au gaz et les petites fenêtres à hauteur des nuages. Il s'asseyait dans le canapé d'une famille chinoise de trois personnes. Si intense était son implication dans le général et le particulier de l'économie.

Les derniers cadres de la pièce ressemblaient aux précédents mais représentaient des défis d'alpinisme réputés, des sommets ou des voies, ou encore certains de leurs détails, des prises fameuses, de quelques centimètres, qui étaient encore plus illustres parmi la population des grimpeurs que lesdits monts ou chaînes de montagnes.

(café ekberg)
Je me suis payé des amphétamines sur le réseau Tor afin de pouvoir consacrer tout mon week-end aux exercices

d'écriture qu'on nous a donnés à l'Académie critique. Le vendeur le plus proche me propose un rendez-vous au parc Ruttopuisto, le parc de la Peste. Il me donne un échantillon de crystal meth et un Viagra par-dessus le marché.

Ensuite, je vais chez Ekberg : il y a de bonnes vibrations pour l'écriture. J'ai commandé un thé vert dans lequel j'ai saupoudré mes amphètes dès que le personnel a eu le dos tourné. J'ai dit aux dames du quartier chic de Punavuori constituant la clientèle habituelle que je souffrais de maux de tête. Elles s'y connaissent en drogues. Elles sont toutes soit accros aux benzos soit alcoolos.

L'idée directrice de l'exercice m'a été inspirée par le dramaturge Jussi Parviainen qui, à en croire *Réception céleste* du moins, a déclaré que le personnage de théâtre est ce qu'il ressent la plupart du temps. Raccourci génial.

À cet instant précis, je me sens étincelante, mais, en moyenne, sûrement désespérée aussi. Quand les amphétamines auront quitté mon organisme, elles auront laissé place nette à l'accablement.

« À l'intérieur de mon corps flasque, une beauté gaie fait un usage ironmanien de mon corps visible. »

Voilà la pensée que j'ai notée. Il faut bien commencer quelque part. Ensuite je vais faire un tour aux toilettes. Depuis la porte, j'embrasse d'un coup d'œil tout le café et ses clientes. Des chasseuses-cueilleuses dont les hommes sont partis giboyer chaque matin pendant des décennies mais se sont tout gardé pour eux. Il est frappant que 90 % des millionnaires soient mariés et, pour la plupart, toujours au sein de leur première union conjugale. C'est grâce aux épouses qu'on réussit dans ce monde.

J'attends mon tour aussi tranquillement que possible. L'idée de me masturber me traverse l'esprit, mais j'y renonce aussitôt, pour cause de journal intime. Ce serait une faute de goût, eu égard à mon journal, de me masturber sous amphètes. Dont j'ai pléthore. J'aperçois un sweat à logo Off-White que je connais bien. Ou alors c'est quelqu'un d'autre qui a le même. À cet instant précis, je n'ai peur de personne, pas même de lui.

MINTTU

(au sujet des rumeurs)

La finesse avec laquelle *Réception céleste* décrit la propagation des rumeurs ! L'infectiologue est mieux placé que quiconque en la matière. Il a réalisé des études, à titre de passe-temps, des compétitions visant à déterminer ce qui se diffuserait le plus vite : une épidémie ou la rumeur d'une épidémie. Car nul n'a jamais gardé par-devers soi l'annonce que quelqu'un de sa connaissance avait contracté le VIH.

Le thème est évidemment associé à la brève romance entre Jan Holm et une célèbre actrice suédoise.

J'en ai moi-même tellement soupé des ragoteurs que j'ai décidé d'inventer quelques scandaleux mensonges à mon endroit et d'en raconter un à chacun de mes meilleurs amis en leur faisant jurer de n'en rien dire à quiconque, sous peine de perdre mon amitié. Les gens s'imaginent en général que le risque de se faire prendre en flagrant délit de ragot est minime, étant donné que personne ne peut prouver qu'on a éventé un secret. Dans le cas présent, le secret est individualisé auprès de chaque ami séparément donc, s'il me revient aux oreilles, il n'y aura aucun doute sur le ou la coupable.

Je vais observer la chose avec intérêt, vais-je me retrouver confrontée à l'une de ces rumeurs ? Ou bien n'apercevrai-je que les subtils changements qu'elles causeront dans mon environnement ?

ELLEN

Pourquoi l'amour profane est-il rendu si difficile aux gens comme moi ?

À combien d'hommes ou de femmes me suis-je refusé uniquement parce que j'avais peur de ne pas bander ? Les coups pendant lesquels j'ai réussi à faire fonctionner mon engin n'ont été que des performances. Surveiller ma bandaison ne m'a pas laissé de temps pour les sentiments ou la passion. Je souhaite, au nom de tous ceux qui sont comme moi, une fin brève et chiatique à ce monde.

TEEMU

Être civilisé, c'est témoigner du respect envers nos masques. Déclarer à tel ou telle que son masque est beau, orné avec talent.

Nous remontons la rue Helsinginkatu, le long de la baie de Töölö, en direction du quartier de Kallio. Les hommes en costume consultent leurs téléphones, multiplient les éclats de rire, se donnent des bourrades.

Un chagrin insondable nous guette partout. Je me souviens d'une fois où je me suis disputé avec Satu, tout avait valsé. Je me suis rué dehors, tragique, j'ai dévalé à grandes enjambées la rue Runeberg depuis l'immeuble de Töölön Helmi, et gagné au pas de course le couvert des buissons de la baie. Je craignais que Satu n'appelle la police, de me faire arrêter si je marchais à la vue de tous. Assis sur un banc dissimulé aux regards dans le parc au bord de l'eau, j'ai contemplé l'écran de mon téléphone qui sonnait en mode muet. Des oies du Canada fouillaient du bec sur le rivage. Les trains allaient et venaient de l'autre côté, au niveau de Linnunlaulu. J'ai reçu vingt-deux appels. Puis, plus un seul.

J'ai encore le numéro de Satu dans la mémoire de mon téléphone. Une fois, j'ai rêvé que l'appareil l'affichait, posé sur la table de la cuisine.

RAUNO

p. 30

Nous fréquentions des chambres de toutes sortes, toujours payantes. Elle s'asseyait par terre, fouillait dans son sac. Moi, j'étais sur une chaise et je parlais. Peu à peu le chaos contenu dans son sac se répandait dans la pièce. Nous laissions derrière nous un bazar énorme. Quelquefois du sang. Nous nous jetions des choses à la tête, nous luttions à renverser les meubles. De l'autre côté de la cloison, dans un train de nuit, quelqu'un essayait de dormir, nous parlions d'anus et nous roulions en tous sens, nus, sur la couchette. Nous avions avalé un aphrodisiaque inconnu que son ex-mari m'avait donné. Nous descendions fumer un joint aux arrêts. À la gare d'Oulu, le contrôleur fut obligé de crier pour nous faire remonter avant le départ. Nous fumions du hasch partout. Pendant ses règles, j'eus le droit de lui mettre un tampon. Quand nous partions, où que ce soit, nous partions en courant. Toujours pressés d'atteindre l'endroit suivant.

Au cinéma, nous nous donnions rendez-vous dans le noir. Dans les halls d'hôtels, elle déambulait en lunettes de soleil. Au petit déjeuner, à Jyväskylä, un homme nous prit en photo. Je crus longtemps que je retrouverais le cliché sur le net, mais il n'en fut rien. Bien des gens avaient connaissance de notre liaison, mais on n'en trouve pas mention. Une fois, notre liaison était déjà terminée, nous nous rencontrâmes par hasard et restâmes enfermés dans le restaurant Manala. Nous étions en train de discuter devant les toilettes et aucun membre du personnel ne pensa à jeter un coup d'œil à la fermeture. Nous passâmes la nuit sur place. Nous jouions au serveur à tour de rôle. Elle chercha des cigarettes sans répit, en trouva et enchaîna les clopes. Lorsque nous entendîmes les bruits annonçant l'arrivée de la personne chargée du ménage matinal, nous passâmes furtivement devant elle pour sortir. Nous courûmes jusqu'à un taxi. Je descendis au niveau du restaurant Elite et grimpai chez moi.

Je la revis la fois suivante deux ans plus tard, à la porte d'un tramway, à l'arrêt Töölöntori, place du marché de Töölö. Je descendais avec ma fille, elle montait, un petit garçon dans les bras.

(les instants qui viennent de mourir)
Les souvenirs nostalgiques liés à des événements récents. J'écoute *Visions of Gideon* de Sufjan Stevens et je me remémore avec nostalgie la nuit dernière, j'étais couchée nue dans mon lit et je jouais à 8 Ball. J'écoutais en mode *repeat* une merveilleuse chanson des années 80 et laissais les souvenirs me saisir. La porte du balcon était ouverte sur la rue Vaasankatu.

La vie est si fragile, unique et éphémère que la nostalgie touche même les instants qui viennent de mourir.
VEERA

Holm écrit qu'il a vécu durant deux ans et demi dans le paradigme de *Réception céleste*. Il écrit qu'il n'a ni ouï-dire ni rencontré quoi que ce soit, pas une seule chose, qui n'ait appartenu essentiellement à son roman.

Si c'est comme ça, je peux dire que je vis, pour ma part, dans le paradigme du deuil. Il n'est sans doute rien au monde qui ne me rappelle pas mon épouse. Je me suis mis à Uber afin de pouvoir conduire jusqu'aux bords du chagrin. Ou pour qu'un client puisse m'adresser ne serait-ce qu'une seule phrase qui me change de l'ordinaire. Toute personne ayant acheté une voiture pour autre chose qu'une nécessité pratique se reconnaîtra dans l'idée de faire une expédition jusqu'à une hauteur d'où l'on pourra voir une autre ville.
RAUNO

J'adore l'honnêteté mais, j'avoue, j'ai du mal à annoncer à une semi-connaissance rencontrée au bar Rytmi que je vis dans la rue. Je ne sais pas où je vais passer la nuit prochaine. Les deux dernières je me suis réfugiée dans des cages d'escalier. Pour y accéder, il faut tapoter un bon bout de temps sur les touches les plus usées des digicodes. J'ai arrêté d'appeler le gars au sweat Off-White. Il a vraisemblablement jeté toutes mes affaires à la poubelle ou plutôt, dans son cas, les a scrupuleusement triées dans le local de sa copropriété. Je ne l'aimerais pas s'il n'accompagnait pas de si nombreux moments de ma vie qu'aucune drogue ou aucune baise n'effacera de ma mémoire. C'étaient des instants minuscules et banals. Pour la plupart. Je sais que n'importe qui pourrait occuper sa place, mais ce n'est pas le cas.
MINTTU

Rares sont les lieux de travail aussi peu sûrs que le service municipal d'urbanisme. Personne ne souhaite se voir retirer son paysage. Un jour que je me rendais, distrait, au bureau, je fus effrayé de découvrir un homme dépenaillé qui fouillait dans mes tiroirs. Il s'inquiétait de l'avenir de son immeuble et savait qu'il le découvrirait ici.

Les changements les plus puissants sont invisibles. La vue depuis mon bureau est restée la même durant toute ma carrière alors que nous construisions à un rythme effréné partout en ville. Je suis incapable de me rappeler à quoi ça ressemblait.

Je suis stationné dans Yrjönkatu, devant l'hôtel St. George. La presse suppute que les époux Trump vont y passer la nuit. Derrière la façade, des mesures de grande ampleur ont été prises pour assurer la sécurité du couple présidentiel. J'ai entendu dire que les clients des hôtels de luxe réservent souvent des espaces gigantesques, voire des étages entiers, et ne se présentent jamais sur place. Ils annulent au dernier moment, ou en retard.

Le besoin en hôtels des grandes villes est insatiable. S'embarquant dans une liaison extraconjugale, Jan Holm a l'occasion de se rendre compte que passer une nuit impromptue à l'hôtel avec sa maîtresse relève du domaine de la fiction. Ce n'est pas malin de se montrer dans le hall de plusieurs hôtels au bras d'une femme connue, mais Jan Holm se fiche de ce genre de considérations. Je ne lui envie pas son indifférence, pourtant. J'ai trouvé en ce monde suffisamment de libertés qui ne se fondent pas sur la souffrance d'autrui.

Au cours de ma carrière, je me suis retrouvé dans bon nombre de ces établissements. Mon hypothèse est que partout où un immeuble de prestige est libéré de sa fonction, on entend le reconvertir en hôtel. L'offre temporaire de sommeil a ici de vastes perspectives de croissance.

Je baisse la vitre de ma voiture et laisse la chaleur affluer dans l'habitacle. Cette journée tropicale se reflète dans le

nombre de fesses à l'air au parc Ruttopuisto. Quelle merveille d'être assis dans ma voiture. Tout ce qui me rattache au reste du monde en est absent. Je pourrais partir n'importe où, prendre un ferry pour l'Estonie ou l'Allemagne. Dans ma voiture, tout resterait identique, seuls les pays et les cultures changeraient derrière les vitres intelligentes.
RAUNO

« L'opération cardiaque eut sur moi un effet bienheureux, non que mon humeur se soit améliorée par la suite (au contraire, celle-ci se détériora), mais parce qu'elle intervint au bon moment dans ma vie. Elle mit fin à des processus dont la viabilité avait déjà suscité mes doutes. Elle ouvrit la porte à une oisiveté toute nouvelle, une vie saine, mais, avant tout, elle purifia mon amour. »

Jan Holm, victime d'un épuisement durant l'effort, va consulter un infirmier en santé publique au centre médical de Töölö. Il venait d'accepter un nouveau travail, s'était engagé à écrire le livret d'un opéra, et espérait être suffisamment malade pour se voir dans l'obligation d'abandonner le projet. En temps normal, il ne se serait pas rendu dans ce centre médical.

« Le praticien prit peur en voyant mon électrocardiogramme. Mon cœur était en fibrillation atriale, mais l'infirmier me traita comme si j'étais proprement en train de mourir. Après la consultation, je me rendis à pied aux urgences chirurgicales de l'hôpital Haartman où l'on me donna un médicament pour la fibrillation.

« Mon frère cardiologue me fit passer une échocardiographie le lendemain. Il m'apprit alors que la fibrillation atriale était le signe d'une fuite mitrale et que j'avais devant moi une chirurgie à cœur ouvert et serais obligé de renoncer au travail prévu. J'étais ravi. Nous sortîmes faire la bringue, passâmes chercher le sachet de médicaments pour le cœur qu'il me prescrivait, achetâmes quelques vêtements et dînâmes. Je suscitai l'enthousiasme de mon frère à l'idée d'investir dans des actions, autant dire que les questions de santé ne tinrent pas une grande place dans la conversation. »

ME NAISET, MAGAZINE FÉMININ

L'être humain n'est symétrique qu'en surface. Le poumon gauche possède deux lobes et le droit, trois. Le cœur occupe la place du lobe central du poumon gauche.

Quand quelqu'un est endormi, palpe son cœur. Celui-ci bat en dépit des sentiments bondissants du dormeur. Il fraie son chemin à travers broussailles et bourbiers. As-tu déjà vu à quoi ressemblait un cœur en train de pomper lorsque la cage thoracique est ouverte et qu'il peut tapager à sa guise ? Il a un air violent. Impoli. Déchaîné. Son caractère s'avère mille fois plus brutal qu'on l'imagine. Il y a de quoi être surpris que le cœur poursuive son travail de fou pendant quatre-vingts ans, parfois même un siècle. Mais quand il le décidera, il tuera la personne sans pitié, au beau milieu de ses joies et de ses peines. À la différence des autres facteurs de mort, le cœur n'annonce pas ses intentions. Le cœur est ce que tu as de plus intérieur. Celui envers qui tu es sincère quand le monde te menace. Celui à qui tu confies tes secrets et à qui tu remets le soin de ta vie. Il te porte au-delà des montagnes et à travers les fleuves. Il marche à ton côté jusqu'à la fin.

KAROLIINA

Après la mort de Satu, j'ai été pris de crises de fatigue. Cette semaine, j'ai dormi dans ma voiture tous les jours. À dix heures et demie, je suis allé chercher un homme très fatigué devant le café Ursula. Il avait indiqué le quartier d'Arabianranta comme destination sur l'application Uber, mais une fois installé sur la banquette arrière il m'a dit qu'il souhaitait simplement dormir. J'ai proposé de le déposer à l'hôtel Omenahotelli, ce serait moins cher que dans ma voiture. Il a répondu qu'il ne pouvait pas dormir à l'arrêt, tant sa vie émotionnelle était mouvementée. Et il n'aimait pas les hôtels, c'était toujours là que se produisait le pire. Nous avons donc décidé que je parcourrais les rues d'Helsinki le temps qu'il fasse un bon somme. Je pourrais rouler n'importe où en centre-ville, du moment que je ne me montrais pas déloyal et n'allais pas me garer sur le parking de Kisahalli, le gymnase de Töölö, pour piquer un roupillon moi-même.

En garantie de sa solvabilité, il a détaché de son poignet une montre de marque Tudor et me l'a tendue. Je l'ai placée sur la console centrale, près de mon portefeuille. Au moment où j'ai quitté la cour d'Ursula pour emprunter l'avenue Ehrenström, l'homme s'est endormi. Aux premiers feux de circulation – au centre, conduire revient à s'arrêter –, j'ai observé dans le rétroviseur les effets de cette interruption sur son sommeil. Il a changé de position et fait des bruits de bouche. Je me reconnaissais en lui. Moi aussi j'adorais les arrêts, tant que le voyage reprenait ensuite. Nous sommes parvenus à la place du Marché. J'ai décidé de prendre à gauche sur l'Esplanade nord. Les pavés étaient apaisants, et les suspensions de ma voiture de qualité suprême.

RAUNO

Mon travail est d'ouvrir des cages thoraciques, je m'approche du cœur par le plus court trajet et ne m'étonne pas de le trouver à sa place familière sous le sternum, à l'intérieur du péricarde. Mon propre cœur m'est pourtant aussi lointain qu'un corps céleste.
MOHAMED SALAH

Les voyages sont ce qui me plaît le plus dans les romans. Les voyages en voiture, en train, en avion. Ce que j'aime par-dessus tout, ce sont les traversées en bateau.

Un personnage de roman intérieurement perdu est souvent en voyage. Le train s'arrête, il faut descendre. On annonce que le navire doit se rendre au port. Il faut faire le plein de la voiture. On tombe facilement amoureux dans une station-service. On tombe aisément amoureux à la cantine d'un bateau. Au wagon-restaurant, une femme qui se protège la tête avec un foulard Hermès vous demande si elle peut s'asseoir à votre table. Un aéroport est comme un hôpital. Il paralyse les uns et incite les autres à commettre des actes sortant de l'ordinaire. Deux endroits où l'on se dit adieu, bien comme il faut.

Mais les trajets, les trajets motorisés, sont ce qu'il y a de plus excitant dans les romans.
IISA

Il n'y a rien d'insolite à ce qu'une personne à qui l'on demande de parler d'elle oublie la douleur la plus immense qu'il y ait dans sa vie. Sa souffrance lui est si proche depuis si longtemps qu'il ne lui vient pas à l'idée de l'évoquer quand on l'interroge.
MATTI

Connaître le succès en tant qu'écrivain est chose honteuse. Tout écrivain à succès qui ne s'attelle pas aussitôt à dénoncer le malentendu que représente son succès jette l'opprobre sur toute la profession et étouffe la sensibilité au cœur de toute littérature. Sécurité, libéralité, approbation. Et non compétition, joie maligne et pitié.
SELENA

p. 252
Sur les coronographies, mes artères sont parfaitement propres. Cette information est d'ordre théologique. Mon âme est pure, malgré tout. L'infirmier en cardiologie a proposé que nous considérions ce résultat comme un miracle.

(la langue)
« Ne t'occupe pas de savoir si la langue de ton roman est toute trouvée et bien égalisée. Écris toujours dans une langue qui t'est agréable. » J'ai recopié ces lignes glanées dans le calepin de Mirva, une règle que Jan Holm lui a donnée après avoir lu le début de son roman à l'Académie critique. Son roman n'a pas été un succès parce que c'est peu après cela que Mirva a été victime des insectes. Je n'ai pas encore osé aller la voir à l'hôpital de Koskela.
MINTTU

Un roman qui serait composé uniquement de questions et de réponses. Voilà qui serait facile à écrire. On y progresserait aisément. Je me radoucis à cette simple pensée.
VEERA

(de la solitude)
La solitude du travail d'écrivain. Une vie la plupart du temps à l'écart des autres, oui, mais, avant tout, la grande rareté des choses sur lesquelles il est possible de bien écrire. La solitude engendrée par le constat que cela aussi, ça a déjà été dit, mais cette sensation-là, non – si familière, et qui pourtant nous échappe. Si je tombais amoureuse maintenant, je ne saurais pas comment l'écrire, et toute la relation ne tarderait pas à m'angoisser. Aujourd'hui, j'ai fait le tour des cafés et écrit. Le gars en sweat Off-White a désactivé son téléphone. C'est à croire qu'il existe des endroits littéraires, au sujet desquels une bonne prose vous viendra facilement, et des lieux comme Helsinki, fonctionnant constamment hors mots.
MINTTU

« Je n'ai en revanche pas souvent retrouvé, lorsque j'écrivais mon *Abécédaire*, le piquant qui marquait l'écriture de mon livre sur Engel. Les gens ne sont peut-être pas aussi bêtes que je le crois, mais très sensibles » (p. 161).

Après cela, Jan Holm analyse d'une manière un peu filandreuse et pas très claire le sentiment propice à la naissance de ses meilleurs textes. Pour *Réception céleste* il avait posé comme condition que le sentiment tragique devait croître « à l'intérieur du texte » au cours du processus. « Comme une ligne de basse qui, au final, roule tout sous elle. » Avec un texte, on commence par « se voir », puis on s'attache et on tombe amoureux. À la fin, on endure toutes les souffrances inéluctables de l'amour. Holm dit qu'il a écrit *Réception céleste* parce qu'il voulait « un remède à la tristesse et à la honte ».

Chez moi, la pression exercée par le texte naît toujours

de l'injustice. Je veux m'expliquer avec le monde. Par mes écrits, je me pourvois en justice, de la même manière qu'un condamné à perpétuité rédige une supplique au juge.
MINTTU

(la poésie)
Vous écrivez des phrases salutaires, mais puis-je vous parler de ma poésie ? J'étais une étudiante pauvre lorsque je décidai de sauter un repas par jour et d'investir l'argent ainsi économisé dans des actions boursières par l'intermédiaire de la Société boursière d'Helsinki qui venait d'être fondée. J'avais calculé qu'au bout de cent ans, en l'an 1962, la cagnotte aurait crû, en raison du phénomène des intérêts composés, jusqu'à représenter une somme faramineuse. Faire don d'argent aux poètes est ma façon à moi de faire de la poésie.

Je n'ai rien d'une fondation Kordelin, je ne cherche pas à attirer l'attention, d'autant moins que j'estime avoir judicieusement placé mes fonds.
MATHILDA

p. 100
Au début de cette même année où je fus opéré, mon père subit une ablation. Je n'ai pas eu l'occasion d'évoquer plus tôt ce détail troublant : on m'attribua la chambre qu'il avait occupée peu de temps auparavant. C'était l'avant-dernière d'un long couloir, et l'on voyait par la fenêtre l'endroit où mon père travaillait dans sa jeunesse, la centrale électrique de l'hôpital de Meilahti. Les plus beaux paysages d'Helsinki se déployaient, la route menant à l'île de Seurasaari, les rochers d'Humallahti, la mer et la résidence présidentielle, mais en ce mois de novembre, sous le halo

jaunâtre de l'ampoule à vapeur de sodium, c'était un spectacle hideux.

Nous le regardions chacun à notre manière, chacun à une saison différente, seuls et lors de nos visites mutuelles. Quant à moi, je jouissais de ce temps passé à l'hôpital, je parlais à en épuiser tout le monde, je débordais d'idées. Mon père était plus calme que de coutume, un peu somnolent. Il avait capitulé face à l'inéluctable. Peut-être avait-il peur. Moi, en revanche, j'avais si douloureusement besoin de changement dans ma vie que je me réjouissais d'avance, alors que m'était promise une chirurgie cardiaque comportant des risques majeurs. Mon petit frère prenait tout particulièrement soin de moi. Il m'appelait quotidiennement et se montrait à la porte de ma chambre sans même que je l'y aie invité. Ma femme passait tout le temps dont elle disposait près de mon lit. Le soir, elle emmenait l'enfant avec elle. À la fin, après l'opération, l'hôpital se mit à l'angoisser; elle abrégeait ses visites. Le soir, après les heures de visite, c'étaient mes parents qui venaient. Ils apportaient des fleurs, des cartes et des présents divers. La façon dont un hôpital vous réduit au silence ou vous dynamise dépend de vos caractéristiques psychiques. Ou de votre âge. L'enfant se réjouissait de tout ce que l'hôpital avait à offrir. Le soir, à la maison, elle se blottissait contre sa mère pour dormir. À ce moment-là, elle avait peur, elle aussi.

(de la dimension autobiographique, entre autres)
Lorsque quelqu'un dit être désintéressé et se sacrifier pour les autres, il ment. Il l'ignore peut-être lui-même, mais il ment. Ceux qui se sacrifient réellement pour les autres ne le clament jamais tout haut.

De manière générale, chaque fois qu'une personne énumère ses qualités et défauts, elle ment et, par ses mensonges, se met en tort vis-à-vis d'autrui. Ce sont les autres, pas elle, qui la connaissent pour ce qu'elle est. Si elle s'intéressait véritablement à elle-même, elle persuaderait ses proches de lui parler.

Rappelons toutefois que les paroles directes sont toujours des mensonges. La vérité n'est jamais dite directement, jamais, nulle part.

Rassemble les phrases dites à ton sujet et supporte leur querelle. C'est là que tu es, au milieu d'elles. Souhaite que quelqu'un t'aime.
JUULIA

p. 62
En première et deuxième années d'école, mon meilleur ami était Toni. Toni n'avait pas les clefs de chez lui, nous cassâmes donc un jour un carreau du sous-sol avec une pierre. À l'intérieur il faisait noir, c'était encombré, sur le meuble du téléphone trônait une pile de magazines porno. Au-dessus du lit de ses parents, il y avait une grande photo en couleur, sanglante, d'une femme en train d'accoucher. La maison se trouvait sur la colline la plus escarpée que j'eusse grimpée. Lorsque nous la dévalions en luge pendant l'hiver, nous nous rompions les os.

(café tin tin tango)
Un garçon sans sourire, coupe César, qui écoute Throbbing Gristle. Je m'assois à sa table et lui demande de me prêter un de ses AirPod. Il me tend l'écouteur mais ne me regarde pas dans les yeux.

La musique pénètre immédiatement dans des parties bizarres de mon cerveau, il fait trop clair, il fait net, d'une mauvaise manière. Je me rends compte que ma glycémie a baissé et je double la queue pour prendre un coca au comptoir.

D'une romance j'ai toujours attendu une mort conjointe, un suicide sublime.

MINTTU

(le craquement d'allumette)
Dans la mort, nous comprenons quels petits détails de notre vie étaient en fait grands, quelle chose temporaire ou indifférente était durable. Quelle petite amourette était en fait un grand amour.

TEIVAS

La journée s'achemine inévitablement vers une sensation merdique. Elle a beau commencer aussi bien qu'on l'espère, la crasse s'accumule de minute en minute.

Je lis dans *R. céleste* le récit du trip sous Marzine que se fait Jan Holm dans sa jeunesse, et je m'aperçois que j'ai moi aussi besoin d'un soupçon de réalité augmentée dans ma journée d'été. Je fixe le rendez-vous à Kansalaistori, la place du Citoyen.

Au moment où je laisse derrière moi la terrasse du club Storyville et parviens au passage clouté de l'avenue Mannerheim, un vieux à chevelure blonde et grosse tête me salue par la vitre d'une voiture : le leader du monde. Le cortège de véhicules poursuit son chemin. Qu'a vu ce vieux quand il m'a regardée ? A-t-il été effrayé par mes pouvoirs ?

MINTTU

Contrairement à ce qu'on prétend, et contrairement à ce que prétend ce livre, la vie n'a pas besoin de la mort pour qu'on

la ressente comme vie. La mort, c'est de la merde. L'être humain n'aurait aucun mal à vivre éternellement. C'est juste que tout irait mieux que maintenant à l'ombre de la mort.
ELSA

(adjectivaux dans l'œuvre *réception céleste*)
Plaisant. Sans réserve. Abominable. Discret. Réservé. Exemplaire. Curieux. Emmerdant. Maladroit. De l'au-delà. Présent. Animé. Imprévisible. Noble. Sans équivalent. Doux. Exposé. Aisé. Fondamental. Indirect. Enjôleur. Lumineux. Limpide. Douloureux. Inexprimé. Grossier. Docile. Tortueux. Onctueux. Sans âme. Constructif. Alambiqué. Enchanteur. Repoussant. Fin. Nutritif. Séquentiel. Dispositionnel. Agençant. Avare. Austère. Unilatéral. Sublimant. Dédaigneux. Triste. Choquant. Démoralisé. Réducteur. Figuratif. Malveillant. Flexible. Adapté. Cédant. Fragile. Dégouttant. Éclairant. Localisé. Tressé. Brutal. Embellissant. Aimant. Aimable. Morbide. Léger. Fin. Limité. Condensé. Incomparable. Impétueux. Ralentissant. Lent. Silencieux. Vaste. Courbé. Suggérant. Divergent. S'entrecoupant. Fâché. Fâcheux. Fâchant. Rognant. Grattant. Foudroyant. Serviable. En retrait. Immergé. Potelé. Replet. Médiocre. Sec. Adorable. Preste. Costaud. Contrefait. Diminuant. Renforçant. Assez élevé. Droit. Factice. Global. Équitable. Attractif. Libérateur. Fertile. Constitutif. En germe.
TUOMAS

(la personne anxieuse)
Une personne anxieuse, cela fait partie de son caractère d'être volubile quand elle est en compagnie rassurante. Je suis une personne anxieuse, comme tous mes amis. Quand

nous nous retrouvons pour regarder un film en grignotant des chips, notre allégresse et nos cris de joie n'ont aucune limite.

Comment Jan Holm a donc pu croire qu'il était unique en son genre ? Il n'existe aucune sensation qu'un autre ne ressente pas aussi. C'est ça, le truc de toute notre existence, c'est ça l'idée de l'internet et ce qui est sympa avec les matins.

Nous nous récapitulons parfois comment tout a commencé pour chacun de nous. Silvia raconte son horrible histoire de cheval, Meiju son brevet d'études musicales d'il y a trois ans.

Jan Holm relate un cours d'histoire où le prof, Pekka Räsänen, fait lire à haute voix aux élèves le chapitre du manuel consacré à la persécution des Juifs. Quand c'est le tour d'Holm, sa voix se met à trembler et son cœur à battre la chamade. Tout le monde remarque sa curieuse maladresse. Le garçon sympa de la classe vient le voir à la fin du cours, mais Holm a déjà entamé un silence qui va durer des décennies. « N'achetez pas aux Juifs » : c'est ce qu'il a dans la tête au moment où il monte sur l'estrade de la librairie Akateeminen ou s'assoit dans le fauteuil de l'émission *Le livre du matin*. Il est prolixe et sous médicaments, heureux de chaque mot qu'il prononce.

SUSKI

À quoi bon des clefs d'interprétation quand toutes les portes sont ouvertes ?

AUNE

(la vie du vrai)

La marche sur l'eau est, pour l'instant, la plus belle scène du livre. Je suis absolument convaincue que Jan Holm a

marché sur l'eau. Je sais ce qu'est le manque, et un mythe qui n'est que pur mensonge ne tiendra pas deux mille ans.
MINTTU

La première scène du *Miroir* de Tarkovski, où une femme russe d'âge moyen guérit un adolescent de son bégaiement.

Au cœur de tout grand art, il y a une guérison miraculeuse.
JEMINA FROM WOLT

p. 270
Il me semble que je mène une vie frivole uniquement parce que la mort ne m'a pas encore touché. Je n'ai perdu ni mère ni père, ni compagne ni enfant.

Ma mère a quatre-vingts ans. Je vois déjà s'esquisser devant moi une nouvelle phase de mon existence, celle où elle ne sera plus. Je n'apprécie plus franchement la vie. Elle est environnée de trop de mort. Le caractère éphémère de toute chose ne provoque pas en moi de sentiments, juste un engourdissement.

La tristesse des accidents à venir a donné un tour sérieux à mon existence, et je n'arrive plus à me lancer dans des liaisons uniquement pour le sexe. Je n'ai jamais pratiqué le sexe autrement que par joie et par engouement, même si la majeure partie des femmes que je rencontrais, surtout plus jeune, étaient des angoissées qui y trouvaient un exutoire. J'avais toujours l'impression soit qu'elles abusaient de moi, soit que j'abusais d'elles. Les années 90 furent une décennie de désespoir boueux, pour laquelle j'éprouve après coup de l'affection. Je ne cherche jamais à noyer mon chagrin dans le sexe. Je ne sais, ne veux, ne peux le faire. À présent, je ne me sens bien que dans les endroits élevés, sur les monuments en hauteur desquels on peut sauter et faire une chute longue et célèbre.

J'ai rencontré en Suisse une fille au beau visage qui m'a dit que son cœur était en plastique et atteindrait la limite de sa durée de vie d'ici quelques années.
PIETARI

p. 171
Il y a douze ans, ma femme, qui était à l'époque très déprimée et souffrait de sa situation existentielle, écouta sur son lecteur MP3 la reprise de *Cet air-là* par April March, et au cours des deux minutes trente du morceau, tout changea, ses soucis la quittèrent, elle fut légère et joyeuse pendant des mois ; douze ans après, une part de la joie et de la liberté nées de cette chanson trouve peut-être encore des échos dans son comportement.

Voilà qui nous parle de la puissance de la musique, de l'imprévisibilité de la vie et de l'innocence de ma femme face au monde.

p. 240
Comment éprouves-tu ce monde ? Pourquoi n'ai-je pas posé la question ?

(les peines de cœur)
Il y a des différences générationnelles entre nos peines de cœur. Alors qu'Holm voit la souffrance comme son lot et le contrôle de soi comme une vertu, moi je fulmine et je proteste tant que je peux. Je ne pense pas aux victimes collatérales, et pas à moi à proprement parler, car chaque jour je me couvre de honte de toutes les manières qu'il m'est possible

d'inventer. Holm, lui, ne mettrait jamais, au grand jamais, ses trucs sur les réseaux sociaux. Il ne tomberait jamais dans la terreur téléphonique, même s'il s'est autorisé l'envoi de quelques SMS bourré. Moi, je considère que le monde est responsable de mon mal-être, Holm pense qu'on ne peut simplement rien à toutes ces choses, elles arrivent et sont le résultat de causalités complexes. De manière générale, Holm ne connaît/reconnaît pas l'oppression qui le touche lui-même, et qui est à mon sens manifeste, multiforme et mortelle. Moi, en revanche, je vis de l'oppression. C'est le carburant qui me fait démarrer le matin, un combat contre l'oppression, et la haine des détenteurs de pouvoir qui ont détruit ma vie. Toute la merde que je me cogne ou que je vois autour de moi est de leur faute.
MINTTU

p. 78
Habiter à Töölö offre cet avantage : le va-et-vient pressé des ambulances y est un rappel constant de la mort. La plupart des personnes transportées sont des hommes dans la force de l'âge victimes de thromboses coronaires. Les véhicules filant à toute allure signifient que ces hommes ont été découverts dans des lieux publics, et vivants. Si les risques entraînés par votre hygiène de vie se concrétisent lors d'une sortie en mer, il n'y aura nul besoin de se dépêcher.

Quelle est l'atmosphère des antichambres de la mort ?

Bavarde, s'il faut en croire *Réception céleste*. Les hommes qu'on ramène des confins de la mort, de la station de métro de Kamppi ou du centre commercial Forum, parlent sans discontinuer. À la nuit tombée, une fois que ces hommes sont endormis, leurs paroles continuent de bourdonner. Chacun d'eux vient de comprendre ce que pourrait être la vie, comment il lui faudrait vivre désormais. Tous ont arrêté de fumer quelques heures plus tôt. Leur corps et leur esprit sont en pleine confusion, emplis d'une nouveauté inexplicable, de la joie de la temporalité et d'un courage démesuré. Certains pètent sans retenue, rient dès qu'ils en ont l'occasion.

On présente à Holm des idées d'investissement téméraires. En investissant un million d'euros, son voisin de chambre entend produire un système informatique rendant possible un rendement annuel de 100 % sur le capital. Cet investisseur avait eu sa précédente crise cardiaque à Rome, devant l'entrée de l'hôpital de cardiologie. Cette fois-ci, il a été transporté depuis l'avenue Mannerheim. Il a manifestement tout intérêt à vivre sa vie grandiose et fortunée dans des lieux publics.

RISTO

On pourrait aussi présenter la chose ainsi : cela vaut-il le coup de tomber amoureux d'une femme qui reçoit, dans la même journée, des Messenger de six admirateurs – au nombre desquels, entre autres, une star du cinéma parmi les plus célèbres des pays nordiques ainsi qu'un politique suédois de haut rang, aristocrate et adultère –, qui en outre prend manifestement plaisir à ces messages, et sera prête à embrasser toute personne hors du périmètre de ta vue ?

On pourrait répondre ainsi : oui, si tu es toi-même, comme elle, dépendant de l'admiration, enclin à la trahison, aux mensonges et à la manipulation.

TELLERVO

Lorsque l'on devient, soi et son travail, un objet de critique publique, il faut renoncer au paraître qu'on croyait sien,

qu'on entendait défendre, cultiver. Les gens te voient de mille manières opposées. Ce qui en toi est beau pour l'un donnera la nausée à un autre. Plus tu es connu, plus il y a d'yeux critiques, moins tu es quoi que ce soit. Leurs considérations s'entrecoupant te dispersent aux quatre vents. Pour finir, tu contiens tout, absolument tout ce qu'est une personne et ce qu'on peut penser d'elle.
NATALIE

Jan Holm écrit qu'Helsinki a été gâché, que partout sont apparus des esclaves qui vous font culpabiliser.

Un jour, il commande une pizza à l'hôpital. Quand le livreur muni de la boîte de chez Skiffer aperçoit Holm, il abandonne le carton sur le lit et sort de la chambre en courant.

Pour la première fois, Holm comprend que son état inspire de la répulsion à beaucoup de gens, que même un livreur de pizza se considère plus chanceux que lui.
JENNA

J'appelle mon père, je lui annonce que je n'ai pas un sou et que ma vie part à vau-l'eau. Ouvre une franchise Kotipizza, me dit mon père. Je lui dis que je suis à la rue, il me répond que, là encore, le travail me sortira de cette ornière. Mon père a connu de nombreuses faillites, mais, le soir venu, il savait toujours ce qu'il ferait le lendemain.
MINTTU

(croissances lointaines)
J'ai lu dans le journal que ces dix dernières années ont été une période de croissance. Je n'avais pas remarqué, mais visiblement le contexte a été splendide. Je pourrais deviner

qu'un fléchissement va bientôt s'amorcer. Cela aussi, je le verrai dans le journal en temps voulu, à supposer que je le lise. Je suis heureuse que ma vie ne suive pas ces règles, que ses principes poétiques restent inchangés et que chaque matin se lève pour moi en beauté.

MINTTU

(éveiller la beauté)
L'actrice célèbre est un personnage intéressant. Rien de ce que lui dit Holm ne se fixe dans sa mémoire. Tout est toujours nouveau pour elle, y compris les choses les plus essentielles telles les maladies ou les relations familiales. Il est impossible de faire référence à quelque passé que ce soit car tout s'efface de sa mémoire. En sa compagnie, Jan Holm éprouve la même solitude qu'un adulte avec un enfant. Il est souvent obligé de prendre sur lui pour ne pas se vexer. Il pense malgré tout qu'il a de la chance de pouvoir passer du temps avec une femme aussi belle, géniale et imprévisible. Il entretient l'idée que celle-ci ne serait pas avec lui s'il n'avait pas reçu un prix littéraire majeur.

Moi-même, je ne suis jamais tombé pour les belles femmes. Ce qui est sûrement dû au fait que, en dépit de mes fonctions managériales, je n'ai jamais joui d'un statut social qui ferait se retourner la beauté. Dans le cas de Jan Holm, on dirait que lui non plus n'y parvient pas parfaitement. La beauté est étourdie, dure d'oreille, vaine et perfide.

RAUNO

Ce livre a été écrit en proie à la peur. Pas une peur constructive, mais une peur qui se replie sur elle-même. Une peur qui entraîne une vie peureuse, et non une peur qui pousse à courir quand la ville est en train de s'effondrer.

Ce livre mendie l'approbation à chaque page. Il veut mon approbation, celle de ma sœur, il se frotte les mains tandis que ma mère pleure à ses destinées.
REINO

Un bon éditeur aura pour premier geste de nettoyer le texte de toute intentionnalité.
LE CALEPIN DE MIRVA

Devant l'arrêt de bus de Koskelantie, je recherche sur Google la valeur de la montre Tudor. Selon le site Chrono24, elle vaut dans les six mille euros. Les modèles Submariner d'occasion ne valent que quelques milliers d'euros, mais celui de mon client endormi se distingue par une petite rose délicatement dessinée sous l'emplacement du douze. Je découvre plus tard que cette menue fleurette augmente sa valeur de plusieurs milliers d'euros. Je puis donc en toute quiétude conserver l'objet sur la console et laisser l'homme à son sommeil.
RAUNO

(brillant)
Lors de la panne d'électricité géante de 2012 à New York, seul le gratte-ciel de la banque d'investissement Goldman Sachs a continué d'illuminer la ville nocturne. Le taxi ambulancier s'en sert de métaphore illustrant la difficulté qu'il y a à estimer quelle source lumineuse sera au final la plus durable. À l'extinction des autres, le lampadaire le plus blafard d'une bretelle d'autoroute constituera la vérité ultime sur tout. Le taxi ambulancier relate l'anecdote par deux fois à la cafétéria. La seconde, il s'est muni de sa photo de classe de cinquième. Considérant sa réussite

scolaire, bien des gens lui auraient prédit un avenir lumineux. On en était sûr. Dans la rangée du haut, deuxième en partant de la gauche, se tient, les yeux fermés, le nobélisable, qui a dix de moyenne.

Les lumières du taxi ambulancier s'éteignent en première année d'études à la faculté de médecine d'Helsinki au moment où il décide d'effacer le tableau avec les poumons d'un défunt.

JASPER

p. 175

Le boîtier suspendu à mon cou se met à biper dès que je quitte la zone de couverture. Dans la queue de la cantine, je me rends compte que je suis fier de ma tenue d'hôpital et de mon boîtier braillard. Je fais partie des patients. Je transporte mon destin sur moi.

Lors du dernier cours avant l'été, Holm déclare qu'écrire sur les personnages historiques féminins demande de l'imagination, car on ne trouve pas nécessairement de traces de leur vie dans les sources, il faut tout inventer soi-même dès le départ. Chez Mme Engel, tout est inventé. Quand on crée de tels personnages de toutes pièces, il faut toutefois se préparer au fait que ces créations fictives prendront vie dans la grande histoire au côté des autres personnages historiques, et pas uniquement dans la littérature.

Nous descendions l'escalier de l'École allemande d'Helsinki avec Mirva et Linnea, en évoquant nos projets estivaux. Nous avons ri, ils étaient tout à fait identiques : personne n'allait rien faire. Nous mentions. Chacune envisageait de passer tout son été à écrire, mais si on parvenait à faire croire à une autre qu'on se la coulerait douce, celle-ci pourrait se montrer plus indulgente envers elle-même, ce qui vous procurerait une avance non négligeable. La concurrence entre nous était un rallye de Finlande silencieux, invisible. J'ai proposé d'aller à Kaffecentralen, de l'autre côté de la rue, pour y profiter ensemble de notre première demi-heure de vacances. Mirva a répliqué qu'elle refusait d'investir le budget de toute une journée d'été dans un caoua et a proposé que nous prenions plutôt un gobelet à emporter au R-Kioski. À l'intérieur de la boutique, une centaine de têtes maquillées nous observaient derrière leurs cils voluminés tandis que nous nous servions, qui du café Presidentti et qui du Juhla Mokka, et tentions d'apposer les couvercles sans tout renverser. Nous avons décidé de nous rendre à Ruttopuisto pour y déguster nos boissons. C'était agréable de se déplacer toutes les trois ensemble. Se déplacer à trois est toujours un jeu de rôle pour moi. Je ne suis pas une personne qui se déplace en bande de filles, je suis dépourvue de toutes les aptitudes requises par une telle activité. Je suis analytique, je surveille mes limites, j'ai des cors aux pieds et je suis névrosée. Les bandes de filles sautillantes suscitent en moi des sentiments de violence. Je ne comprends pas comment ces quatre copines que nous croisons peuvent toutes posséder des jambes parfaites pour l'été, parfaitement bronzées, musclées, avec juste ce qu'il faut de graisse. L'été, on dirait qu'Helsinki n'est qu'une immense académie de tennis. Quant à moi, mon corps et l'été n'ont rien à faire ensemble. Lorsqu'un vêtement quitte par hasard sa place pour découvrir mon épiderme craintif, ma peau se met en colère et se venge de la pire des manières, en m'infligeant de douloureuses plaques rouges.

Tous les bancs de Ruttopuisto sont occupés et la pelouse est humide. Nous nous asseyons sur les marches de l'église,

à l'origine temporaire, conçue par Engel et buvons notre café. C'est alors qu'un nuage découvre solennellement le soleil et que nous sommes illuminées, comme sous le feu des projecteurs. Linnea pose son gobelet sur une marche et demande si elle peut nous confier un secret. Je n'ai aucune envie d'entendre les secrets de Linnea, mais je souffle : vas-y raconte. Linnea annonce qu'elle a obtenu un contrat d'édition pour son roman. Mirva saute en l'air et exécute sa petite danse coutumière sur le sable au pied de l'escalier. Ça me donne un petit moment pour réfléchir à ce que je vais faire. Quand Mirva achève sa représentation par une profonde révérence, je lui saute dans les bras de tout mon poids et je pousse un cri. Linnea, le visage grave, pointe le doigt en direction du Bulevardi où sont sises toutes les maisons d'édition respectables.
MINTTU

Tous les vertueux sont des cannibales, souviens-t'en, qu'ils soient utiles à une bonne cause ou pas. En Chine, pendant la Révolution culturelle, on s'est repu des ennemis du communisme dans des banquets de vertueux. On en a fait des ragoûts et des gratins. Les recettes ont été conservées.
JOEL

p. 82
Ma mère est une géante de l'esprit. Il n'est aucune chose au monde qu'elle condamne ou qu'elle ne comprenne pas. Elle est aussi voyante. Mon meilleur ami au lycée avait peur d'elle parce qu'elle savait tout le temps où nous étions et ce que nous faisions.

Les poèmes de ma mère sont rugueux, anarchistes et souvent agressifs. Elle adore les rosiers. Elle en a planté une centaine d'espèces autour de notre maison d'enfance. Dans l'écrin de ses roses, elle lit et écrit. C'est ainsi qu'elle a passé la majeure partie de sa vie. Quand elle désigne un endroit du jardin, mon père prend la bêche. Mon père est devenu la personne la plus gentille au monde lorsque nous avons atteint l'âge adulte. On dirait qu'il cherche à solder les comptes du passé par sa sempiternelle bonté. C'est sûrement ce qu'il fait d'ailleurs, la majorité de ces comptes étant toutefois invisible et insignifiante. Je crois que le fardeau se transmet dans la famille. Avec mon père, il est merveilleux de se balader en voiture sans but, il est spontané et n'hésite pas à s'exclamer dans les lieux publics, à réciter un bout de poème ou même à chanter. C'est un homme d'une beauté rare. Les femmes s'empressent autour de lui, partout où il va. Ses poèmes sont précis, joueurs et multimatériels.

SCRUPULES DU TEXTE AUTOBIOGRAPHIQUE. Quand on ne parvient pas à restituer le paysage de son enfance en de bonnes phrases et qu'on le laisse se transformer pour en obtenir de meilleures. Savoir qu'il ne vaut pas la peine de toucher à son enfance, qu'il ne faudrait pas vendre le temps de l'innocence. Mais un écrivain vendra tout pour ses phrases. Seul un auteur très talentueux pourra écrire des textes de haute volée sur tout ce qui lui plaira.

Voici ce qui se passera. En une à deux semaines, ces nouveaux paysages d'enfance écrits vont se propager dans vos rêves. Le rêve répétera un événement familier dans un cadre étrange. Un événement étrange dans un cadre familier. Un cadre étrange dans un cadre étrange.

Je veux parler de petits phénomènes météo localisés. Qui se manifestent à l'arrivée de l'été. Une averse dont le diamètre n'excède pas vingt mètres. On peine à s'en souvenir parce qu'ils ne font pas partie de notre conception de l'été, bien que chacun d'entre nous en ait fait l'expérience au moins une fois.

Un roman possède peut-être son climat, sa morale, sa vision du monde, mais il a aussi ses phénomènes météo localisés.

PAUL

p. 97

Deuxième ou troisième nuit à l'hôpital. Nous nous sommes souhaité une bonne nuit avec mon compagnon de chambre. « Code 00 Kolmiosairaala huitième étage aile A. » Le son qui sort des haut-parleurs est déréglé, trop fort, comme si le système d'alarme avait craqué.

Nous nous levons tous les deux. Je me dis qu'un incendie a dû se déclarer, et je cours dans le couloir. Une infirmière qui passe par là me fait savoir qu'il s'agit d'une alerte de réanimation. Tout va bien. Quand je rapporte la chose à mon compagnon de chambre, il se tait. La mort arpente les couloirs de l'hôpital. Pas encore à notre étage, mais un étage plus bas. Je ne savais pas qu'on réveillait tous les patients de l'hôpital quand un seul était en train de mourir. J'apprendrai plus tard par mon frère que le secteur de réanimation se compose de personnels ordinaires qui, au moment où l'alarme sonne, peuvent se trouver à n'importe quel endroit de l'hôpital. On donne donc l'alarme partout. Et fort. J'entendrai la sonnerie à maintes reprises au cours des semaines à venir. Je commencerai à m'habituer. L'hôpital n'est pas synonyme d'une nouvelle chance pour tout le monde, pour certains c'est le point final. Avec quelques efforts, je parviendrai peut-être à entrer en contact avec ma propre mort aussi. Dans ces instants-là, je suis heureux que ma vie compte aussi de la souffrance, tout ne sera pas si difficile à abandonner.

p. 89

Secret de Madonna, *No Good* de Prodigy, *Zombie* des Cranberries, *Without You* de Mariah Carey, *All I Wanna Do* de Sheryl Crow, *Crazy* d'Aerosmith, *Always* de Bon Jovi, *Streets of Philadelphia* de Bruce Springsteen.

Ne regarde plus jamais les vidéoclips de l'année 1994. Tu ne veux pas connaître l'injuste brièveté de la vie. Encore autant de temps devant toi, et tu seras mort. D'ailleurs ton corps ne résistera même pas jusque-là. Pourtant cette musique, ces hits débiles, résonne tout près, dans la chambre voisine.

Et voilà qui n'est pas suffisant, chaque écoute emporte un morceau de ce sentiment, l'effet diminue, s'use, à la fin les chansons sont aussi vides que la mort qui point devant moi.

Quand j'étais jeune et que les gens d'âge mûr évoquaient la musique de leur jeunesse, je ne savais pas qu'elle était si proche d'eux.

Moi aussi je fais des rêves de pêche. De poissons excessivement gros dans une eau turbide fort peu profonde.

Un tiers des personnes opérées du cœur tombent dans une dépression nécessitant d'être traitée médicalement. C'est la conséquence de mécanismes physiologiques qu'on ne connaît pas entièrement. Après l'opération, les patients sont fragiles. Ils ont peur pour leur cœur, ils évitent de voyager, ils se taisent.

Il est bien des manières dont les gens se retirent du centre de leur vie.
KARIN

Les médecins aussi redoutent l'imprévisibilité de leur cœur, son irascibilité et son orgueil. Ils prient pour qu'il ne fasse pas des siennes pendant leur permanence.

Qui a longtemps gardé des cœurs croit vraie chaque rumeur à leur sujet. Les morts imprévisibles, les arrêts pareils à des lubies et la dizaine de pulsations sautées, voilà qui est monnaie courante à l'hôpital.

Il faut se rappeler que pendant des millénaires on n'a rien compris au cœur, même pas les bases. Pas même lorsque le reste du corps humain commençait à être connu des chercheurs. Désormais, son activité a quelque chose de prédictible, mais la sérénité est encore un horizon lointain.
MARKUS

La vie devient vraiment géniale avec ça : l'idée qui venait tout révolutionner il y a encore une semaine me paraît aujourd'hui complètement plate.
MINTTU

Il ne faut pas confondre le fait d'écrire sur des types bizarres et le fait qu'un livre soit bizarre en soi. Je préfère écrire un livre bizarre sur des gens ordinaires qu'un livre ordinaire sur des gens bizarres. Les séries des plateformes de streaming, avec toutes leurs bizarreries, sont tout à fait ordinaires par la vision du monde qui est la leur.
MIKA

Je ne crois pas aux écrivains qui ne se détestent pas eux-mêmes et sont quittes avec le monde. La littérature est toujours la mise au jour d'un mensonge. Le sien d'abord, puis celui de la communauté.
MINTTU

(le stimulateur)
J'ai fait la rencontre à Orlando d'un directeur général qui m'a raconté que son stimulateur cardiaque avait été hacké, ou du moins que la police avait examiné l'hypothèse d'une tentative de hacking. Le directeur général avait reçu, en pleine réunion, un message sur son téléphone lui annonçant que l'expéditeur disposait du pouvoir d'arrêter son cœur. Le message ne disait rien d'autre. Le directeur général avait été incapable de poursuivre la réunion, alors que les participants étaient venus exprès des quatre coins du monde, et s'était précipité chez son médecin. Celui-ci avait consulté un cardiologue, qui avait consulté des experts en informatique, qui avaient déclaré que le seul recours certain était de procéder à une opération chirurgicale afin de retirer le stimulateur. Le directeur général n'était pas partant dans l'immédiat. Il mit des gens sur le coup, leur donnant mandat d'user de tous les moyens, même les plus radicaux, pour régler définitivement cette affaire. Il signala les faits à un policier qui lui répondit qu'en l'absence d'exigences et de nouveaux messages, il s'agissait vraisemblablement d'une vengeance. Le policier l'invita à se demander s'il connaissait éventuellement une personne qui lui gardait rancune. Le directeur général en connaissait des milliers. Il avait baisé avec des centaines de femmes et d'hommes mariés, il avait licencié des centaines de pères et de mères de famille, il avait détruit la vie de milliers de

gens en conquérant impitoyablement des parts de marché. À ces paroles, le policier avait répliqué que le mieux serait peut-être en effet d'arrêter le cœur du directeur général. Ou plutôt il ne le dit pas tout à fait ainsi, même s'il y avait pensé. Pour être plus précis, il dit que lui aussi avait des problèmes cardiaques, des arythmies, que parfois son cœur sautait trois battements et que le médecin lui avait dit... Le directeur général s'était éclipsé au milieu de sa phrase et se trouvait dehors. Le policier le vit monter dans sa voiture garée dans la cour. Il empoigna son arme et visa le parebrise à travers lequel on distinguait le chauffeur et, derrière lui, la casquette de chasseur de gibier à plumes du directeur général. Ou plutôt le policier ne braqua pas à proprement parler son arme, tout de même, mais il braqua ses doigts, imitant une arme avec, comme font les petits garçons. Ou, plutôt – il n'eût bien évidemment pas vraiment fait ce geste au vu de ses collègues –, mentalement, dans sa réalité intérieure, il plia le pouce au-dessus de son index tendu, encore et encore, longtemps, jusqu'au moment où il fut rappelé à ses tâches administratives. Mais le soir venu, il mourut. Ce fut l'ultime effort de son cœur.

RICHARD

(au travail du frère)

Jan Holm crée de fragment en fragment une belle histoire, répétitive, consacrée à son frère cardiologue, qui travaille à l'hôpital où Holm attend de se faire opérer. Par l'intermédiaire de son frère, Holm peut suivre les délibérations des médecins, même s'il a l'impression que son frère passe sous silence les aspects les plus difficiles de la question.

Une fois qu'Holm y est autorisé, ils se donnent rendez-vous pour déjeuner au café du rez-de-chaussée de l'hôpital. Son frère porte une longue blouse blanche de médecin. Quand ils se croisent dans le couloir, il est vêtu d'un gilet plombé.

Ces rencontres auraient par elles-mêmes donné matière à un beau roman apaisé. Les frères discutent de la vie, de musique, d'investissements, de montres et d'instruments de musique. Le frère a contracté la tuberculose auprès d'un patient. Il est décharné et fatigué, ce sont la force de sa volonté et son travail infatigable qui le raccrochent à la vie. Au moment où Holm rentre chez lui, son frère termine à l'hôpital, en isolement. Holm lui téléphone de même qu'ils se retrouvaient chaque jour à l'hôpital.

PAULIINA

Satu se couchait plus tôt que moi. La vie matrimoniale est d'un cliché et d'une tristesse abominables, mais les clichés sont le carburant de l'amour.

Les époux se regardent dormir l'un l'autre. Je le faisais moi aussi, quelques fois dans l'année. Je me disais que Satu s'en sortirait très bien sans moi. J'étais persuadé que je partirais le premier. Je m'éveillais parfois en pleine nuit, cherchant mon souffle, sans savoir pendant un moment où je me trouvais, mon cœur battait comme un fou, je me levais, j'ouvrais la fenêtre et inspirais l'air de la nuit à pleins poumons. J'envisageais ces crises comme des visites de la mort, dont je ne voulais pas parler à Satu. Quelle imbécillité ! L'être humain a une tendance inconcevable à croire aux idées engendrées par la peur. Il perd en revanche facilement foi dans les idées de la joie et de l'espoir.

J'avais fait des économies pour assurer la subsistance de Satu. Les derniers temps, j'avais ajouté plusieurs centaines au montant mensuel. Je l'imaginais examiner ma succession avec un avocat et découvrir le compte secret. Grâce à cela, elle pourrait voyager et refaire sa vie, peut-être tomber amoureuse, être heureuse.

Je songe maintenant à mon client endormi, est-ce que son histoire est banale, comme la mienne ? Les hasards s'accumulent au-dessus des uns, tandis que les autres passent leur vie dans une invisibilité quasiment complète.

La majorité des gens mènent une vie tranquille, ils peuvent devenir les amis des autres et n'ont pas besoin de les punir pour les souffrances qu'ils auraient eux-mêmes subies. Peut-être que nous pourrions devenir amis ? Qui sait. En me concentrant sur son visage endormi, je peux dire, à ce seul échantillon, que j'aime son visage.

RAUNO

p. 117

N'envisage pas ton texte comme un récit, mais un échantillon de vie que tu souhaites décrire. Réfléchis aux scènes dont tu aurais besoin afin que cette image de la vie soit vraie. N'écris pas de scènes spéciales, de situations extraordinaires, mais efforce-toi de trouver des scènes naturelles. Des scènes dans lesquelles la vie apparaît, des scènes qui ont un poids de vie maximal. Pareilles scènes ne sont jamais spéciales, elles n'ont rien de grandiose. Ne pense pas du tout à des péripéties. N'écris pas d'événements. Dis-toi que tout l'important s'est déjà produit. Décris les circonstances ultérieures aux événements. Quand tu commences à trouver des scènes naturelles, écris-les patiemment. Tu sauras quand tu les auras toutes trouvées. Parmi les scènes qui sont proches, choisis les meilleures, ne réunis pas de scènes. Mieux vaut perdre de bons détails que perdre le naturel. Les bonnes scènes s'écrivent en respirant, pas en inventant. Pas en corrigeant. Surtout pas en éliminant les répétitions. Une bonne structure est aussi répétitive qu'une prière. Elle croît, s'élève sous la surface, jamais dans le monde visible. Préserve les courants naturels, ouvre-leur des chenaux, cherche un courant limpide et laisse-le couler impétueux. Moins tu en fais, meilleur sera le résultat.

Et pour finir. N'écris jamais là où sont tes forces, ne crois pas que tu pourrais transférer tes propres sentiments dans une scène, il est toujours question de la force intérieure à la scène, c'est elle que tu sers.

(à tin tin tango)
Quand la porte du café s'ouvre, je regarde. Je n'y peux rien. Il y a des jours où quasiment chaque homme qui entre pourrait être un amant réconfortant. Et d'autres où tous les gens puent.

Je crois que je ne serais pas capable de faire comme Jan Holm, de vendre un talent auquel j'aurai œuvré des années pour le mettre au service d'une grande entreprise. Écrire est pour moi une sainte résistance contre les puissants. Ou alors, c'est que je ne comprends pas sa liberté. Elle est peut-être plus avancée que je ne crois.
MINTTU

On dit que les œuvres inachevées de Schubert ont dans leur ADN quelque chose qui empêche de les achever. J'aimerais qu'un spécialiste m'encadre ces maladies structurelles sur la partition. Sont-elles des erreurs génétiques ou le contraire : une source de vie ? Pourrait-on y découvrir le remède au primat de la complétude de l'œuvre qui sévit

partout ? Une graine de fluidité ? Pourrait-on déterrer cette semence et la replanter dans une terre plus nourrissante ?
JOONAS

La lecture et l'écriture sont des chenaux permettant le passage des sentiments, mais rien ne remplacera une phrase dite à voix haute.

Repose donc ton livre et dis tout haut :

Je t'aime (à la personne que tu aimes ou veux aimer).

Répète la phrase vingt fois.
VARPU

En tant qu'urbaniste public à la retraite, je m'intéresse bien entendu à la manière dont un roman même aussi récent que *Réception céleste* s'est déjà, dans une large mesure, eu égard à ses descriptions urbaines, transformé en un roman historique. On y descend ainsi en voiture l'avenue Hämeentie jusqu'à la place d'Hakaniemi. Pour autant qu'il m'en souvienne, dans son précédent roman, bel et bien historique, on empruntait ce même trajet, pour rallier le quartier de Kruununhaka, en provenance de la campagne.

Si l'on souhaite parler à son époque, il faut inscrire son texte dans ce même instant transitoire qui voit les cafés naître et fermer, le personnel politique changer, l'électronique se renouveler. Une description riche d'observations récentes et précises d'Helsinki aura vieilli avant même que le livre ne soit mis en vente.

Mais les plus belles descriptions du transitoire deviennent éternelles et l'éternel ne peut provenir que du transitoire.

Les histoires policières situées dans des centres-villes historiques ne vivent jamais vraiment.
RAUNO

Je me suis acheté une tenue silencieuse Ursus Ultra Light de chez Bearskin hier. Je l'ai enfilée à la maison et me suis allongée sur mon lit défait. *R. céleste* reprenait en plein suspense. Les représentants du président des États-Unis viennent contrôler les équipements et la qualité des personnels du secteur de cardiologie au cas où il arriverait quelque chose au président à Helsinki. On leur sert un café. Mohamed Salah évoque de manière informelle l'état de santé du président, il dit qu'il lui a immédiatement diagnostiqué, sur la base de vidéos de son entrée en fonction, une maladie coronaire stable. Qu'il ait un infarctus à Helsinki ou dans la ville suivante, ce sera entièrement une question de chance. Les représentants ne se prononcent pas quant aux spéculations de Salah. Ils vident leur tasse et demandent à voir l'unité de soins intensifs. Salah accompagne la clique. Une femme est couchée dans un lit de réanimation, en train de se réveiller après une opération cardiaque. À son côté se tient sa petite amie qui s'écrie « Réveille-toi ! », le visage tout près de celui de la dormeuse. La femme anesthésiée ouvre les yeux et les referme. L'un des représentants s'arrête à la hauteur de la patiente. Il doit faire partie de ces gens qui veulent toujours connaître le fin mot de l'histoire. Mais la femme est encore loin de cette pièce.
MINTTU

Dès l'instant où l'écrivain s'est mis à m'éviter, j'ai compris qu'il était en train d'écrire sur moi dans son nouvel opus. Je me suis demandé si je lui avais dévoilé quelque chose de peu flatteur à mon égard. Oui, bien évidemment. C'est quelqu'un qui, par ses révélations, obtient des autres qu'ils lui fassent des révélations. Il ne faut pas accepter les

écrivains à votre table ou au sauna. Les révélations leur coûtent peu, tandis qu'elles sont préjudiciables à des fonctionnaires comme moi. Je me suis trouvé en quelques occasions sur son chemin à Töölö. De loin déjà, il changeait de trottoir ou s'emparait de son téléphone en faisant semblant de chercher quelque chose le temps que nous nous croisions. Ces signes sont inquiétants. J'ai décidé de m'ouvrir à ma compagne de mon passage à Töölö qui remonte à des années de cela, où l'écrivain était présent. Sur mon lieu de travail, j'ai commencé à faire des révélations partielles, avec d'excellents résultats : j'ai obtenu de précieux renseignements sur mes collègues.
ESKO

SE REPENTIR. Lancer des accusations ne poussera personne à se repentir. Faire la tête non plus. Se venger sans doute pas davantage. Il faut attendre le moment propice, où la conscience regagnera un instant de vigilance. Personne ne peut embobiner la conscience. Pour elle, dix ans sont un battement de cils.

L'ASSASSINAT SANS PEINE. La réalité intérieure ne se voit pas sur le visage. C'est pourquoi il est si facile de tuer un être humain : en surface, cet être est simple, dépourvu de personnalité et ennuyeux. Il est facile de loger dans un corps inconnu les sentiments odieux auxquels on a été confronté au cours de sa vie, de manière individualisée et pure. Peu de gens se souviennent que, derrière la première impression, se dévoile toujours autre chose.

p. 222
Elle était au téléphone à mon arrivée sur le quai numéro 2 en gare de Pasila. Elle poursuivit son appel jusqu'à Tikkurila, puis Riihimäki. J'avais attendu si longtemps de la revoir. J'ouvris une bouteille de vin en guettant le contrôleur. Je bus une gorgée. Je lui tendis la bouteille. Elle la porta à ses lèvres et reprit sa conversation. Ce n'est que maintenant, au bout de deux ans, que je me rends compte qu'elle avait des scrupules. Elle avait fait des promesses à son mari. Je comprends seulement maintenant qu'elle avait véritablement été obligée de me choisir. Et ce ne fut pas l'unique fois où je la compris de travers. Toute sa faiblesse et sa bonté de cœur, je les avais prises pour de l'indifférence.

(l'espace)
Si un auteur de roman joue l'oubli – s'il se repose sur l'idée que le lecteur ne se souviendra pas de tout et crée ainsi un sentiment d'espace –, le poète fait de même avec l'hermétisme : lorsqu'on échoue à déployer le sens de part en part, même muni des meilleurs instruments d'interprétation, un vaste espace demeure alors dans les arrière-cours de la compréhension. Cet espace, c'est la littérature elle-même.
LE CALEPIN DE MIRVA
(FORMULATION POSSIBLEMENT DE JAN HOLM)

p. 114
Je suis le premier à prendre l'enfant dans mes bras. Une fois que j'ai lavé la nouveau-née sous le regard attentif des sages-femmes, je la glisse sous mon tee-shirt. En partant, la sage-femme la plus âgée m'interdit de toucher à mon téléphone. J'aurai bien le temps d'annoncer la nouvelle plus

tard. Puis elle part. Je reste seul dans la chambre. Je n'ai pas dormi de la nuit. Ma femme est quelque part, dans une des centaines de chambres de l'hôpital, en train de se réveiller. Je regarde la petite fille rouge et fripée dont je suis à cet instant le refuge. Je lui promets de toujours l'aimer et de tout faire pour son bonheur. La nuit dernière, le froid est tombé à moins vingt degrés. Nous avons marché avec Maija sur les routes et les sentiers déneigés autour de Kätilöopisto, nous avons observé les étoiles filantes. Il y en a eu beaucoup. Je n'écrirais pas cela dans une fiction, mais que peut-on y faire, au ciel étoilé ? L'opération s'est déroulée ainsi : on s'est d'abord extasiés devant le lever de soleil gelé qui baignait toute la chambre d'une lumière orange. Puis on s'est mis au travail. La table vibrait et cliquetait tandis qu'on tirait d'une poigne ferme l'enfant en ce monde. Puis les voix se sont tues et le silence s'est fait. La lumière s'était modifiée dans la pièce. Ma femme était couchée sur la banquette, pâle, effrayée. Moi aussi j'avais peur. Avant le premier pleur du bébé, il s'est écoulé une seconde.

p. 112
Un adolescent est si modeste, et si pauvre sa chambre, et si immense la nostalgie logée en lui.

p. 76
Quand on demande aux hommes qui ont réussi ce qu'ils regrettent le plus dans leur vie, leur réponse est toujours identique : de ne pas avoir passé assez de temps avec leurs enfants. Il n'est pas au monde d'amour équivalent à celui qui existe entre un parent et son enfant. Quand un enfant dit que sa pire peur est que ses parents meurent, c'est un coup de tonnerre. On peine à comprendre une personne

qui sacrifie son enfant à sa réussite. Pourrait-on conclure pire marché ?

(les marmousets)
Les échanges ordinaires sont très rares entre Jan Holm et le taxi ambulancier, mais une fois, en passant, ils parlent enfants. Le taxi ambulancier explique à Holm que la seule chose qu'il regrette vraiment dans sa vie est d'avoir eu un enfant. « Avec l'enfant, le risque que la vie soit anéantie est entré dans ma vie. Cela peut se concrétiser à tout moment, et en le sachant on ne vit plus. Si je retrouvais mon enfant au fond de la piscine, je serais obligé de me noyer moi-même. Si mon enfant tombait de la plateforme d'observation aménagée au bord de la chute d'eau la plus impétueuse du monde, je sauterais après lui. Tout ce qui donnait sens aux choses a disparu, la terreur de le perdre a pris la place » (p. 170).
VILJAMI

J'ai toujours eu le même objectif dans ma vie professionnelle : ajouter autant de ville de qualité que possible à une ville de qualité. Durant les dernières années de ma carrière, j'ai occupé le même poste qu'Engel, celui de directeur des services d'urbanisme de la ville. J'ai été confronté sur une île de l'est d'Helsinki à autant de résistances que lui lorsqu'il a fait sauter la roche de Kruununhaka pour faire place à la ville. En deux cents ans nous n'avons pas pu aller plus loin que ces îles. Qui l'eût cru ? Aucune mousse ni aucune lèpre ne s'étend plus lentement qu'Helsinki. Lorsque, d'ici cinq ans, je pourrai traverser le futur pont Kruunuvuorensilta dans mon Uber, je serai un retraité heureux.
RAUNO

p. 402
J'ai pris soin de ne jamais, en aucune circonstance, avoir de chef. Personne n'occupe au-dessus de moi de place d'où il pourrait m'obliger à quoi que ce soit. C'est le principe le plus important de ma vie, il illumine mes journées comme le soleil printanier.

J'ai appris que, parmi les gros organes, le cœur est celui qui se développe en premier et cesse son activité en dernier. Il nous accompagne durant tout le temps où nous sommes là.

Deux cellules cardiaques placées dans une boîte de Petri se mettront immédiatement à pulser entre elles et à rechercher un rythme commun.
VANESSA

(des proximités et des éloignements)
À l'hôpital, Jan Holm a le temps de réfléchir. On lui donne des médicaments en vue de l'opération. Il se sent bien. Il est couché sur un méchant lit médical Merivaara et se demande quel genre de roman lui ferait regagner la troupe des vrais écrivains. Une infirmière est passée effectuer les prélèvements sanguins du matin, après quoi on lui a apporté son café. Holm est allé se rechercher une tasse à la cuisine. Le couloir du secteur de cardiologie est long. Là encore, il a eu le temps de réfléchir. Kubrick parle de scènes insubmersibles. Un film sera un chef-d'œuvre s'il contient un nombre suffisant de scènes insubmersibles. Elles n'ont pas besoin d'être nombreuses. La liquidation de l'ordinateur HAL en est une, sans aucun doute. De même celle où Alex est forcé de regarder des vidéos violentes. L'important est d'écrire de bonnes scènes sans se soucier de la manière dont elles se relient entre elles. Elles finiront par le faire de toute façon.

Et si l'on s'efforçait d'écrire des scènes si détachées que rien ne puisse les connecter ? Serait-ce même possible ? L'être humain ne saurait manquer d'établir un lien entre deux choses quelles qu'elles soient.

Jan Holm saisit son principe : l'important est de se garder d'une trop grande proximité. Tout doit être étalé.

VARPU

Puisqu'il y a plusieurs livres à l'intérieur de chaque livre, pourquoi n'écrirais-tu pas plusieurs chemins dans le tien ?

Le chemin de silence pour ceux qui ne veulent pas faire entrer le vacarme du quotidien.

Le chemin de confusion pour ceux qui ne croient plus aux plaisirs d'un bon ordonnancement.

Le chemin d'amour pour ceux qui veulent tout le temps dorloter leur cœur.

Pourquoi n'écrirais-tu pas à l'intérieur du *Livre de la mort* un *Livre de la vie* pour ceux qui sont épuisés par le voyage ?

Ces chemins seront aisés à baliser à l'aide de symboles imagés.

TERESA

(courses fictives)
Je crois que la semaine dernière j'ai conduit Salah, l'homme qui a opéré Holm. J'ai fait une course pour un homme qui donnait l'impression d'être lui, depuis le quartier de Länsi-Pasila jusqu'au pied de l'hôpital Tornisairaala à Meilahti. Il se taisait, comme la plupart des gens que je prends en course le matin. Je pense qu'il révisait mentalement l'opération qu'il allait effectuer. Un ami neurochirurgien m'a appris que c'est ce que font tous les chirurgiens. L'étonnant est que la plupart des opérations se déroulent conformément

à ces représentations mentales. Y a-t-il d'autres exemples que, dans la vie, une chose se produise comme on l'avait pensée ?

RAUNO

(le poulpe)

Un tour distrait sur Google m'apprend que le poulpe est une espèce étrangère originaire de l'hyperespace. L'ADN du poulpe se différencie notablement de celui de tous les autres êtres vivants. Le poulpe est doté de capacités cognitives étonnantes, mais surtout : il possède trois cœurs.

Je me demande si cette information a un rapport avec le motif du poulpe dans *R. céleste*. La raison d'être du poulpe dans le roman serait-elle de créer un personnage secondaire cosmique d'un genre entièrement nouveau ?

Je décide que, désormais, je ne recourrai plus au poulpe pour mon alimentation.

Je songe à la carte postale que j'ai affichée au mur des toilettes : un coucher de soleil sur Mars. Sur une autre photo prise depuis Mars on voit, vague et lointaine (mais si proche, c'est surprenant), la Terre.

MARTTA

Au bout d'une heure de conduite, je dois me rendre aux toilettes. Je gare ma voiture rue Merikanto. Aux abords du monument à Sibelius ont été installées de nouvelles cabines publiques où les chauffeurs de taxi ont leurs habitudes. J'observe mon client dans le rétroviseur central, je remonte un poil le volume de la musique d'ambiance. Ses paupières tremblent, mais son sommeil est profond et le domine entièrement. Singulier qu'il ait l'air d'une tout autre personne lorsqu'il dort, plus femme qu'homme, comme si toute masculinité l'avait quitté. C'est peut-être même ce qui lui retire ses forces à l'état de veille, et explique qu'il ait besoin de longs sommeils réparateurs.

Il règne une telle odeur de propreté dans la cabine que j'ai peur de perdre connaissance. Je me dis : je suis maintenant, précisément, en cet endroit de ma vie. Qui me semble aussi lointain que tout autre. L'urine dévale en colonne abondante dans le lieu le plus propre au monde, où se déroule un cycle perpétuel de lavages et de stérilisations. Si de l'autre côté de la porte débutait l'espace illimité avec ses nébuleuses, je le croirais vrai. Je circule peut-être dans le milieu interstellaire depuis longtemps déjà. Je reboutonne mon jean, me revoici au même point qu'en 1965, quand je pissais sur les groseilliers à maquereau de mon oncle paternel avec, dans les oreilles, le bruit d'un moteur de bateau qui démarre. Si le pré familier se déployait maintenant derrière cette porte, je n'en douterais pas non plus. La vie avant Satu. Je m'élancerais en courant pieds nus dans la pente gazonnée descendant jusqu'à la plage. Tout ici possède le même caractère fondamental. Pas un instant n'est plus important qu'un autre.

Lorsque je regagne ma voiture, mon client a changé de position. Il a calé sa tête contre la vitre et passé ses mains entre ses cuisses. Je démarre en douceur, je tourne à gauche au croisement de la rue Merikanto, je m'engage dans la rue Pacius. Je dépasse le bâtiment de Tornisairaala, le chantier de l'hôpital Siltasairaala. Le nouvel établissement est tout entier sorti de terre, mais encore entouré de barrières. Je quitte la rue Pacius pour prendre la rue de Stockholm. L'immense zone hospitalière se prolonge sur la droite jusqu'à la croisée de la rue Topelius. Avant l'avenue Mannerheim, il y a encore l'hôtel Scandic Meilahti, un

haut bâtiment destiné aux patients, lui aussi l'un des lieux de *Réception céleste.*
RAUNO

(l'hôpital, œuvre de l'esprit)
Pendant la durée du séjour de Jan Holm aux neuvième et dixième étages de Tornisairaala, le bâtiment du futur Siltasairaala s'élève quant à lui de deux étages. C'est ce que dit le roman, même si une vitesse de construction pareille est difficile à croire.

L'activité quotidienne d'Holm et ses curieux compagnons de chambre consiste à suivre l'avancement du chantier. Bien que les étages croissent vite, les ouvriers donnent l'impression de ne rien faire, passant leur temps à fumer et à traîner désœuvrés. Leur hygiène de vie ne va pas tarder à les conduire ici, remarque Heikki, la cinquantaine, mécanicien chez Finnair de son état. Heikki raconte qu'à son premier jour de travail on lui a appris à marcher. Le meilleur marcheur de l'équipe pouvait utiliser les vingt minutes nécessaires à traverser le hangar. Cette marche est différente de celle des chantiers de construction où il faut prendre garde aux clous et où un marcheur au pied léger parvient à les éviter pendant trente ans. En marchant, le mécanicien avion s'exerce à penser. Plus la tâche est importante et urgente, plus il faut l'effectuer avec calme. Les avions sont réparés à la force de la pensée. Le travail ressemble parfois à un spectacle. Si lent, silencieux et énergique.
KAUKO

(façonné par le vent)
La créativité d'un écrivain s'étant tarie, n'est-ce pas exactement ce genre de roman qu'il écrit ? Les inventaires, la

volonté de tout dire, la sincérité, la vie et tout le tralala, l'abandon de la tradition, le renoncement au métier, les confessions extrêmes, la charité excessive (la fondation), les larmes versées, la mort semée, etc. sont d'ultimes tentatives bien connues.
ELINA

Deux notes extraites du calepin de Mirva :

« Tu n'as pas à écrire chaque phrase toi-même. La littérature regorge de secours, de toute la force de travail des auteurs du passé. Tu te demandes ce qui va ensuite arriver à ton héros : des milliers d'exemples s'offrent à toi. Tu feras, toi aussi, partie de cette force, si tu deviens écrivaine. Tu faciliteras la tâche d'un auteur futur. »

« La majorité des livres n'ont été écrits que partiellement, à hauteur de 20 % peut-être, le reste, la littérature elle-même s'en est chargée. »

Je ne devrais sans doute pas être en possession de ce calepin. Une personne dont la vie s'interrompt laisse ses affaires où elles sont, à des emplacements temporaires. Mirva était chez moi en fin de nuit, nous avions fait la tournée habituelle Rytmi-Corona-Loose, bu une bouteille de vin dans chaque bar puis fini la soirée dans mon appartement. Mirva y avait lu des passages de son calepin, des enseignements de Jan Holm qui, d'après un gars croisé à Loose, n'étaient que des astuces alors qu'elles étaient, d'après Mirva et moi, des clefs pour un avenir plus facile. Nous voyions toutes deux notre avenir dans ces phrases, dans leurs virages, leurs culs-de-sac et leurs grandes artères.

Je pourrais le rendre à Mirva. Prendre le bus et l'apporter à Koskela, mais ce serait gênant. Est-ce que Mirva peut bouger les yeux? Ils étaient fatigués, à mon appartement, sans cesse en train de se fermer.

MINTTU

Je lis dans *Le Monde de la technique* que des chercheurs ont réussi à propulser une ventouse sur le flanc d'une baleine bleue pour mesurer l'activité cardiaque du plus gros mammifère du monde. Les capteurs ont enregistré des variations de pouls étonnamment grandes. Quand la baleine remonte à la surface pour stocker de l'oxygène, son pouls est plus rapide que ce que l'on croyait, et quand elle chasse dans les profondeurs il est plus lent que ce que l'on croyait.

Selon l'article, il est impossible qu'un mammifère possède un cœur plus gros que celui de la baleine bleue, ce qui impose une taille limite aux mammifères. Le cœur d'une baleine fait la taille d'une voiture, un être humain pourrait se cacher dans ses ventricules.

PEKKA

(sur la musique)
Réception céleste fait un excellent usage des possibilités offertes par le roman, mais consacre un nombre de pages étonnant à décrire la musique, ce qui, en l'absence de notation, est un peu idiot.

Les œuvres préférées de Salah sont les sonates de Beethoven en mode majeur sans épithète. Exception faite des *Adieux*. Le taxi ambulancier a des goûts musicaux qui font de lui un excentrique. Il écoute Mantovani et Masonna. Il me fait penser au John Zorn des années 80 qui enregistrait sur son walkman quelques secondes d'Anal Cunt et d'Haendel en alternance.

Jan Holm rapporte qu'il est revenu aux classiques du jazz

fusion de ses années de batteur, comme *The Inner Mounting Flame* de Mahavishnu Orchestra ou *Romantic Warrior* de Return to Forever. Jan Holm écoute toutefois principalement Bach.

Quant à moi, je n'écoute plus de musique. Ma routine du dimanche était de passer sur ma platine *Le Clavier bien tempéré* ou du Ryoji Ikeda, mais maintenant que je suis seul, c'est le silence chez moi.

En voiture, je mets de temps en temps de la musique à la demande du client, *Floating Points* ou *Burial.* Pour l'heure, je me contente d'écouter la respiration richement rythmée du dormeur, elle me rappelle mes artistes japonais favoris.

RAUNO

(les parcours entre les choses)

Cette plage pourrait être le lieu, elle pourrait me ramener aux souvenirs, elle pourrait me faire penser aux choses essentielles, mais (comme c'est en général le cas des extérieurs) elle ne me fait absolument aucun effet aujourd'hui non plus. Le livre est splendide à tenir en main, agréable à feuilleter. Il pourrait rendre le mouvement à mes sentiments bloqués sur place, mais quelque chose d'insoluble s'interpose entre moi et lui.

La distance est peut-être courte de l'ennui à l'équilibre et à la paix, mais je n'ai jamais découvert le chemin qui les relie. Pas davantage celui qui relie la fureur et la bonne énergie. De manière générale, les parcours entre les choses me sont impossibles.

JOONAS

p. 126
Ce qui me manquera le plus de ce monde, ce sont les discussions sur des questions auxquelles je ne comprends rien. Tout ce qu'il y a de bien dans ma vie a commencé par là.

(sur la matière)
Un manoir de la campagne anglaise avcc dépendances, jardin, sentiers et paysage à perte de vue, si fragile qu'il tombera en poussière à la première lecture.

Comment décrirais-tu ton vécu à l'aide de cette poussière uniforme ?

Des particules jetées en l'air qui s'ordonneront pour former la dernière image, la céleste réception.

SARIN

Je ne me souviens jamais de rien de ce que j'ai lu. Je m'absorbe sans doute trop intensément dans ma lecture. Si je m'ennuie devant un mauvais match de basket, je me souviendrai de choses et d'autres après coup. Le sexe est comme un rêve dont je me réveille après l'orgasme. Les images oniriques me font une impression intense, je peux sentir leurs mouvements, mais je n'ai rien à en dire. Quand je commence un livre, n'importe lequel, je me mets aussitôt à pleurer. Les mots sont comme ça. Il n'est pas de mot qui n'effraierait, ne tirerait hors du sommeil la volée de mes perceptions ou qui ne me rappelle à une nostalgie de la taille d'une planète. Il n'est pas de mot qui ne me ferait m'abandonner entièrement.

S

p. 218
À midi, un autre médecin passa me demander si ses étudiants de troisième année pouvaient faire un tour par ma chambre. Manifestement, mon affection cardiaque avait quelque chose de si net et de si exemplaire que professeurs et maîtres de conférences souhaitaient m'utiliser pour leurs cours. On entretient avec son propre corps une relation tellement émotive qu'on tire de la fierté de recevoir même ce genre d'attention. Je fis, pour mes visiteurs, le ménage sur la petite table attenante à mon lit et sur l'appui de fenêtre et récapitulai mentalement le développement de ma maladie, mes premières sensations et ma situation de vie. Je regardai la tête que j'avais avec mon téléphone et allai me recoiffer dans la salle de bains. Ma barbe était fournie et primitive, elle n'avait besoin d'aucune intervention tant que j'avais les cheveux bien taillés et plaqués en arrière. Je déposai sur mes sourcils un soupçon de cire capillaire afin que les poils qui rebiquaient suivent le dessin des autres. J'arrachai avec mes doigts un poil de nez trop long. Je tamponnai sous mes yeux un peu de maquillage que Maija avait apporté.

Et voici que les troisième année se tenaient autour de mon lit.

Je fus étonné que leur santé ait un effet si direct sur la mienne. Intégrer le cursus de médecine de l'université d'Helsinki suppose d'être le premier de la classe à l'échelle de toute sa vie. La chose était flagrante chez ces étudiants. Les garçons avaient des coupes de cheveux pratiques et des corps puissants. Le rouge de la santé affleurait à leurs joues, et les zones écarlates sur leurs cous et leurs poitrines trahissaient leur anxiété. Les premiers de la classe sont toujours anxieux parce qu'ils n'ont rien bâti au culot, mais entendent affronter les problèmes intellectuels tels quels, sans tricher. Les filles étaient petites et avaient des coupes au carré, elles portaient au cou de jolies chaînettes qui plongeaient depuis l'encolure dans des lieux invisibles. Leurs bijoux avaient peut-être des petites croix au bout. La discrétion gracile des filles et le silence massif des garçons me rappelaient les films de décennies révolues. Pas un seul ou une seule des troisième année ne suscita chez moi de pensées d'ordre sexuel. Ils étaient si sains et lointains. Les attentes associées à chaque genre se manifestaient de manière exemplaire dans leur comportement : les hommes étaient distants et silencieux, les femmes actives et pleines de questions. Pourtant, quand les étudiants furent autorisés à écouter mon cœur avec un stéthoscope, chacun y consacra autant de temps que nécessaire. Chacun était soucieux d'apprendre et aucun ne laissait la pression sociale affecter son examen. Ils furent nombreux à dire qu'ils n'entendaient pas le défaut, auquel cas le maître de conférences leur indiquait l'endroit où écouter. Même après cela ils ne le percevaient pas. Sur la douzaine d'étudiants, un seul déclara entendre un bruit secondaire. Sur cette base et celle des symptômes dont je leur avais parlé, les étudiants proposèrent un diagnostic de fuite mitrale. Le maître de conférences dit que c'était un cas de figure typique. Le ventricule gauche s'était dilaté à la suite d'une fuite qui avait trop perduré, et le cœur présentait une insuffisance sévère. L'opération aurait lieu en urgence. Pour finir, il ajouta que la gravité de ma maladie cardiaque était la conséquence d'une erreur médicale. Il aurait fallu suivre l'état de la valve pendant des décennies et ne pas le laisser se dégrader. On n'y pouvait évidemment plus rien, et mieux valait ne plus y penser. Les premiers de la classe avaient l'air tristes et inquiets. Je voyais dans leurs yeux combien ils me trouvaient malade et malchanceux. Je ne saurais dire avec certitude si l'empathie qui émanait d'eux était le fruit d'une bonne éducation ou d'une tendresse de caractère, mais, en dépit de toute sa chaleur, elle était très lointaine. J'étais un homme d'âge mûr malmené par le destin. Comment cela avait-il pu arriver ? Pas un seul ne m'aurait cru si je leur avais dit que tout s'était produit en passant.

Je redoute, plus que tout, la dureté de quelqu'un qui est réduit au silence. Que s'enhardisse celui qui s'est senti foulé aux pieds. Qu'il décide de se montrer fort en me prenant pour cible, moi, précisément.

Car il est rare que quiconque ici-bas obtienne ce qu'il mérite. Sa dureté s'abattra sur quelqu'un partageant une vague ressemblance avec le fautif, quelqu'un qui n'aura su, aux prises avec sa propre bataille, donner le bon message.
MIKA

Je souhaiterais une structure qui, au lieu des exigences de logique, accueillerait les vérités transitoires.
CAT

(la dissimulation)
Certaines personnes se retrouvent, du fait de leur tempérament, dans des situations où on leur dissimule des choses. Cette dissimulation se détecte à la souriante éloquence de l'interlocuteur. La situation a été actée : l'honnêteté n'a plus cours, seul lui importe de se tirer de ces instants pénibles.

À l'hôpital, on s'adresse aux gens de manière directe, à moins que le patient ne soit un membre de la famille du médecin. Tout statut social élevé s'accompagne d'une rétention d'information. Un écrivain vendeur recevra de toutes parts la confirmation de son génie. Les gens des couches inférieures, eux, se voient flanquer le monde dans les bras, brut et sans fioritures.

TEIVAS

Le couple Churchill développa les toutes premières versions de la machine cœur-poumon grâce aux chats de gouttière de Boston. On les attrapait en les attirant avec du thon en boîte. On leur ligaturait l'artère pulmonaire et on oxygénait leur sang au moyen des versions successives de la machine. Tout cela était secret, ce qui est un trait typique de l'histoire des techniques de cardiologie.

Même le dispositif technique de pointe qui a sauvé la vie d'Holm possède ce côté obscur issu des ruelles nocturnes.

JOHAN

Dans la machine de William Mustard, en revanche, on utilisait les poumons de singes rhésus pour l'oxygénation du sang.

PETER

Réception céleste sent l'estragon et l'eau de rose. En effleurant sa couverture je perçois les anomalies des différentes couches, le lisse, le rêche, le glissant. Pour un gros livre, il est aussi léger que s'il était fait en nanomousse. Quand j'ouvre la reliure, elle produit le son doux et articulé d'une jointure qui se met bien en place.

Le livre progresse vers des artefacts plus raffinés. Le monde numérique a pour concurrentes les possibilités célestes offertes par l'artisanat, le design olfactif, la calligraphie et

le papier intelligent : l'image animée, l'hologramme. On ne devrait jamais consulter un livre sur son téléphone ou autres dispositifs intelligents mais faire confiance à Gutenberg et à l'animisme.
HANS

D'un ouvrage estampillé de cinq étoiles j'exige des milieux extérieurs, une attente sans précipitation, des connaissances inédites, des couleurs réalistes mais spéciales, un poids du passé, de la corrosion, de la détérioration, de l'effondrement, des ramifications, de la culture dans la nature, une impression de méthode, un jeu d'improvisation avec la temporalité narrative, des parcours, des friches, un instinct du beau, de la confiance, qu'il se soumette sans réserve à la grâce – l'amour total ancré dans ses soubassements.
PÄR

Il faut toutefois se montrer précis avec la narrativité. La moindre promesse de récit a pour effet que le lecteur cesse de lire les détails, d'écouter la langue, tout ce que la littérature a de plus précieux. Si tu laisses entendre au détour d'une demi-phrase qu'un personnage attend un colis, par exemple, tout s'anéantit autour de lui. Le livre entier déprime, il perd sa tendresse et sa précision. Ne reste plus que l'attente dans laquelle le lecteur s'implique avec toute son énergie.
VELI-MATTI

Personne ne va aimer ce livre, disait Holm à ses amis et coauteurs quand ils préparaient *L'Encyclopédie*. Il entendait par là que l'ouvrage était suffisamment divers.
MITRO

(sur la longueur et l'épaisseur)
Les lecteurs veulent s'absorber dans leur lecture. C'est pourquoi les livres minces ne se vendent pas de la même manière que les gros livres. On ne lira ni ne traduira un ouvrage trop épais à moins que le nom de l'auteur ne garantisse suspense et légèreté. La brièveté est typique de la prose artistique européenne. La cause en est que les auteurs orientés vers la prose artistique n'ont pas appris à être aussi travailleurs que les auteurs de divertissement. Ces derniers viennent généralement à la littérature depuis des domaines où l'on a l'habitude de faire de l'abattage. Les prosateurs artistiques, eux, ont fait des études d'art.

Un gros livre possède une force de conviction qui a une valeur en soi. Ce n'est pas la même chose de tenir un mastodonte de sept cents pages ou un petit fascicule sur sa photo de candidature. C'est bien en vain qu'on cherchera à justifier la minceur de sa prose par un caractère aphoristique ou elliptique. Les journalistes et les photographes se masseront autour du phénomène. Tout le monde admire la grosse prose artistique, mais personne ne la lit. On lui réserve donc, à toutes fins utiles, une réception céleste. On croira un livre qu'on n'a pas lu toujours meilleur qu'il n'est. Les prosateurs artistiques raisonnables ne peaufineront pas leurs deux cents dernières pages. Aucun lecteur ne survivra jusque-là. Au-delà de cette borne commence un territoire sauvage inexploré où tout est différent.
PETRUS

(les affres imaginées)
La majorité des gens sont honnêtes, ils n'ont pas de secrets nettement délimités à protéger. Leur honnêteté n'en fait toutefois pas des êtres intéressants ; vides, plutôt.

Une personne qui fait entrer n'importe qui à n'importe quelle heure dans son appartement sans avoir besoin de cinq minutes pour en améliorer la présentation n'est pas quelqu'un d'ouvert mais de dépourvu d'imagination.
TUOMAS

Une cathédrale dont les salles n'auraient plus besoin que de l'étai d'une musique d'orgue.
PIIA

Et si *Réception céleste* était en fait écrit par une intelligence artificielle ? La simple idée me fait déjà adorer ce livre. Un ordinateur quantique fonctionnant au zéro absolu utiliserait toutes les données qu'il possède pour écrire un livre répondant exactement à mes besoins. Alors que je suis de plus en plus triste sur Spotify. Les années passant, je n'y trouve plus rien qui me procurerait un plaisir naturel. Je crois savoir quelle allure aurait ma musique. Elle serait électronique, basée sur des sons que je n'aurai pas entendus avant, elle aurait une ambiance nocturne, elle convoierait une dimension passée, en particulier le début des années 80, elle briserait les limites imbéciles de ma subjectivité.
JEMINA FROM WOLT

Tableau immortalisant une phase obscure du développement de l'histoire de la chirurgie cardiaque.

Un père et sa fille âgée de deux ou trois ans sont allongés dans leurs lits. La circulation sanguine de la fillette se fait en externe à travers les poumons de son père. Le père fonctionnant comme machine cœur-poumon de sa fille, le chirurgien peut opérer le cœur arrêté de la fillette. Ces

opérations aboutissent presque sans exception à la mort des deux patients. Le tableau ne permet pas ici de conclure le sort futur des personnages. Mots-clefs : amour céleste, affres.
PEKKA

(les peines de cœur)
Lorsqu'il évoque sa romance avec une actrice suédoise célèbre, Jan Holm ne maîtrise pas son texte. Il déclare tout de go qu'il n'est pas amoureux, ou même amouraché, mais sous le charme de détails instantanés. Holm use d'une stratégie dénégatrice pour surmonter ses peines de cœur. Qui n'aura jamais essayé ? Mais les peines de cœur sont invincibles, il est impossible de leur échapper. Elles te disent qu'un jour tu fus en vie, mais que tu es mort maintenant. Les peines de cœur sont une agonie, mais elles aussi cessent dans la mort.
MINNA

Là encore, la chose a l'air symbolique et inventée à un point malaisant : Satu était morte depuis trois jours quand j'ai eu la bonne idée d'observer l'appartement autour de moi, et me suis rendu compte de la quantité de plantes vertes laissées à mes soins. Je ne sais pas m'en occuper. Il y en avait de tous les côtés, sur tous les appuis de fenêtres, mais aussi sur les diverses tables et surfaces de l'appartement. Une partie était en fleurs, une partie en boutons, les autres ne ressemblaient pas à grand-chose, on aurait dit des broussailles arrachées au jardin.

Tandis que j'étais assis dans mon fauteuil et tentais d'écouter Ryoji Ikeda, se jouait dans l'appartement la partition mortelle d'un contrepoint à plusieurs espèces.

Le sympathique fleuriste qui connaissait bien ma femme est venu avec ses fils à la maison récupérer les plantes. Il a dit qu'il les donnerait à des gens qui en avaient besoin.

J'ai obtenu en même temps le contact d'un antiquaire qui viendrait prendre les meubles dont je n'avais plus l'usage. Je m'assois et dors volontiers par terre. Cela met en valeur la beauté extraordinaire de l'appartement. Dans ma vie, tout a glissé au niveau du plancher.

RAUNO

Je lirai le livre s'il est sûr. Je ne veux plus me sentir en insécurité avec aucun livre. Je viens de quitter mon boulot en cabinet d'architectes. Je n'ai plus à supporter les regards ni à prouver mon talent.

J'ai posé des conditions toutes nouvelles à ma participation aux choses. Avant, j'y prenais part par sens du devoir, maintenant je ne pense plus qu'à la liberté. Lorsque j'ai refermé la porte du bureau derrière moi, un air printanier régnait sur l'esplanade des Hespérides. Ton sentiment le plus délicat est vrai, me suis-je dit, et ce n'est pas forcément toujours à lui de s'adapter, de souffrir, d'être écarté de la liste des priorités. En se pliant à ses conditions aussi, on pourra avoir une vie bien, d'un autre genre.

L

(für alina)

Je trouve magnifique la condition que s'est donnée Arvo Pärt lorsqu'il a composé un morceau destiné à consoler une mère qui avait perdu ses enfants après un divorce : qu'il soit à la portée de n'importe qui.

MERJA

Jenni ouvrait toujours son livre avant d'aller se coucher. Elle commençait par allumer la suspension Kuuppa à côté de son canapé et lisait un moment sous la lampe, avant de se glisser entre les draps de son lit. Le plus merveilleux, indépendamment du sujet de sa lecture, était ce moment où la fatigue commençait à estomper les contours du monde décrit. Avant qu'elle ne s'endorme, il subsistait un instant où le livre et le sommeil étaient impossibles à distinguer l'un de l'autre, puis le sommeil balayait le livre sur son passage, et tout s'élargissait.

Jenni emportait quelquefois son livre lors de ses trajets en métro entre les stations Vuosaari et Kalasatama. Alors qu'elle lisait la transcription détaillée de la suture d'une valve mitrale biologique dans les profondeurs du cœur, elle leva le regard et pensa aux cœurs des autres voyageurs. Les muscles énergiques accomplissaient leur travail acharné sous les sternums, plus vite chez l'enfant, plus lentement chez le vieillard, à moins que ce dernier ne souffre de fibrillation atriale, auquel cas le cœur se mettait à galoper au point de semer l'imagination en route. Ce rythme trépidant emportait peut-être le vieillard en un lieu où il n'avait pas été depuis des lustres. Le hamster blotti dans les bras de l'enfant épuisait son cœur unique par une fréquence inutilement élevée. Il dormait, comme toujours, mais s'avançait plus rapidement que les autres vers son dernier battement.

Tous ces cœurs avaient un point commun cependant : en s'arrêtant, le cœur plongeait dans le noir le monde entier avec tous ses êtres humains.

VIIVI

p. 161
On me parla du chirurgien pendant des jours. On me demanda s'il était venu me voir. Non. Les jours passaient. Je rencontrai de nombreux professionnels, des cardiologues, un infirmier en cardiologie, un pneumologue, un dentiste, mais pas le chirurgien. On disait qu'il était le meilleur de sa spécialité, que les médecins eux-mêmes se faisaient opérer par lui. Sa réputation courait les couloirs à d'autres heures que lui.

Un soir, très tard, il fut enfin dans ma chambre. Il était entré sans bruit, s'était faufilé derrière le rideau et l'avait tiré prudemment.

Le chirurgien affichait une expression espiègle, des mimiques indiquant qu'il était de ma génération, même si l'éminence de son travail responsable lui donnait l'air nettement plus vieux. Il évoqua en souriant les choses les plus effrayantes dont on m'ait jamais parlé. Il dit que l'opération n'était pas sans risques. Le plus considérable étant que le cœur affaibli n'ait pas la force de pomper avec la nouvelle valve et qu'il faille lui adjoindre une pompe auxiliaire qui, quant à elle, était une passerelle vers la transplantation cardiaque. Il ajouta que, le cas échéant, on ne me réveillerait pas entre les deux interventions, on installerait la pompe auxiliaire lors d'une opération séparée, mais au cours de la même anesthésie générale. En cas de réussite, je me réveillerais le jour même, mais, dans le second scénario, au bout de quelques jours seulement. J'aurais alors été équipé d'une sacoche d'où partiraient des tuyaux reliés à mon cœur par le thorax.

Le chirurgien dit que ma valve était en si mauvais état qu'une valvuloplastie, c'est-à-dire une réparation de la valve, était exclue et qu'il fallait la remplacer par une valve artificielle. Parmi les modèles possibles, étant donné ma difficile situation, il préconisait une valve biologique qui serait à remplacer au bout de dix ans.

Quand le chirurgien repartit, il emporta son sourire, et laissa l'effroi dans la chambre. L'hôpital me montrait son autre visage.

(les larmes des autres)
La mort touche chacun de nous, mais l'angoisse de la mortalité nous rend visite en des temps différents. On oublie la peur de la mort dès qu'elle cesse. C'est pourquoi on y est toujours confronté seul, avec des mots vides.

Mohamed Salah n'a aucun contact avec la peur de ses patients lorsqu'il effectue ses tournées à l'hôpital. Il a décidé, il y a un moment, qu'il ne se reprocherait pas ses sentiments mal placés mais consacrerait ses efforts à faire son travail du mieux possible. Les pleurs d'un patient ne lui ont jamais fait venir les larmes aux yeux.

Et puis il y a des gens dont les yeux sont constamment baignés par les larmes d'autrui.
RAUNO

(matière intermédiaire)
Je serais bien incapable de décrire ainsi les couloirs, les portes, les virages, les ascenseurs, le bref trajet dans l'air glacé, de manière générale les circulations qui font passer par l'extérieur de l'hôpital : le chant impromptu d'un oiseau ou le froid sans bruit, la pluie sous laquelle il vous faut courir, les premiers signes du printemps, les feuilles jaunes égarées sur votre passage, puis la porte repassée pour rejoindre le couloir, suivre la ligne bleue, suivre la ligne rouge, jusqu'à la salle d'attente, passer du vestiaire lumineux à la pénombre

de la salle de radiologie, l'odeur du café, l'odeur du lubrifiant, le hall d'entrée qui donne le vertige, etc.

La capacité de créer, avec les parcours, une matière qui donne son rythme à l'ouvrage et constitue une nécessité esthétique. Sans cette matière, l'œuvre serait trop dense et concentrée en un point unique.
INKERI

Les premières idées, leur apparente fraîcheur, il faut toujours les abandonner : elles sont collectives. Qui pourrait croire que Jan Holm a pensé une seule seconde que ce serait une idée revigorante d'écrire à propos de sa maladie cardiaque ?

« En même temps que je mettais la dernière main à mon œuvre, il en paraissait de semblables partout » (p. 294).
UOLEVI

(la joie)
Samedi à 14 h 20 l'éclairage s'est légèrement tamisé, *R. céleste* a perdu la brillance et la joie de ses phrases, mes propres idées ne s'inscrivent plus sur l'écran qu'en discontinu, accompagnées de points de suspension, de tirets.

Ce mardi à 14 h 40, je constate une fois encore combien je dépends de la Grâce, combien toutes mes aspirations reposent entre les mains de la Providence. Je vais bientôt me faire un thé vert et reprendre tout comme avant. Il se pourrait tout aussi bien que la joie revienne.
MIA

(le self-service invisible)
Ça m'a pris toute ma vie pour l'apprendre : nous sommes dans un self-service qui exige que nous ayons la ponctualité

d'une machine pour y prendre ou y reposer quoi que ce soit. Je ne saurais mieux l'exprimer. Tu ne peux pas prendre une gorgée de vodka à n'importe quel moment. Quand on porte un petit verre à ses lèvres, il faut attendre le bon moment. Les bons moments passent à la même cadence que les mauvais. Au bon moment, l'alcool sera infusé d'un coup dans ma circulation sanguine et rejoindra les centres du plaisir de mon cerveau, au mauvais je vomirai.

Personne ne s'imagine sans doute qu'un nageur s'attarde sur le plongeoir uniquement par peur. S'il est immobile, c'est parce qu'il attend.

De *Réception céleste*, je dirais que, parmi ses personnages, Mohamed Salah, le chirurgien cardiaque, au moins, aspire à se synchroniser avec ce self-service invisible. Il s'est trouvé dans un restaurant de sushis dans le métro de Tokyo sans pouvoir goûter à un seul plat.

En termes de littérature : est-ce le bon moment pour cette forme précise ? Est-ce que *Réception céleste* a l'existence précise qu'exige notre temps ? Voit-il notre monde en changement constant ? A-t-il à sa disposition les bons outils, les techniques romanesques qui transformeront en vie les phrases et les constructions ? Le roman arrive-t-il à un quelqu'un qui est à l'heure, en retard ou en avance ?

Les éditeurs misent leurs dépenses de marketing sur les mêmes chevaux alors qu'il y aurait lieu de les ventiler dès lors qu'on n'a pas la capacité de prévoir. En période d'imprévisibilité, l'unique moyen est de ventiler.

À l'hôpital Tornisairaala de Meilahti, Salah attend le bon moment pour effectuer sa première incision. J'aime particulièrement le passage décrivant l'attente de Maurizio Pollini à son piano Fabbrini. Le bon moment pour attaquer les premières notes de la *Deuxième Sonat*e de Boulez ne

vient pas. Le moment s'éloigne de plus en plus. Pour finir, Pollini quitte la scène de la Maison de la musique, embarrassé et honteux. En coulisses, il se retrouve face à l'effroi de l'intendant.
TAISTO

On a pu écrire à propos de *Graal théâtre*, le concerto pour violon de Kaija Saariaho, qu'il s'agit d'une seule cadence dilatée et qu'il y manque la musique à proprement parler.
PAULUS

(dramaturgie des halls)
Le trait le plus rafraîchissant de *Réception céleste* est sa spatialité. Le roman ne se modifie pas en s'acheminant vers sa fin. La sortie se trouve dans ce même hall d'entrée, par lequel nous avions pénétré dans son monde. Il se fait juste que, maintenant, nous en connaissons mieux les curiosités et que notre expérience offre un plaisir plus intense.
JONNA

En définitive, même avec les montres de prestige, il s'agit de sauver son âme.
KEITH

Quand je me sens vraiment très mal, je me réjouis. Les sentiments flous me rendent triste. La tristesse est un sentiment flou qui me rend triste. Je suis parfois emplie par un sentiment dont je sais qu'il sera suivi des mots qui le décriront. Il me faut alors prendre patience et profiter de ce que la journée s'éclaircisse.
VARPU

p. 221
Une fois ma femme partie au travail et mon enfant à l'école, je reste écrire à la maison.

Je mets de la musique avant toute chose, mais mon plus grand travail est de me défaire de la tristesse paralysante qui se niche dans toutes les pièces et tous les objets. J'ai peur que plus personne ne vienne jouer avec les jouets dans la chambre d'enfant, et que le lit n'ait plus jamais besoin d'être défait.

Est-ce pour cela que les gens écrivent dans des bureaux ou au café ?

(anton)
Jeudi, Anton est monté dans ma voiture, je ne l'avais pas revu depuis quatre ans. Après notre dernière rencontre, j'avais pensé à lui chaque jour pendant un an. Je ne pense plus à lui qu'une fois par semaine actuellement. Anton a grossi. Voilà une observation dont je ne peux faire l'économie, même si je me fiche pas mal en général de relater ce genre de choses. Anton n'a pas jugé utile de me demander pourquoi je conduisais un Uber, il était heureux de me voir et m'a volontiers accordé neuf minutes de son temps, celui que m'a pris le trajet de la place Töölöntori jusqu'au Bulevardi. Je savais qu'il ne vaudrait pas la peine de recommencer à le regretter, même s'il était super et se consacrait entièrement à moi. Je savais que cet instant serait suivi d'autres pendant lesquels il serait tout aussi intensément absent de ma vie, et que je n'obtiendrais plus aucune attention de sa part pendant des mois ou des années. Nous n'avons donc disposé que de neuf minutes dans un taxi pour nous raconter quatre années complètes. Je lui ai dit qu'il m'avait manqué, à quoi il a répondu que je

lui avais manqué aussi. Nous sommes arrivés au Bulevardi. Il pleuvait. Je l'ai vu s'engouffrer par la porte du bar appelé Boulevard Social.
RAUNO

On manipule les plus grandes choses du monde à l'aide des instruments et des commandes les plus petits qui soient. L'amour de toute une vie se réalise dans une promenade au jardin public d'à côté, nous achetons des cafés, nous nous asseyons, entourés par les immeubles. Un chiot fait la culbute. L'amitié se résume souvent à savoir qu'elle existe, pas grand-chose d'autre, un rendez-vous annuel, des conversations frivoles. Mourir, de la façon la plus banale, c'est se faire pousser légèrement à l'écart. Un roman construit comme un puits descendant jusqu'au centre de la terre libère tout ce qu'il est par l'entremise de mots isolés et de signes de ponctuation. Rien n'est petit ici.
LUMI

L'histoire première d'un roman est toujours celle d'un outil.
MARKKU

p. 170
Suis-je vraiment si malade que l'option de la transplantation cardiaque, avec les pronostics afférents, ait pu sembler un traitement qui donnerait les résultats voulus ?

« 88 % des receveurs d'une greffe de cœur sont encore en vie au bout d'un an, 72 % au bout de cinq ans, près de 50 % au bout de dix ans et 16 % au bout de vingt. »

En principe, on pourra démontrer le ridicule de n'importe quelle chose.
JARI

Aujourd'hui à Tin Tin Tango j'ai vu un homme qui lisait *R. céleste*, à une table près de la vitrine. J'étais venue au café pour lire, mais j'aurais été évidemment trop gênée d'avoir le même bouquin que lui à la main. En plus de quoi il était beau, comme le sont toujours les hommes qui lisent. J'ai donc décidé de déguster mon smoothie hors de prix tout en examinant les détails de l'endroit.

Holm récapitule dans un chapitre amusant comment il faut s'habiller pour gagner les regards des femmes. Les vêtements à la mode ne sont pas les plus efficaces. Seules les jeunes filles y jettent un coup d'œil, et pas du tout pour s'en extasier. Holm révèle qu'on captera l'attention de la majorité des femmes en s'habillant conformément à son âge, avec un côté bohème chic. De longs manteaux de laine bien coupés qu'on ne boutonne pas, des cheveux propres mais laissés en désordre, un choix de couleur audacieux pour le pull ou le sweat-shirt. « Le chic insouciant », pour reprendre le titre donné par Holm à son chapitre.
MINTTU

p. 71
J'ai essayé de créer avec elle autant de souvenirs qu'il était possible en un temps restreint. Je me disais que, de cette manière, je pourrais me l'attacher.

p. 66
Dans mes jeunes années, j'avais un boulot d'été dans un stand de grillades qui servait à l'heure du déjeuner. Le cuistot obèse m'ordonnait de fermer mon clapet pendant qu'il pelotait le sexe et les fesses de Tuulikki. Il l'obligeait à prendre des positions compliquées dans la petite cuisine.

Tuulikki se taisait et pleurait. Moi, je faisais la plonge. Je me souviens m'être demandé quelles forces monstrueuses peuvent contraindre quelqu'un à se lever chaque matin pour se faire maltraiter dans un endroit de ce genre. Moi-même, qui me sentais libre, j'étais paralysé par le comportement du cuistot. Je rêvais de sa mort violente, mais j'étais incapable d'agir. Tuulikki était croyante, tout comme le propriétaire du stand. Peut-être même que le cuistot l'était aussi.

Jadis, on appelait le diabète l'urine de miel. On diagnostiquait la maladie en goûtant l'urine : si elle était sucrée, le fonctionnement du pancréas était perturbé. Le sperme d'un homme à l'urine de miel a le sucré d'un entremets. Le livre y fait référence à deux reprises. Les guêpes, abeilles et bourdons se plaisent en compagnie de celui qui exprime ce sucre. Mais lorsqu'une personne à l'urine de miel n'a plus d'insuline, son organisme devient acide et tout le sucré en lui disparaît. Son haleine prend une odeur de détergent annonciatrice de la mort. De nombreuses créatures terrestres parmi les plus suaves ont une urine de miel. Leurs pores exsudent du miel. Leur regard est alangui par l'excès de sucre. Ce sont des créatures des prés fleuris.

En faisant l'amour, ce à quoi inclinent les êtres à l'urine de miel en raison de leur sucrosité, ils attrapent tous sans exception des candidoses car leurs organes sexuels sursucrés multiplient efficacement les levures bactériennes étrangères. La personne à l'urine de miel meurt de manière inattendue, dans son sommeil. Elle aura été réveillée par le manque de sucre provoqué par un excès d'insuline, mais n'aura pas eu la force de tendre le bras jusqu'à la table de chevet où elle entrepose ses tablettes de glucose.

Fais de doux rêves, dit-on à la personne à l'urine de miel, parce qu'elle n'aura eu besoin de rien d'autre que la douceur du sucre pour vivre. On l'enterre dans le même trou que le rebut de pâtisserie.
SIRKKU

(liaison secrète)
La meilleure manière d'obtenir l'usage des ressources dissimulées dans le monde est de contracter une liaison secrète. Une liaison secrète, c'est de la cocaïne. Elle adoucit vos jours. C'est un objet d'assiduité. La condition d'une vie bien. La base de la foi d'un croyant. Ses larmes nettoient la poussière des jours. Rien n'est plus merveilleux que d'être l'aimé de plusieurs. On y emploie réellement toute sa personne, en son entièreté, en sa beauté suprême.
PIRKKO

p. 78
Avec quel respect et quelle délicatesse ils traitent mes organes internes, alors même qu'ils m'ont servi en guise de repas les organes internes, tout aussi complexes, d'autres êtres vivants.

Dans l'ascenseur, les étudiants se mettent à hurler sans prévenir. Je m'enquiers de la raison auprès de celui qui est à côté de moi, il me répond qu'il l'ignore et se remet à hurler. Les portes s'ouvrent et les étudiants s'égaillent en courant dans le couloir comme des enfants, ils s'entraînent à qui mieux mieux, qui sait ce qui les y incite. Devant la classe, je suis forcée de jouer la comédie. Cela fait partie de la formation des auteurs. Lorsque je prononce les premiers mots de ma réplique, les élèves éclatent de rire. Si je leur demandais pourquoi, je n'obtiendrais pas de réponse satisfaisante : ils rient de rire.

Exercer des brimades, c'est s'amuser. Il est rare que d'autres que la personne persécutée comprennent qu'il s'agit de brimades. On pourrait envisager les choses ainsi : chaque fois que je ris, il y a tout lieu de suspecter que j'abîme autre chose. Mais comment ne pas exercer de brimades à l'École supérieure de théâtre puisque toute cette discipline, l'art dramatique, se fonde sur la logique des brimades ? On réduit les personnes à des stéréotypes et l'on jouit (en général en riant) des joies procurées par la simplification et la reconnaissance. Que quelque chose soit reconnaissable est, en soi, déjà suspect. Lorsqu'on reconnaît un type humain ou le représentant d'un type à travers une œuvre d'art, sa liberté a déjà été réduite d'une manière cruciale. La joie de la reconnaissance dont on parle correspond chez moi de plus en plus souvent à la souffrance que j'éprouve en reconnaissant le mécanisme par lequel on me réduit. C'est pour toutes ces raisons, en définitive, que je déteste l'art théâtral et une grande partie de la littérature.
SELMA

p. 209
À l'auto-école, mon activité principale était de parler des voitures. Nous étions dans une Golf sur le parking de la patinoire d'Oulunkylä, à l'arrêt, et je m'étendais sur mes connaissances automobiles. Nous réfléchissions à la possibilité qu'une Golf GTI soit équipée d'une boule d'attelage. Quand l'instructeur finit par me demander de faire un petit tour sur le parking, je relâchai de nouveau l'embrayage trop vite et la voiture cala avec des soubresauts. L'instructeur n'avait pas pensé à me dire d'accélérer, l'erreur ne résidait

pas dans mon utilisation de l'embrayage. Ce fut la même chose quand je pris des cours de piano à l'âge adulte. Je discutais avec le prof des mérites de Rosalyn Tureck et de Glenn Gould, des nuances entre leurs interprétations de Bach. Et j'avais devant moi l'étude la plus simple dudit Bach, la toute première qu'on donne à apprendre aux enfants. Mes cours de saxophone, quelques années plus tôt, avaient suivi le même schéma : la prof écoutait avec intérêt mes considérations sur le son de Joe Lovano. Lors de l'examen au printemps, j'angoissais tellement que je ne parvenais pas à souffler.

Écrire, c'est parler. Je l'ai réalisé une fois que l'écriture m'a mené à cet endroit heureux où je me trouve aujourd'hui.

(le cœur)
Les entités si soigneusement camouflées dans la simplicité qu'on n'en devine même pas la complexité sont les plus difficiles à aborder. Celles où la question de la complexité n'émet plus de rayonnement.

Que puisse exister dans la nature une pompe posant une énigme qu'on mettra des millénaires à résoudre. Rien d'aussi simple n'aura sans doute jamais été aussi mal compris de tant de manières aussi compliquées.
PERTTI

p. 83
Mon grand frère, avec qui je partageais ma chambre, déménagea à Kuopio pour ses études de médecine. Il passait à la maison une fois par mois. Quand j'entendais ses pas sur le cailloutis du sentier traversant la cour, j'éprouvais une excitation et un bonheur immenses. Il commençait par prêter

une oreille patiente, devant ma chaîne stéréo, à toutes les nouveautés que j'avais découvertes depuis sa dernière visite. Nous écoutions le solo de Don Cherry sur l'album d'Ornette Coleman *The Shape of Jazz to Come*. Jack DeJohnette sur le disque de John Scofield *Time on My Hands*. Le bugle de Kenny Wheeler. Nous n'échangions les nouvelles qu'ensuite.

(reçu en consultation)
Lorsque la porte s'ouvrit enfin, il s'avança droit vers moi, posa une main sur mon front, puis, en toute hâte, sur le haut de mon crâne, me ferma les yeux de sa main libre et dit : à partir de cet instant, tu es entièrement libre. Ensuite, je ne sentis plus le contact de ses mains sur mon corps et rouvris les yeux. Il avait gagné la table, explorait des tiroirs, cherchait quelque chose. J'étais debout au centre de la pièce. Il revint près de moi, plaça ses deux bras autour de mes épaules et me pressa contre son large torse. Je pensais entendre les bruits de son cœur. Je pensais flairer l'odeur rance de son après-rasage. Je pensais sentir la laine grasse de son gilet. Je savais que ce qui est bon pour l'âme sent souvent mauvais. Les directeurs de conscience qui jeûnent soufflent leurs paroles lénifiantes dans une puanteur atroce. Je dus m'endormir. Ma vie était fichue. Voilà où elle me menait. Ensuite, je me retrouvai à nouveau en solitaire. Il quittait la pièce d'un pas énergique, la porte se rabattait encore, je craignais qu'elle ne se referme tout à fait. Du couloir parvenait le bruit d'un petit moteur électrique, celui d'une brosse à dents, peut-être, d'un rasoir ou d'un batteur. Derrière ce bruit, le bruit d'une porte. Derrière la porte, un air froid. Des escaliers menant quelque part. Je pris ma décision. Je me laissai tomber en arrière de

toute ma hauteur. J'entendis des pas de course. Derrière la porte un couloir et une porte, et derrière cette porte, des deux côtés d'un couloir, des portes. Une infinité de secours organisée, payée par la communauté derrière les portes, des professionnels qui écrivent, sont écrits, s'inscrivent, sont inscrits.

E

Ce n'est qu'un grain de sable qu'un oiseau emporte de l'autre côté de la frontière. L'oiseau y bâtit une montagne.

p. 90

Rooney trouve le courage, après des années de réflexion, de s'inscrire à un groupe de dépendants sexuels anonymes. Il n'a pas de relations sexuelles avec des tierces personnes, mais sa fréquentation constante des sites pornographiques lui vaut des remords de conscience. Il s'acquitte par devoir des rapports sexuels avec Isabella, sa femme, et parvient à maintenir sa forme virile en imaginant des scènes pornographiques. Ces derniers temps, il a aussi recours au sildénafil. Il a tenté de calculer avec combien de femmes il s'est imaginé afin de mener à bien un seul rapport. Vingt-cinq est un ordre d'idée qui n'a rien d'exagéré. Ce n'est toutefois pas que son épouse manquerait d'attrait, bien au contraire, Isabella est une championne, plus excitante que la professionnelle moyenne qui joue sur les sites pornos.

La suite se déroulerait plus ou moins ainsi :

Rooney a la surprise de retrouver sa femme dans le groupe de dépendants sexuels. Isabella débarque en retard, transpirante, les mains remplies de sacs de courses. Découvrant Rooney, elle tourne les talons et repart en courant dans le couloir. L'animateur, Pat, un beau brun, se rue à sa suite.

On entend des chuchotements intenses. Le reste du groupe fait silence, comme s'il était en retenue. Quelqu'un va jeter un coup d'œil à la porte. Pat finit par ramener Isabella dans la pièce et la fait asseoir. Isabella, encouragée par Pat, promet de tout raconter. Pat s'installe confortablement sur sa chaise, regarde sa montre et ferme les yeux.

MOURIR DE RALENTIR. Dans une situation désespérée, un être humain peut mourir d'un ralentissement du cœur. Le système nerveux parasympathique est activé, le pouls ralentit tellement qu'il ne dispense plus assez d'oxygène au muscle cardiaque, et la personne meurt d'une arythmie.

p. 68
Le bus de nuit est plein à craquer, les voyageurs collés les uns aux autres. Je suis debout près du chauffeur. Une femme plus âgée, ivre, frotte son genou contre mon sexe. De temps en temps elle échange son genou contre son sac. Je suis sobre, comme toujours à l'époque, je rentre de la cinémathèque et suis en route pour ma maison d'enfance où je vis encore.

Au supermarché S-Market où je travaille, les femmes ont coutume de défaire le nœud de mon tablier au passage ou de s'exhiber dans la réserve. Elles me font toujours, à moi, le compte-rendu de leurs baises du week-end. Les morceaux de viande que nous découpons à la scie à ruban, elles les comparent à des pénis et font des gestes obscènes avec. Je comprends très tôt que la baise, et dans une moindre mesure l'amour ou l'engouement, est le carburant luminescent primordial du monde.

De l'enfance, je garde le souvenir des grandes qui se pressaient dans l'ascenseur avec moi, elles le bloquaient entre les étages et me piquaient avec des épingles. Ma mère décida sans autre forme de procès que nous déménagerions dans notre propre maison. J'avais compris qu'elles m'accueillaient dans un monde où je ne pourrais pas fuir une responsabilité sur laquelle l'imagination ou les petites combines n'auraient aucun pouvoir. Une exigence dure, mais pleine d'amour.

Parfois, quand je traverse, ivre, notre ville dans un taxi, je me demande si j'ai relevé ces défis ou si je les ai fuis. Après une fête de Noël organisée par la crèche, j'ai demandé au chauffeur de me conduire au cœur des ténèbres. L'autoradio diffusait une chanson de variété composée par un ami, nous avons bifurqué dans un quartier qui m'était inconnu. Une fois à destination, j'ai pénétré dans un rêve paisible où j'étais attendu depuis longtemps.

(la vie en jeu d'arcade)
Qu'est-ce qui nous dirige ? Je préférerais rester à la maison pour lire, écouter de la musique et boire du bourgogne, mais tous ces vieux chemins me mènent à une nostalgie immense. Je prends ma voiture parce que c'est la façon la plus simple, peut-être l'unique manière que j'aie d'être en vie. Chaque coin de rue, carrefour, bâtiment cueilli par mon œil contient une scène de ma vie, parfois minuscule, mais qui m'est précieuse. Derrière la vitre de ma voiture, j'ai la sensation d'être à la bonne distance du monde. C'est comme si j'étais moi-même ailleurs, plus près de Satu. L'isolation de mon véhicule actuel, où je suis dorloté, renforce cet effet, la conduite prend l'allure d'un jeu. Le volant est relié aux roues par une direction assistée dirigée par ordinateur, des notifications et des animations s'affichent sur le pare-brise ; la conduite n'est qu'apparente, car en cas

de menace d'accident, la voiture prendra tout entièrement sous son contrôle. Si la collision est inévitable (un scénario quasi impossible), la voiture évaluera les dommages subis par les passagers au moyen de ses capteurs, elle appellera les urgences, décrira la situation et commencera à prodiguer les premiers secours.

J'ai connecté mon téléphone à l'ordinateur de bord de façon à pouvoir lire quelques pages de *Réception céleste* quand j'attends au feu rouge. Le texte se reflète sur la vitre et s'efface lorsque la voiture redémarre. L'ouvrage est alors diffusé sous forme audio par les haut-parleurs McIntosh du véhicule. Le livre se compose de courts paragraphes, ce qui me convient. Qu'il parle de la mort, en revanche, ne me convient pas. Je traverse le pont d'Hakaniemi en direction de Kruununhaka. Ce que ma ville peut être belle ! J'aimerais demander à mon client s'il souhaiterait manger quelque chose, s'il est bien, de quoi il rêve, mais je le laisse dormir.
RAUNO

p. 199
Nous étions couchés sur un lit d'une épaisseur record au Lilla Roberts, le lendemain de Vappu, la fête du 1er mai. Elle s'était endormie ivre morte en pleine action. Moi, j'étais resté éveillé un moment, je la regardais dormir. Maintenant, je tapais un message à Maija. Il fallait annuler la thérapie de couple. J'avais la gueule de bois et voulais passer chaque seconde possible avec ma compagne agitée et fugueuse. Elle n'aimait pas que je quitte nos rendez-vous secrets pour courir aux séances. Selon elle, cette thérapie signifiait que je voulais bâtir une relation avec ma femme et non avec elle. Je souriais. Je jubilais chaque fois que je provoquais en elle des sentiments à mon égard.

Notre thérapeute nous considérait, Maija et moi, comme un excellent couple, elle faisait l'éloge de notre relation, de notre capacité à évoquer et traiter nos problèmes de manière analytique et directe.

À la révélation de ma liaison extraconjugale, Maija me dénonça. Non par méchanceté, mais parce qu'elle voulait que nous nous fassions aider. Ce fut terrible de causer la déception de notre thérapeute. Elle qui s'était réjouie de tous les heureux événements de notre vie. Nous n'étions pas un bon couple, en fait, nous n'évoquions pas nos problèmes franchement. Je crois que c'est ce qu'elle a pensé, même si nous étions, à mon avis, un bon couple, extraordinaire, aimant, empathique.

« Elles disparaîtront avec le temps. » Qui n'a jamais donné ce conseil erroné à une personne souffrant de peines de cœur ?
MINTTU

(5,5/10)
This is not the new Daft Punk album. It's a score for a Disney franchise film.
PITCHFORK

Je ne peux pas m'imaginer confier mon manuscrit à une grande maison d'édition comme l'a fait Linnea. Comment supporter toutes les humiliations qui en découleraient ?

J'ai compris qu'une garden-party donnée par une maison d'édition est régie par une impitoyable hiérarchie. Les membres de la famille des propriétaires ne se souviennent que des écrivains qui se sont fait connaître comme chroniqueurs dans la presse et qui pratiquent une autopromotion habile. Les autres n'auront qu'à refaire les présentations chaque année.

J'ai suivi sur Instagram l'avalanche croissante de photos publiées par Linnea à l'occasion de manifestations littéraires, où des femmes se tiennent côte à côte, un charmant sourire aux lèvres, dans des tenues excessivement raffinées. On se croirait revenu aux années 50.

Tout le monde littéraire a d'ailleurs des allures de classe moyenne aisée. D'un côté les hommes discutent de questions sociales importantes et de l'autre les femmes se rassemblent en mignardes volées. Il n'y a donc rien d'insolite à ce qu'on ait convenu d'avance, entre individus les plus élégants, des tenues qu'on porterait.

Je sais que derrière l'ostentation, l'affectation et la ségrégation de genre se trouve une seule et unique femme puissante, instable, que je ne me risquerai pas à nommer, autrement ma carrière littéraire serait semée d'embûches.

Je pensais jadis que les écrivaines se recrutaient parmi les femmes indépendantes, mais je me trompais. En tout cas elles se laissent facilement entraîner, Linnea en tête.

MINTTU

p. 64

Les gens s'étaient massés dans le hall de l'école de théâtre pour regarder le gratte-ciel s'effondrer à la télévision.

J'appris plus tard que les grands événements ne sont pas de grands événements. Ils ne signifient rien pour moi, et n'ont aucun effet, quand bien même on insisterait sur leur importance durant les vingt années suivantes.

Les événements les plus minimes sont les plus grands de tous. C'est cela, pas l'effondrement d'un gratte-ciel, qui rend la vie difficile.

(s'acquitter)
Tout a commencé avec *Lost.* Les scénaristes avaient décidé de dire merde aux dénouements, la fin du monde arriverait bien avant qu'on leur demande des comptes. Cela déboucha sur une façon de faire dans laquelle on ne jouait plus qu'avec les prémisses. Plus l'œuvre présentait une énigme bizarre, mieux c'était. On avait oublié qu'il est plus difficile de trouver des justifications aux bizarreries que ces bizarreries seules. Par justifications, j'entends un système poétique.

De nos jours, les gens ne se contentent plus de simples prémisses fascinantes. Au contraire, on hume l'air pour sentir ce qu'un monde poétique pourrait avoir de plus à offrir. On détecte celui qui manque de munitions pour acquitter ses promesses avec le même flair qu'un serveur débusque le client qui n'a pas de quoi payer.

Dans *La Fondation*, Holm a engagé la question de l'acquittement des promesses dans une bonne direction, à mon avis. La scène finale sera grandiose, la tension tient, elle a de quoi tenir la distance sur deux siècles.
VEIKKO

(l'invisible de qualité)
By the way mon futur livre est un embrouillamini élaboré de manière entièrement artisanale. Tous les textes sont faits maison, rien n'a été emprunté à rien, pas même à des chutes de vieux travaux. Les moindres particules de ce chaos ont toutes été façonnées en se donnant de la peine et soumises aux mêmes standards de qualité élevés que les parties les plus visibles. Pour produire l'effet engendré par

un invisible de qualité et une pointilleuse prodigalité il n'y a pas de raccourci.
LE CALEPIN DE MIRVA

J'ai écouté la musique des publicités Seiko aujourd'hui. Elle m'a rappelé les années 80, que je n'ai pas pu vivre. J'éprouve un sentiment d'injustice insondable à être née dans la sloche des années 90 et ne pas avoir eu l'enfance que j'aurais adorée. De nos jours, les jeunes reprennent la panoplie des années de crise, regardent dans l'objectif l'air anxieux, passifs et pauvres, avec leurs sweats à capuche noirs, leurs lunettes de cyclisme rétro, leur visage pâle et acnéique. Après une courte pause, ils se sont mis à fumer aussi.

Moi, par contre, je voudrais un Lacoste blanc, une 911 et une Rolex. Du bronzage et des biceps. Pour tout dire : juste un bonheur ordinaire.
MARIANNA

(anonyme)
Quand la culture est-elle devenue la connaissance des phénomènes du temps ?
TUVE

Le trait de technique romanesque le plus atypique de *Réception céleste* tient probablement à sa structuration en boucles. Les romans monologiques ne répliquent jamais strictement le monotonisme mental. L'idéal économique fait obstacle au mimétisme. *Réception céleste* étudie la répétitivité de pensées entêtées. Chaque matin le personnage principal est réveillé par la même pensée. La même idée est

toujours activée dans les mêmes situations. Au cœur de la description du personnage il y a une répétition identique.
TERO

(les appareils)
Les appareils que j'ai commandés vont être livrés aujourd'hui avant seize heures. L'attente occupe toute ma faculté de concentration. Ça ne donne pas l'impression de la vraie vie mais d'une violence coalisée des sens, des émotions et du système nerveux parasympathique à mon encontre. À l'approche de seize heures, je ne sais vraiment plus quoi faire. J'ai peur de louper le coup de sonnette. J'ai un désir d'eau irrépressible. Je remplis mon verre petit à petit pour que le bruit ne recouvre pas le timbre. J'ai envie d'aller aux toilettes, mais je me retiens. Je vais une fois encore vérifier sur mon ordinateur que je n'ai pas fait d'erreur en consultant le suivi sur le site de la poste.

Je ne peux pas dire quel moment de ce processus est le plus chargé d'émotion.

Les emballages en carton standard sont déjà un premier avertissement de banalité. Ces mêmes jouissances ont été livrées dans des milliers de foyers. Ces besoins ont été dimensionnés sur les besoins de milliers de gens. Ces besoins sont un plaisir produit selon un ratio coût-efficacité dont le bénéfice s'accumule aussi au profit des propriétaires. Je débourse un supplément non négligeable, mais j'en retire suffisamment de contenu pour ne pas avoir l'impression d'avoir payé pour rien. Ai-je l'impression d'avoir payé pour rien ?

Les boîtes vides et autres matériaux d'emballage qui jonchent le sol de mon salon exercent une influence imprévisible sur mon humeur. J'aurais bien l'idée de sortir les poubelles tout de suite, mais mon excitation m'interdit pareille raisonnabilité, et d'ailleurs la voie de la raisonnabilité n'a rien qui vaille : je me rends bientôt compte que je nettoie le dessus des tables et remplis le lave-vaisselle avant de m'autoriser à me consacrer aux appareils. En outre, au cas où je souhaiterais renvoyer les appareils, il me faudrait conserver les emballages. Je n'ai certes jamais été capable de me livrer au rituel de contrition que symbolisent le remballage, l'impression du formulaire de retour, etc. J'ai préféré m'asseoir sur mes pertes et conserver les appareils en ma possession.

L'instant le plus intensément dépressif du processus intervient deux heures après la mise en service des appareils. Ma vie émotionnelle est entièrement perturbée. La tension de l'attente et la joie de l'ouverture des boîtes ont provoqué un épuisement généralisé. Tout me paraît en toc. J'ai envie de me débarrasser au plus vite de cet artefact décevant, laid, de piètre qualité. Je laisse l'appareil et son carton dans le salon. Je referme la porte derrière moi.

Dehors, je marche d'un pas vif et les termes d'origine étrangère relatifs à l'utilisation des appareils me tournent dans la tête. Je n'ai rien mangé depuis le petit déjeuner. De retour de ma promenade, j'avale une pizza surgelée, je me brûle le palais et je tache ma chemise. La concupiscence habite encore tous mes faits et gestes, mais je me calme progressivement en procédant à l'extinction de mes appareils intelligents et en m'allongeant sur mon lit les yeux fermés. J'accepte de voir défiler un flot d'appareils devant mes yeux. Je me souviens que, dans ma jeunesse, lorsque je recevais mes aides sociales mensuelles, je prenais aussitôt le bus pour le centre-ville et dépensais mon argent chez Ervasti le bouquiniste. Je remplissais mes sacs d'appareils bon marché mais connus et appréciés. Une fois arrivé chez moi, je les étalais. Je ne savais pas par où commencer. Je me servais de chacun une minute, puis je passais au suivant. J'imaginais toutes les opportunités qui s'ouvriraient à moi si je m'y consacrais à fond. Je les ai encore, et je n'ai pas pu me consacrer comme il faut à un seul d'entre eux. De temps à autre j'en sors un et le laisse libérer le plaisir ou autre qualité intrinsèque qu'il propage. Puis je le renferme. J'ai maintenant quarante-sept ans. En dépit de tous les désordres et errances, l'âge s'accumule durablement en moi. Mes tendances varient juste assez pour que je ne puisse pas dire que ma vie n'est pas surprenante.

Je quitte mon lit et regagne le salon. Les appareils sont pêle-mêle dans toute la pièce. Ils ont l'air beau à nouveau. J'ai du mal à me faire à l'idée que, pendant ma sieste, je suis le seul à m'être régénéré.

VERTTI

(enclos la honte au tréfonds de toi)
Se confesser ne fait rien avancer. Raconter une chose dont on a honte ne supprime pas la honte, celle-ci devient encore plus puissante qu'avant. Ma déception naît de ce que, loin de m'avoir rapproché des autres, mes confessions m'en ont éloigné. Plus nombreux sont les gens au courant, plus ta honte est réelle.

VALLU

p. 62
La base de toute ma pensée de la structure se trouve dans un texte d'Alex Matson, dans lequel il met au jour la maladie structurelle dont souffre *Silja*, de F. E. Sillanpää. Matson se lance sur les traces de ladite maladie à la faveur

d'une erreur en apparence bénigne : le personnage éponyme vieillit trop vite par rapport à la chronologie des événements du roman. Matson nous enseigne que les détails qui ont l'air d'erreurs d'inattention sont justement des voies d'accès aux maladies structurelles globales.

p. 202
Quand j'ouvre les rideaux de ma chambre d'hôpital, j'ai devant moi d'autres rideaux sur lesquels le paysage est ensoleillé.

J'avais rencontré au cours de mes voyages un Californien, Paolo, sous la maison duquel passait le tunnel d'un cartel de la drogue. Toutes les nuits, il entendait un son périodique, très lointain, un vacarme de rails derrière ses rêves, tandis que des millions de tonnes de cocaïne transitaient en direction du marché du travail en surchauffe des États-Unis. Sans ce boucan nocturne, me disait-il, nous n'aurions ni applis ni innovations sur les réseaux sociaux.

Paolo vint me rendre visite à Helsinki. Or voilà que, couché dans mon appartement de Kasarmikatu, il entendait le même boucan. Il me réveilla en pleine nuit, et n'en démordait pas : quelque chose passait sous mon immeuble aussi. Nous descendîmes à la cave et auscultâmes le sol poussiéreux au stéthoscope. C'était bien vrai, quand on se concentrait attentivement, le sol donnait toutes sortes d'informations. Je savais que la plupart des réseaux passaient sous terre ou, invisibles, dans les airs, mais je refusais de me laisser troubler, moi ou mon travail. Voilà qui me suffisait : partout où j'écoutais, j'entendais des sons cardiaques.
MOHAMED SALAH

p. 148
L'hôpital me rappelle que, dans la vie, tout est vécu d'avance. Ces choses aussi sont déjà toutes prêtes à l'effroi. C'est une idée inhérente à la vie : au moment de se produire, tout est déjà vieux, sans surprise, une déception.

L'automne dernier, au café Sävy, Mirva a interrompu mes paroles de réconfort pour m'expliquer que sa dépression était un monde en soi, déconnecté. Rien de ce côté-ci n'avait d'effet sur sa maladie, que ce soit pour la soulager ou l'aggraver.

Je suis allée me rechercher du café en essayant, dans le même temps, de m'arraisonner sur la fréquence commune. M'est revenue une scène de *R. Céleste* dans laquelle Holm roule en voiture avec son frère dans le quartier de Munkkiniemi. Son frère déclare que le stress n'a rien à voir avec les incidents cardiaques, en tout cas il ne voit pas quel mécanisme permettrait de faire le lien. Holm n'apprécie pas des masses, il aimerait avoir des justifications en béton pour annuler le contrat qu'il vient de passer avec l'Opéra. Quand son frère finit par se garer au pied de l'appartement de la rue Oksanen, il reconnaît toutefois qu'Holm devra renoncer à tout travail stressant.

Retraversant la pièce pour rejoindre Mirva, j'ai songé combien le monde ne cessait de m'infecter, partout, et que mon immunité était bien basse. À l'intérieur de moi, toutes les réalités fermées font défaut. Toutes les portes sont grandes ouvertes aux virus.

MINTTU

Ton livre va être bouleversant, plein d'une aimante puissance destructrice.
VEIKKO

Moi aussi je suis excitée par les shemales. Si je voulais vivre des expériences, je m'offrirais les bons soins de shemales. Je dis *soins* parce que je ne crois pas que je pourrais me retrouver avec elles autrement qu'en payant. En plus, j'adore les services, la coiffeuse qui me masse le cuir chevelu pour de l'argent.

Le sexe amoureux est une chose si rare qu'il est absolument exorbitant d'en faire un idéal. J'en dirais de même du sexe entre deux personnes éprouvant un désir simultané. Objectif absurde.

Je suis excitée à l'idée d'avoir un ou une partenaire qui me serve. Service, don, satisfaction, voilà ce que le sexe a de meilleur. « J'ai donné du cul », « j'ai reçu de la bite ».

Mais de la part des shemales, c'est de l'amour que je voudrais. J'adore les femmes et les hommes, mais en jouir séparément fait retomber la tension.
MINTTU

Pourquoi Holm évoque-t-il les premiers temps de son passé avec une telle prudence ? Bien que le livre comporte quelques centaines de pages à propos de son enfance et de sa jeunesse, sa vie ne semble débuter qu'en 1999, lorsqu'il rencontre sa future femme.

On serait bien en peine de trouver la réponse. Il n'en demeure pas moins que tout se fait plus ouvert et direct au tournant du millénaire. Les vingt-cinq années antérieures à sa rencontre avec Maija paraissent écrites de la main d'un autre, on croirait le travail d'un écrivain fantôme. La jeune

vie d'Holm a manifestement été marquée par la religiosité, certaines peurs sociales, un isolement, mais aussi un bonheur singulier. La disposition des mots est toutefois bien austère, on les dirait rédigés de la main d'un juriste.
V-M

(personnage secondaire)
Qu'on rende les personnages secondaires toujours plus intéressants enveloppe la thèse que le monde s'ouvrirait à nous par ses détails. C'est l'un des mille mensonges de la tradition romanesque humaniste.

Un voyage à l'étranger, Paris, une silhouette en manteau de laine par une journée d'automne, un accordéon, une sculpture sur bois, un bout de fil sur l'épaule déclenchent la rêverie et créent une croyance fausse dans le monde.
JULIAANA

J'éprouve moins de passion pour la virtuosité dont le chef-d'œuvre est le dur labeur que pour la virtuosité dont l'œuvre surgit en un tournemain. Des décennies de travail et de dévotion se manifestent en quelques phrases, en un univers entre les phrases, en un climat curieux que l'auteur n'a qu'à souffler sur le papier. Chez un bon musicien, des décennies d'abnégation s'entendent à un seul son. Il est impossible de sortir de sa ronde.
PAUL

Je suis hilare : je lis dans une revue en ligne que Philip Glass cherche à se renouveler à chaque œuvre. L'échec, ou l'illusion, est patent. Cette information ouvre tout de même un sentier intéressant à travers la musique de Glass. Le compositeur déambule dans sa forêt cultivée, mais son expérience intérieure est faite d'un boqueteau bavarois, du chant d'un rossignol, des souffles frais du vent, des ombres jaseuses.

De manière générale, les artistes, regardant leurs œuvres, semblent ne pas avoir le sens des proportions.

PAULI

(les détails)

Les moments de baise sont systématiquement éludés dans les films, alors que ce qui se passe pendant les relations sexuelles, dans quel ordre, avec quels sentiments, c'est ça le plus important.

Le jaloux voudra tout connaître, à la seconde près, et sait son projet condamné à l'échec. On ne peut pas reconstruire un événement du monde physique mettant en jeu autant de paramètres que l'acte sexuel. Ce serait comme tenter de répliquer les conditions dans lesquelles la machine du Loto aurait tiré tes numéros. C'est un projet pour lequel le jaloux consumera le reste de sa vie.

Réception céleste n'élude pas la description des moments de baise. Même s'ils sont tous situés dans des souvenirs, leur rappel est d'une précision hystérique. La maîtresse d'Holm fait l'éloge du goût de son sperme. Rien n'est plus réjouissant que d'être complimenté pour son sperme. Elle sait accélérer le mouvement masturbatoire avec la juste intensité au moment où Holm approche de l'orgasme. Elle sait, de sa bouche, humecter ses mains à son service.

JUAN

Quant à la manière d'écrire d'Holm, je dirais que c'est un miracle qu'il soit même parvenu à coucher une phrase sur le papier. Toute son écriture est marquée par une crispation, une autocritique exagérée, une hostilité directe à l'encontre de la phrase, un antiflow.

Il me semble être face à un homme qui passe la journée entière à faire le ménage dans l'attente d'une brève visite. Qui essaie trois tenues avant d'oser se rendre à l'épicerie. Qui est pourtant bordélique et indifférent.

Dans le livre, on le voit chercher ses clefs pour être sûr de les avoir en main deux cents mètres avant la porte de chez lui. Vérifier incessamment à l'arrêt de bus que son ticket est encore valable sur l'application de la régie des transports d'Helsinki. Apprendre par cœur chaque trajet sur Google Maps au moins un jour à l'avance. Être toujours ponctuel. Ne jamais oublier un seul des vingt objets qu'il doit avoir sur lui. Consulter son compte bancaire en ligne pour voir combien il a d'argent avant d'aller faire les courses. Revérifier son solde une fois encore avant de passer en caisse si ses achats lui ont pris plus de temps que prévu.

VELI-MATTI

Je ne vais plus chez les gens parce qu'à chaque invitation je tombais amoureux des femmes et des petites copines de mes amis. Même si, par fidélité envers eux, je n'ai jamais suivi mes sentiments, mes conversations avec leurs compagnes étaient le terreau d'une malhonnêteté grandissante, difforme, qui me dégoûtait toujours après coup.

Je voulais me montrer sincère, transparent dans mes discours, mais ces aspirations mêmes ouvraient en moi la voie à l'engouement et à l'amour. Je sentais le pied de la femme de mon ami toucher le mien sous la table. La tête enivrée d'une petite copine prenait appui sur mon épaule. Sa main cherchait la mienne. Je n'étais pas le bon ami

qu'ils s'imaginaient, je transpirais les hormones et la ruse. J'ai décidé que, tant que mes paroles et mes actes seraient entachés d'ambiguïté, je passerais mon temps seul. Une heure viendra peut-être où je serai capable d'autre chose.
LENNI

p. 109
À mon arrivée chez mes parents, avant toute chose, nous sortons nous extasier devant les rosiers qui font le tour de la maison. S'engage alors une discussion qui durera quarante-huit heures. Nous allons nous coucher vers les quatre heures du matin. Je pose ma joue sur l'oreiller dans ma chambre d'enfant, j'entends mes parents parler derrière les portes. Les conduites d'eau gargouillent. Ils vont se faire une tasse de thé avant de dormir. J'entends mon père remplir le lave-vaisselle. Quand il avait la vingtaine et rentrait du travail tard le soir, mes parents s'asseyaient ainsi à la table de la cuisine pour boire un café. Toute leur vie, ils ont discuté autour de boissons chaudes.

Au réveil, il n'est pas encore midi, je dispose d'au moins deux heures de silence avant que mes parents ne soient tirés du sommeil. Quand mon père devait se lever tôt pour aller travailler, il se déplaçait dans un tel silence que même un chien n'aurait pas levé une oreille. Il s'était préparé un thermos pendant la nuit afin que ma mère n'entende pas le bruit de la cafetière. Il faut savoir que ma mère est à moitié sourde et n'entend pratiquement rien sans ses appareils auditifs qu'elle retire pour dormir. Le silence de mon père n'a donc pas qu'un aspect pratique. Il y a autre chose qu'il ne veut pas réveiller. Il a choisi la voie du travail bien fait, sur laquelle il est impossible d'exagérer. Tout est calculé. Lorsqu'il passe l'aspirateur à Noël, il nettoie aussi les plafonds.

La voie de ma mère est celle de la liberté et de l'anarchie. Elle a besoin de mon père pour guérir ses blessures.

En ces heures silencieuses, je fais le tour des bibliothèques de la maison et compulse des extraits ici et là. Ma mère a une passion pour les lustres en cristal et les tapis orientaux. Il y en a dans toutes les pièces. Je note quelques phrases distraites sur mon ordinateur portable installé dans la salle de la cheminée, à l'endroit où ma mère lit et écrit ses poèmes tapageurs et rugueux.

J'entends enfin les premiers signes de la présence de mon père, le bonheur fuse dans ma poitrine. Le voici qui ouvre sa porte sans un bruit, un pot de chambre à moitié plein à la main, et me dit bonjour de sa voix sonore.

Il se met peu à peu aux préparatifs du petit déjeuner. Pendant ce temps-là, ma mère dort. Mon père fait cuire du porridge, presse du jus d'orange, coupe des fruits en morceaux. Une heure ne lui suffit pas. Lorsque ma mère finit par s'éveiller, elle reprend la discussion de la veille à la porte de la chambre à coucher, d'une voix éraillée par la nuit, encore à moitié endormie.

Pour le bonheur j'ai besoin d'un plan large comportant une forêt de pins, un plan d'eau et une voiture qui roule au loin.

Le calme règne dans le *lounge* de l'hôtel Kämp. Je me demande si je vais vendre ma position en cryptomonnaie tout de suite ou me commander un nouveau thé. J'ai développé une capacité à rester serein au centre d'une volatilité considérable. Je lis un livre. Je concentre ma pensée, bien que ma position soit en baisse sévère. L'écran de mon iPhone s'éteint. Je ne passe pas le doigt dessus pour le rallumer, j'évalue une réflexion proposée par le livre.

« Des œuvres d'art, nous mémorisons uniquement l'atmosphère, la façon dont les pensées ont influencé nos sens, pas les pensées elles-mêmes » (p. 129).

Tous les endroits privilégiés de ce monde sont des lieux vides et solitaires, celui-ci ne fait pas exception. Il n'y avait pas un seul client dans l'immense *lounge* réservé à la première classe de la Qatar Airways. Ses dizaines de comptoirs attendaient, sans une seule file de voyageurs. Ses buffets débordaient de mets qui pourrissaient dans le silence conditionné. Je faisais des allées et venues près des tables et surveillais mes positions. Les gens qui voyagent ainsi n'ont pas coutume de manger. La richesse, c'est un vide, une inexistence, un espace qu'on sort d'usage contre de considérables émoluments.

Les gens qui voyagent en première n'ont pas de vêtements d'extérieur. Ils se rencontrent dans les espaces de réunion des aéroports sur n'importe quel continent. Distances extrêmes, mêmes pantoufles.

Les participants aux pool-partys d'Hollywood sont sélectionnés sur catalogue. Les *homies* des rappeurs célèbres sont tous payés, et lesdits rappeurs ne les connaissent pas par leur nom. Les autres invités sont des personnes connues, que l'organisateur de la fête n'a jamais rencontrées avant.

Si je referme le livre, pourrai-je me retenir de passer le doigt sur mon téléphone ? Si ma position est remontée, pourrai-je me retenir de la vendre ? Puis-je encore ne pas m'exposer à ce qu'on appelle vie, amour et fleurs ?

Mon thé a refroidi. Je songe au personnel, et son représentant ne tarde pas à se présenter dans la pièce. Il emporte mon thé en partant.

HODL. Stonks.

Les processus les plus complexes ont besoin des préceptes

les plus simples. *Never lose money* (Warren Buffet), Quand on est écrivain il faut écrire (Antti Hyry), *Use Signal* (Elon Musk).

CHRISTIAN

Il était impossible de fuir l'Holodomor. Au pied du mur, chacun fut obligé d'avouer son impuissance, de la manière qui correspondait à son caractère. L'un se prépara une soupe de cuir et capitula, l'autre mangea la jambe de sa fille puis, avec le produit de vols, s'acheta davantage de chair humaine au marché noir, pour finir par s'effondrer à bout de forces dans la rue. Les frontières étaient fermées, les soldats russes gardaient les réserves de grain. En une journée, trente-cinq mille personnes moururent de faim.

Je réfléchis relativement peu à ce genre de proportionnalités. Les réalistes craignent qu'une situation analogue ne se produise aussi chez nous et montent la garde, de façon à étouffer les mouvements délétères avant qu'ils ne gagnent en puissance.

Je ne pourrais jamais lire un roman sur l'Holodomor, mais un ouvrage sur ces gardiens et leurs anticipations, tout à fait. Un autre personnage intéressant serait celui d'un virologue comprenant les modes de transmission tant d'une maladie, d'une rumeur que d'une idée nocive.

VILJA

(protégés par la fiction)

La tâche de la fiction est de rendre invraisemblables les choses essentielles. Ce dont la fiction parle le plus, par exemple les grandes escroqueries ou la violence brute, se transforme en un objet de dérision, cliché et *camp*. On en vient collectivement à penser que ces choses-là n'arrivent pas dans le monde réel, ce qui, par contrecoup, protège les criminels et leur permet de travailler en paix.

En réalité, les maîtres du monde se comportent exactement comme le racontent les films.

MARJUT

Les écrivains sont tous sœurs et frères. Ils partagent l'amour des mots et la foi dans le pouvoir du verbe. L'argent, ils le gardent chacun pour soi. Les revenus de Jan Holm pour l'année 2017 étaient de deux cent cinquante mille euros.

KRISTIAN

Il serait bon qu'existe, en plus du sentiment de culpabilité, un sentiment de *potentielle culpabilité*.

Un repentir pour des iniquités que l'on serait vraisemblablement amené à commettre si les conditions étaient différentes. Si l'on était riche au lieu de pauvre, célèbre au lieu d'ordinaire. Si le système politique était un autre ou si l'on était né et avait grandi dans un autre groupe de référence.

Les gens peuvent penser ce qu'ils pensent, mais, moi, je pense que je suis impliqué dans chaque péché commis en ce monde.

SAM

Ne sois jamais discursive à part.

Ne crée jamais de forme par des mesures rétrospectives.

Ne préserve que l'impétuosité des flots intérieurs et laisse-les chercher leur lit.

HELENA

p. 201
Le taxi ambulancier veut garder les loups avec lui et gobe des Marzine de loin en loin. Les loups peuvent disparaître pendant des semaines puis réapparaître sans prévenir. Si la disparition se prolonge, le taxi ambulancier est réjoui de l'étendue de son périmètre de conscience. Il sait que les loups sont encore avec lui mais se déplacent à la périphérie de sa perception.

Le taxi ambulancier songe alors que tout ce qui s'écarte de l'ordinaire, qu'il s'agisse d'une idée ou d'un acte, sert à marquer le territoire du loup. Si tu fais le con et que tu regrettes, la zone marquée par ta connerie ne disparaîtra pas, même si tu n'y retournes plus jamais. Elle demeurera là, quelque part, et des animaux y passeront.

Vadrouillant en Laponie et gobant des Marzine sur les pentes d'un *tunturi*, le taxi ambulancier songe que, pour l'heure, ses loups sont en train de trottiner sur Aleksanterinkatu. Lui, il parvient au pied d'un arbre à la cime duquel on voit un nid d'aigle.

p. 228
Je suis d'abord reçu par le responsable de l'accueil qui me demande mon identité avant d'imprimer un badge à usage unique que je dois fixer sur ma poitrine. Cela fait, il me conduit à l'un des canapés pour que j'y attende. Ce n'est pas du tout le directeur artistique de l'Opéra qui vient m'y chercher mais son assistante, une femme grande et belle, d'une élégance sobre, dont le laissez-passer électronique nous fait franchir les portes automatiques et pénétrer dans le labyrinthe de ce bâtiment aux allures d'établissement de bains.

Me voici qui patiente maintenant dans la pièce où travaille l'assistante du directeur artistique de l'Opéra, un petit box débordant d'énergie et d'urgence. L'assistante a le temps de me donner une vigoureuse quantité de renseignements en quelques minutes. Elle évoque l'énorme capacité de stockage dont a besoin l'Opéra dans sa forme actuelle. On ne donne qu'un petit nombre de représentations d'affilée, les décors sont démontés et rangés, puis ressortis de temps en temps sur le plateau. Voilà qui ressemble précisément à ce qui se pratique d'ordinaire avec de gros budgets. Elle me parle aussi de l'encyclopédie opératique ambulante que je ne vais pas tarder à rencontrer. Le monde de l'opéra est tellement circonscrit qu'on peut, au sens propre, tout connaître.

Sur ce, le directeur artistique arrive muni de ses classeurs, et nous passons dans son bureau. On y a une jolie vue sur Helsinginkatu et son carrefour animé connu de tous les Helsinkiens. Je m'assois dans un canapé Le Corbusier pour écouter les réflexions du directeur artistique. Il a une présentation PowerPoint de ses idées, grandioses en termes de production, mais limitées et terre à terre en termes de pensée. Grandioses, les miennes aussi le seront si je leur trouve une forme. Je propose qu'on construise sur la scène un immense aquarium dans lequel les chanteurs feront de la plongée, avec des traînes de cinq mètres et des extensions capillaires de deux mètres, ce spectacle subaquatique serait un enchantement absolu. Le chant pourrait provenir d'un enregistrement. Ou alors la représentation pourrait se faire sans son. Je négocie avec le responsable des salaires une somme faramineuse que je proportionne aux revenus annuels du directeur artistique. Tout plane à une agréable hauteur, jusqu'à ce que mon cœur craque.

(l'image)
Chaque roman laisse derrière lui une image plus puissante que les autres. C'est elle qui vous revient en premier à l'esprit quand, des années après, le livre ressurgit dans la conversation, alors qu'on en a oublié les péripéties, les personnages et leurs aspirations. Préserve cette image comme ta plus chère. Écris comme si tu ne prenais soin que d'elle, mets-la en valeur, fais la poussière.

Est-ce l'image de l'hôpital que laissera *Réception céleste*? Holm s'inquiète à maintes reprises que l'hôpital soit l'image de son roman. Ce serait une terrible défaite.
ANNU

Quand un livre me propose une idée nouvelle, je sonde sa vérité dans mes sentiments. Qu'il s'agisse d'une information scientifique ou plus vague, cela ne change rien, j'accepte ou rejette les idées sur le fondement de mes sentiments. Le principal, c'est de me sentir en sécurité, d'avoir une bonne idée de moi. Tous les faits sont affaire d'émotions.

Ce n'est jamais l'incapacité à comprendre qui fait obstacle à la vérité, mais les peurs, les injustices subies et les souffrances passées.
WALT

Aucun art hors du commun ne supporte un examen plus approfondi.

Toutes les grandes expériences se passent de justifications.

Elles meurent aux premières pensées qui y touchent.
##

Un garçon au soleil, sur le ventre, ses mains douces et adroites sur son sexe, ses longs cils.

Louanges à la semence dont l'accumulation dans les testicules est d'une beauté sans égale. Sur la roche, les os, que la vague tente d'attraper.

PÄR

Je n'aime ni le sexe ni les drogues. Quand je suis sous leur influence, je feins l'ivresse. Le sexe est laid, même si l'art en propose de belles descriptions. La cocaïne est douce, même si les films m'en avaient donné une autre idée.

J'ai été fort tôt confrontée à ce caractère décevant de la réalité, mais pas aussi précocement que mes camarades de classe qui sont vite devenus cyniques. J'étais timide. Le monde appartient aux timides.

SEIJA

Scène dans laquelle le scénariste roule en Mercedes autonome en direction de Pasila. Embouteillages. Il est attendu dans les entrailles du quartier des médias par le producteur impatient, la directrice des productions dramatiques et la dramaturge. Tout le monde veut savoir comment il a résolu les problèmes posés par le texte. La voiture stoppe au croisement de Nordenskiöldinkatu et de l'avenue Mannerheim. Une voix ravissante demande : on enregistre ? Le scénariste installé à l'arrière réfléchit un instant, ferme les yeux et hoche la tête. Une légère odeur de jasmin se répand dans l'habitacle. Nous entendons une longue montée progressive quand le véhicule fait une tentative avec *Lotus*, de Gang Gang Dance. Le scénariste secoue la tête. Et si tu oubliais toute la dernière scène ? propose la voiture. Ton goût pour les fins multiples... La fin se trouve typiquement là où commence la séquence finale. Les premiers éléments conclusifs sont, avec 90 % de certitude, le bon endroit pour tout finir.

Le scénariste est mécontent, il n'est pas tombé amoureux de sa voiture comme il l'avait espéré. Il l'a achetée, ensorcelé par sa voix et son intuitivité après avoir vu la vidéo YouTube d'un influenceur célèbre qui avait pu utiliser le véhicule pendant une semaine. La voiture s'est avérée plus prévisible qu'il l'escomptait. Elle est plus flatteuse que fascinante. Elle ne lui a pas apporté le bonheur. Quelquefois, quand elle lui propose des solutions éculées où se fait sentir la pauvreté des alternatives, elle ne fait qu'ajouter à son sentiment de solitude et d'échec. La mémoire de la voiture contient, selon le prospectus publicitaire, plus de cent soixante-dix mille références, mais pas une des solutions textuelles qu'elle a proposées n'est vraiment sortie du lot.

Soit, dit le scénariste, imprime. Le scénariste reçoit la feuille imprimée dans sa main. La voiture redémarre au feu. Sur la droite, au bord de Nordenskiöldinkatu, c'est là qu'on a décidé de construire un Colisée des plaisirs sans équivalent. Le scénariste s'imagine livré aux caresses et ferme les yeux.

Au moment où le véhicule emprunte la direction de Pasila, le scénariste comprend – et il se peut aussi que ce soit l'effet des effluves chimiques diffusés par le véhicule – qu'il est crucial que le scénario reste irrésolu. C'est une gageure de composer un aspect ébauché comportant des tensions. Certains éléments doivent être peaufinés à l'extrême et d'autres rester dans un état semi-fini maîtrisé. La structure de l'ouvrage pourrait, dans le meilleur des cas, embrasser de vastes séquences marquées par un fascinant inachèvement, où l'on déambulera comme sur le chantier

d'un palace. On y aura un avant-goût du luxe qui s'élèvera, on pressentira la vue depuis le spa du dernier étage.
PIER

Ça ne me gêne pas que ce livre me néglige un peu par moments. Certains romans n'ont tout simplement pas le temps de s'occuper de leur lecteur. Ils ont bien trop à faire avec leurs propres questions.
SELJA

p. 79
Qui se souvient de Kalevi Lappalainen ? C'est la question que je pose depuis le début des années 90, époque où sa mère m'a donné son bureau, sa chaise, sa lampe et ses livres en héritage.

Kalevi Lappalainen est mort en 1988 au Kansas après s'être endormi une cigarette à la bouche dans un lit d'hôtel. Ses recueils de poèmes, qui figuraient dans mes lectures de jeunesse, ont des titres formidables : *Expressions du visage d'un mangeur d'hommes*, *Guettant l'automate*, *Voie neuronale d'un mi-cheval*.

Pas une personne que j'interroge ne se souvient de Kalevi Lappalainen, pas une seule ne le revendique comme modèle. Au revers de l'assise de sa chaise de travail on peut lire, inscrit avec la graphie hésitante d'un petit enfant : Kalevi.

Un alpiniste qui a disparu en montagne. Les circuits touristiques ne passent pas par le lieu de sa disparition. Il a lui aussi disparu. Trop élevé, trop difficile d'accès, trop pauvre en oxygène.

Outside the Alphabets, son premier recueil en anglais, avant-gardiste, visuellement novateur, m'a rapporté de quoi me payer moult bières dans les années 90, je le vendais au bar Erottaja à l'époque. Les gens se l'arrachaient. Au mur de chez moi, j'avais *Trip*, un poème de Lappalainen imprimé sur une affiche. Il parlait du LSD et nous encourageait à frayer avec les drogues et la poésie pernicieuse.

Qu'on puisse voir au travers d'un *himmeli*; cela, au moins.
KRISTIINA

Ce n'est pas sain de lire comme ça toute la journée. Je suis complètement paumé, à force. Je ne sais pas quoi faire. Me préparer un chocolat chaud. Marcher jusqu'à la plage. Mes deux manières de lire – en m'y absorbant et comme un travail obligatoire –, toutes deux dangereuses pour la santé. Toutes deux des châtiments. Contre moi-même d'abord. Contre les autres bientôt. Mon idée centrale était de me venger par la lecture. De me cultiver en représailles. C'est ce qu'on peut faire de plus idiot, de se forcer à lire. Les vengeances passent inaperçues. Si on les remarque, on n'en comprend pas le sens. Si on en comprend le sens, elles n'ont aucun effet. Si mon voisin se vengeait de moi en m'infligeant une grande souffrance, je souffrirais, vu que je ne pourrais rien faire d'autre. Et ça ne voudrait rien dire. Il n'y a aucune raison de lire. Un livre coûte cher. Cher à son auteur. Cher à son lecteur. Plus cher que son prix. Il faudrait le payer quarante mille euros pour que son prix soit proportionné. Le livre est une vengeance atroce. J'ignore de qui elle provient.
VAINIO

p. 89
Certains souvenirs pourraient être empruntés à n'importe quel film. Rauli exhibe sa nouvelle carabine à air comprimé. Il ouvre la fenêtre sur la cour verdoyante. Au loin, perchée sur la branche d'un bouleau, on voit une pie.

Les petits garçons comme lui ont passé toute leur vie à tirer avec une arme imaginaire sur tout ce qui vit et tout ce qu'on s'imagine vivre. Cette fois, les choses sont différentes. La pie est touchée. Elle tombe de sa branche comme une canette. Pauvre pie. Rauli est incapable de dire quoi que ce soit. Il replace sa carabine dans son placard.

Un sentiment prend forme : en lieu et place de la réalité imaginaire, il y a des cibles vivantes. Comment les reconnaître ?

Plus tard, j'apprends par mes lectures l'existence d'un surréaliste qui tirait chaque matin un coup de fusil au hasard depuis son balcon. La balle fusait dans les étages de la fiction. Il importe sans doute peu de savoir des décennies plus tard si ce qu'elle a traversé est de la masse cérébrale grise ou une masse tout aussi grise produite par un cerveau.

(ralentissements)
Il n'est pas de livre plein de sagesse qui ne vous propose un rituel en guise de clef du bonheur. Les gens heureux ont leurs routines. Pour emprunter les mots de Baudelaire : créer une routine, c'est le génie.

Je me suis acheté une machine à expresso La Cimbali qui est prête à l'emploi au bout de deux heures de préchauffage. Le préamplificateur à tube de mon dispositif audio hi-fi McIntosh exige un temps de préparation équivalent pour que la qualité audio soit supportable. Au réveil, avant de faire quoi que ce soit d'autre, je remonte mon Omega

Speedmaster afin qu'elle ne s'arrête pas pendant ma toilette du matin. J'offre toute mon énergie à ce mécanisme illustre. Une fois que la couronne cesse de tourner, je m'accorde le droit de songer aux affaires du jour.

Tout le temps que je consacre à ces appareils de qualité sera ajouté à ma part de ciel.

SARAH

Lire m'est insupportable car je ne peux pas décider à quoi ressemble l'image que je me fais du rivage dont parle le texte. Elle ne se transforme pas selon mon bon vouloir. Je réfléchis, je lis, mais l'image ne change pas. Elle est faite d'un peu de ci et d'un peu de ça. Le sable est fluide mais les monticules anguleux. Le sable s'écoule sur leurs angles. J'y parviens enfin. J'appose de la mousse sur la colline. Pardessus la mousse, encore de la mousse et des épilobes. En arrière-plan des essences de bois nobles, un bâtiment préfabriqué et la lune. Une lune. Deux lunes. C'est une torture d'essayer de me souvenir de tout ce qu'il y a dans le livre. Je ne me souviens pas si on y dit quelque chose à propos du passé de la femme. Mon propre passé est partout. Je ne me souviens pas si l'on prédit quelque chose du futur de l'homme. Mes propres prédictions au sujet de mon futur brouillent ma lecture. Je ne peux retirer aucun plaisir d'une ambiguïté pareille. L'écheveau des péripéties est un odieux embrouillamini de souvenirs forcés et d'erreurs continuelles.

HELI

p. 272

Le port de Rotterdam est d'une beauté à pleurer. Vingt kilomètres carrés de pure automation. Les containers flashant de toutes les couleurs imaginables, allègrement transférés par des grues géantes et des camions autoguidés. Une structure intelligente qui décharge et charge en même temps.

Et un seul employé, qui se rend sur place à vélo, enclenche le système et l'éteint en cas de besoin.

SECOUAGE. Coutume propre à l'autobiographe consistant à mêler des inventions à des choses vraies, événements ou objets, afin que les faits honteux ne soient pas trahis mais disparaissent dans la masse de ce qui aura été inventé. Il faut un talent certain pour secouer ces éléments de façon à les mêler si intimement qu'un regard attentif ne repérera pas les endroits vrais et ne saura pas expurger les falsifications. « Le secoueur peut s'embrouiller lui-même la tête avec ses inventions, mais les mauvaises choses laissent un souvenir. Il y a toujours quelqu'un pour se souvenir des mauvaises choses » (p. 101).

Lorsqu'on a pour sujet un jardin, on n'a pas besoin d'écrire vraiment très bien pour que le texte donne une impression plaisante, réussie. L'agencement réalisé par le jardinier passera dans l'écrit, même si le texte est encore approximatif. Celui-ci fleurira à la faveur du milieu à dépeindre, avec ses imperfections.
HENRIIKKA

Des images, mon ami, plus d'images ! Les sentiments du lecteur s'accrochent aux images, aux parcs enneigés bordés de bâtiments anciens, aux baisers échangés dans des gares sous la pluie, aux printemps précoces, aux automnes tardifs. Accroche tes mots à des images, sinon ils se perdront dans le vent.
SANNA

J'ai interrogé un vétérinaire sur les problèmes cardiaques des chats. Il m'a dit que ces animaux n'en avaient pour ainsi dire pas, leur espérance de vie étant trop courte. Si les chats vivaient plus longtemps, ils auraient les mêmes maladies cardiaques que les humains. Je suis dévastée de tristesse par ces petits cycles de vie à l'intérieur de mon grand cycle de vie. Par ces jeunes cœurs que l'on enterre avec leur corps mort de vieillesse.
ANNA-LEENA

Le jour des élections je me dis : chaque fois que je passe devant un mendiant sans aller retirer à un distributeur de l'argent que j'ai en trop pour le lui donner, je vote contre l'humanité, je vote pour Satan.
MINTTU

p. 89
Je n'ai jamais pu me dire que les motivations psychologiques, dont j'accepte qu'elles soient en arrière-plan des actions des autres, s'appliqueraient à moi. Lorsque quelqu'un suggère que mon comportement a pour cause, par exemple, la peur du rejet, la culpabilité, la honte ou le délaissement, je lui accorde que l'idée est logique en soi mais ne s'applique pas à mon cas. Voilà bien le problème le plus déterminant de ma vie : elle a l'air autre qu'elle n'est. Tantôt je suis condamné sans raison, tantôt j'obtiens un avantage pour une appartenance que je ne mérite pas.

(des salopes)
Bon nombre de romans récents mettent en scène un homme qui se considère comme anormal, presque malade, parce

qu'il est incapable de s'empêcher de décrire nue chaque femme qu'il rencontre. Quand est-ce que ces narrateurs comprendront qu'on se dénude *tous autant qu'on est* mutuellement, de manière inconsciente ? Toute la population de la planète voudrait baiser et se branler à chaque minute. Quand tu attends au feu rouge, les gens de l'autre côté de la rue te dénudent, et si tu fais l'affaire, ils te baisent. On sperme dans ton cul, on te trait la bite, on te fiste la chatte. Puis le feu passe au vert. Les salopes draguent leurs partenaires de baise aux feux rouges et dans les ascenseurs, dans toutes les situations d'attente de la ville. Les salopes adorent les arrêts de bus, les files aux caisses, les aéroports, les navettes pour les aéroports, toutes les sortes de trajets et d'accidents de parcours sur le trajet, les salopes se réjouissent que leur chambre d'hôtel ne soit pas encore prête et qu'il leur faille poireauter trois quarts d'heure dans le hall. Les salopes maîtrisent le temps et l'espace. Les hommes tels que Jan Holm feraient de même s'ils osaient. Ils croient n'avoir personne de concupiscent en face d'eux, et craignent d'être châtiés s'ils se hasardaient à exprimer leur désir. *Réception céleste* ne dit pratiquement rien des salopes, mon sujet favori et, à dire vrai, le seul qui me motive à lire ou à écrire. On y décrit des séances de baise, certes, mais des salopes en train de baiser : que nenni. Qu'y a-t-il de si effrayant à dépeindre des salopes ? On s'imagine que le fait même de traiter quelqu'un de salope vous serait préjudiciable, alors que c'est toujours bénéfique en littérature. On s'imagine que vous considérez toutes les femmes comme des salopes dès que vous sortez le qualificatif pour quelques-unes seulement. On s'imagine que la salope serait l'invention d'un auteur masculin, que la salope n'apparaîtrait pas dans la nature, dans le monde, à Helsinki.

Jan Holm a un projet d'écriture parlant d'une Première ministre qui passe de la drogue dissimulée dans son anus. Elle jouit du traitement de faveur réservé aux ministres et ne subit donc pas de toucher rectal dans les terminaux. Avec son cul, elle se fait une petite fortune. Cul qu'on décrira évidemment comme de qualité, à tous égards. On subodore la salope dans ce personnage de Première ministre, et pourtant non. La Première ministre s'assoit par terre dans sa chambre d'hôtel et enchaîne les mignonnettes à une cadence soutenue. Parfois, elle va se chercher un homme au bar.

On s'imagine que seul un narrateur masculin, et uniquement un narrateur masculin, peut être une salope. Pour mes débuts littéraires, je vais vous montrer qui est la salope, ici. Dans mon œuvre, on sucera des queues et des culs avec l'ardeur et dans l'ordre qu'ont connu les choses dans ma propre vie de salope.

LINNEA

Je pourrais imaginer un second livre sur la base de celui-ci. Il constituerait les *Notes de chevet* de notre présent et l'on pourrait, grâce à son vaste index, y trouver de l'aide pour telle ou telle question de la vie. Car la formulation linguistique précise d'un problème contribue par elle-même à y apporter un remède. Cette horreur aussi nous est familière, à nous autres humains. Pour cet acte-là aussi tu seras pardonné. Tel est le livre que je souhaiterais. Mais celui-ci en crée une douce version imaginaire.

RIIKKA

En quoi ce livre se différencie-t-il de ceux que je lis d'ordinaire ? Il n'est pas du tout collectif. Il est entièrement dépourvu de la pensée de la tribu. Ce pourrait être un inconvénient, si ladite tribu ne se trouvait pour l'heure sous l'empire d'une illusion. Je vais aller au plus simple : la menace majeure pesant sur notre monde est le pouvoir toujours plus concentré dont disposent les grandes entreprises. Un pouvoir qui, en pratique, a déjà causé la destruction aussi bien de la démocratie que du capitalisme.

Tous les débats qui échauffent l'esprit, ces débats dont nous nous repaissons, sont des écrans de fumée dont la mission est de dissimuler les processus en cours. Je crois que les sujets de nos discussions sont pour la plupart des campagnes lancées par Amazon, ou au moins fortement maintenues et attisées par l'intelligence artificielle et les algorithmes. Ce livre aussi, si ça se trouve, est une petite partie de ce grand plan dont le but est de nous déposséder de notre capacité d'attention. Même si ce que je dis est vrai, cela ne signifie pas qu'une seule personne sur terre puisse en être certaine, pas même Bezos. C'est une intelligence artificielle qui l'a fait en se fondant sur ses raisonnements déductifs pour promouvoir les intérêts des entreprises. On sait par le monde de la banque (voir la manipulation du marché des options VIX de 2018) que les décisions d'une intelligence artificielle ne peuvent être interprétées que par une autre intelligence artificielle. Notre vie dépend des sacro-saintes sorties de l'oracle numérique devant lequel l'être humain se prosterne. Les réseaux sociaux sont ce qu'il y a de plus éloigné d'une libre transmission d'informations, ils constituent une extension de notre vie émotionnelle, qui se fonde sur un système de récompenses et de sanctions calculées par l'intelligence artificielle. Nous serons condamnés à la destruction tant que nous ne renoncerons pas à deux choses : à nous rassembler numériquement (à

faire tribu numériquement) et à considérer les gadgets Apple comme des signes de nos aptitudes reproductives.
TUULIA

(une littérature convaincante)
Les romans finlandais sont soit idéologiques soit puérils.

Idéologiques, ce sont les écrits des personnes lambda, ils prennent des accents moralisateurs vis-à-vis de l'état du monde, d'un monde qui leur est à tous commun et clair : où passent ses frontières, ce qu'il faut faire, qui sont ses ennemis et qui les bons gars – c'est l'évidence même. Ces livres sont tout aussi prévisibles que les livres puérils.

Les livres puérils sont écrits par des garçons, les idéologiques le sont par des garçons et des filles.

Dans les livres puérils, on écrit des trucs bizarres, des trucs rigolos et des petites surprises en l'absence d'une relation tendue au monde et à ses faits. Ce sont des livres produits par d'autres livres.
VERNERI

(la forêt)
Les hommes pénétrèrent aussi loin que possible dans la forêt avec leur Nissan Patrol. Quand les ornières laissées par les engins forestiers s'arrêtèrent, ils grimpèrent au sommet de l'esker en mode 4 × 4 et laissèrent le véhicule caché dans les sapins.

Le groupe progressait de crête en crête à travers bois. Après les arbres et les branches, il était toujours recommandé de scruter. Le paysage dense s'étendait, identique, à perte de vue. Dans le dos de Saariluoma, le fusil Beretta BM59 avec lequel il s'était exercé au tir. C'était une arme efficace, moderne, qui causait une certaine incertitude parmi les hommes, que chacun gérait en fonction de son caractère. Saariluoma avait tourné une nouvelle page de sa vie. Il avait cessé d'avoir peur. En général, une décision pareille rajoute de la peur chez les autres. Cette fois aussi.

Plus tard, le soir du troisième jour, les hommes parvinrent au pied d'un arbre à la cime duquel on voyait un nid d'aigle.
H

Apprends la tendresse. Dis de belles choses à ton ami. Réjouis-toi : y avoir pensé, simplement, a engendré la tendresse en toi et elle va se transmettre au monde, même si tu ne fais rien de plus que cela.
PEKKA

p. 178
Mon opération fut préparée à l'aide d'une importante imagerie médicale, radio des poumons, IRM, échographie réalisée par voie œsophagienne, mais le chirurgien dit qu'il n'y croirait que lorsqu'il le verrait. Il faut voir le cœur, le tenir dans sa main, asséché et arrêté, l'inciser. Ce n'est qu'après qu'on peut savoir.

« Et si je ne meurs pas d'une maladie cardiaque mais d'autre chose? Si je fais une chute sur le verglas? » (p. 189).

Les malades deviennent pénibles parce qu'ils se croient propriétaires de la mort. Ils s'imaginent que nous autres ne mourrons pas. Nul ne peut dire avec certitude que le malade mourra en premier, mais c'est lui qui rafle tous les avantages. On a connaissance de personnes ayant torturé leurs proches pendant des décennies avec leur maladie. Un temps durant lequel le cercle intime se réduit à la suite d'accidents, de maladies et d'actes de violence. Pourtant, de manière imméritée, le malade persiste à être le centre de l'attention.

Je parie que ceux qui font de leur maladie une identité, voire une publicité, seront les derniers à rester.

OSKARI

Je suis souvent heureuse de moi-même, de ma lucidité. Mais en compagnie d'autrui je rapetisse et tout s'embrouille. Au retour de mes rendez-vous, je peste contre moi-même.

Seules de rares personnes me font apprécier ma valeur. Il n'y a qu'en quittant cette rare compagnie que je repars grandie, d'un pas léger. Je me sens si souvent médiocre et glauque que je préfère passer mon temps toute seule. J'écoute mes propres pensées, généralement par l'intermédiaire d'un livre. J'ai un tel amour pour les livres que je veux leur donner le meilleur de moi-même. Être vive, curieuse et précise. On ne sait jamais quelle belle créature nous pouvons engendrer.

ARIANA

p. 81

J'ai revu l'ordre de priorité de mes rêves en matière d'habitat après avoir entendu parler par des collègues de la maison d'un chef d'orchestre allemand qui dirige Wagner : les hirondelles nichaient dans la haute charpente de la salle à manger et vaquaient à leurs occupations en fusant à travers la pièce. Des oiseaux qui gazouillent à l'intérieur !

S'il faut en croire *Réception céleste*, Maggie Nelson écrit d'abord une version colérique de ses manuscrits et édite son texte ultérieurement afin qu'il soit plus présentable.

C'est une erreur à mon sens. Cette colère, on ne pourra pas l'expurger. Tout ce qu'on écrit se change en réalité.
VIRPI

Je tiens tout de même l'immersivité de mon expérience de lecture pour une sorte de miracle. La fragmentarité signifie souvent quelque chose d'opposé aux phénomènes immersifs mais, de même que la surface peut être profonde, de même le fragment peut être étendu. Par là, je ne désigne pas une étendue en nombre de caractères, non plus que des densifications du sens. J'ai plutôt en tête des notions de distance et de milieu matériel.
VELI-MATTI

LE CANARD est le plus neutre des oiseaux. On décrit sa face comme sereine, obligeante, charitable, sans histoire. On n'a pas prêté attention à ce qui en fait la spécificité. La souffrance ne s'y reflète jamais, pas davantage l'allégresse ou le rut. Le canard qui semble glisser sur l'eau se démène de toutes ses forces sans que cela se voie. Il n'est toutefois point d'eau si claire qu'elle montrerait ce qu'il y a derrière la face canardière.

Réception céleste mentionne le canard aux occurrences suivantes :

« Nous parvînmes à un étang où nageaient des canards » (p. 112).

« Ces banlieues offrent, toutes sans exception, des beautés naturelles, mais la nature en elles vous angoisse. On y trouve des zones aquatiques et des espaces verts à profusion. Le canard y est commun » (p. 45).

« Quel oiseau rapporterais-tu avoir observé ? Sûrement pas un canard » (p. 297).

« C'est, à n'en pas douter, une chose effroyable que d'être ennuyeux, lorsque cette fadeur est entièrement fondée sur des caractères innés » (p. 102).

« Le chant du rossignol parvint jusqu'au banc où nous étions assis. L'étang aux canards était comme un écran dont le son aurait été étouffé » (p. 89).

« En bordure du champ marchait un chasseur, le fusil à l'épaule, une grappe de canards à la main » (p. 92).

« Le designer sonore n'était pas emballé par le canard, il proposa un plongeon arctique pour faire l'arrière-plan de la scène du sauna au bord de l'eau » (p. 204).

(les anecdotes)
Plus personne ne raconte d'anecdotes, ou alors, si quelqu'un le fait, on ne les écoute plus. Pendant des décennies, le conteur d'anecdotes fut le meneur du groupe, celui qui subjuguait les autres, le voleur de temps. Les hommes qui ont eu le plus de succès en littérature sont des conteurs d'anecdotes. On ne fait même plus semblant de leur prêter l'oreille.

Les hommes de la génération du baby-boom sont des conteurs d'anecdotes. Leurs biographies sont bourrées à craquer d'anecdotes : anecdotes de baise, anecdotes de guerre, anecdotes de grands espaces, anecdotes de biture, anecdotes édifiantes, anecdotes arrivées à une connaissance de connaissance, anecdotes d'argent, anecdotes de bêtises qu'on a faites avec des gens connus.

Ils ont tous disparu ou sont en train de le faire. Tout un monde fictif parlant d'hommes vivant la grande aventure arrive à son terme.

Mais comment pourrais-je évoquer Vesa-Matti Loiri sans anecdotes ? A-t-il créé autre chose qu'un recueil d'histoires peu fiables, tirées d'une vie vécue en raison même des anecdotes ?

Quand Loiri a finalement annoncé à son biographe qu'il lui raconterait tout, il a dû recevoir un long soupir en réponse. Aucun intérêt. Et ce n'est même pas Loiri que je vise ici, mais tous ces livres qu'on offre pour la fête des pères, dont le but est d'humilier les pères de famille qui ont fait le choix d'une vie bien, eux dont les années n'offrent rien d'autre à raconter que l'amour témoigné à leurs proches.

JAANA

Réception céleste est une longue grève de la branlette. À l'hôpital, où les boîtiers sans fil surveillent le pouls des patients vingt-quatre heures sur vingt-quatre, il n'y a aucun moyen de se branler. L'excitation accélère la fréquence cardiaque, et voilà déjà les infirmiers en train de se pencher sur la cause de cette anomalie. En outre, à l'hôpital on ne verrouille jamais les portes, pas même celle des toilettes.

Je me souviens de la pause branlatoire de Tom. Elle a bien duré cinq jours. La raison, je l'ai oubliée, son intention était sans doute de limiter sa consommation de porno et de diriger ses désirs davantage sur moi que sur des Américaines en pixels. Sa grève avait rendu Tom silencieux, ce bavard était souvent perdu dans ses pensées. Ce devait être le troisième jour. Tom a déclaré, alors qu'on prenait tranquillement le café, qu'il avait recouvré la vue et qu'il fallait prendre au sérieux les traditionnelles mises en garde sur le fait que la branlette rendait aveugle. Il avait compris que tous les phénomènes possèdent leur côté érotique et que, sans énergie érotique, on ne peut en faire l'expérience. Se vider régulièrement, c'est essentiellement vider

les phénomènes de leur érotisme, diminuer la vitalité du monde. Toute énergie est énergie sexuelle.
JANITA

Réception céleste serait un pain, d'abord desséché pour en faire des biscottes, puis effrité par une main humaine.

Il y a maintenant une myriade d'oiseaux en l'air et à terre, qui vont et qui viennent.
VIRPI

BABY FAE était un bébé qui vécut avec le cœur d'un babouin du 26 octobre au 16 novembre 1984.

p. 162
L'enseignant chargé du cours d'introduction à la mise en scène nous rappela de toujours nous tenir droits au feu rouge. Pour moi, les feux de circulation sont synonymes de mort. Le temps s'achemine nécessairement vers le changement de couleur.

Le prof mangeait sa soupe à la cantine flambant neuve de l'école comme Juhani dans *Les Sept Frères*, en tenant sa cuillère par le milieu, les cheveux hirsutes, vêtu d'un jogging à trois bandes. Pour nous, il était un fragment. Pour lui-même, toute la vie.

Nous apprenions la démarche des bouffons. Il fallait fléchir les genoux, courber le dos, tâtonner avec les bras. Les femmes étaient des proies. Je pourchassais une camarade en me dandinant et répétais que j'allais lui pincer les fesses. Pour finir, je lui arrachais sa chemise, les boutons volaient.

Le prof nous fit pratiquer des exercices de retard. La ponctualité était, paraît-il, ce qu'il y avait de plus important au théâtre. Il ne fallait jamais être en retard. Chacun à son tour passa la porte en incarnant un metteur en scène en retard. On s'efforçait d'expliquer la situation du mieux qu'on pouvait aux comédiens anxieux. Le constat final fut qu'aucune raison n'autorisait à être en retard. La représentation serait toujours en retard de ce retard. L'un de nous ne se présenta jamais à la porte. On alla le chercher pour lui faire regagner la classe.

Je comprends les sentiments qu'un jeune récalcitrant peut provoquer chez un homme adulte. Plus un homme devient vieux et fort, plus vulnérable il est, et plus facile à déshonorer. Un homme qui a pris tant de force qu'il s'est forgé une conscience de lui-même à toute épreuve s'est déjà fait honte. Il est devenu si vieux et fort qu'il ne se rend plus compte de son état.

Je ne donnerai jamais de cours à l'École supérieure de théâtre. Il faudrait rémunérer les gens au centuple pour enseigner. Partager ce qu'il y a de plus précieux et se faire payer de soupçons en retour.

Le prof nous soupçonnait d'être une classe test. Il ne comprenait pas comment nous avions pu intégrer l'École supérieure de théâtre. Nous étions tellement mauvais.

À l'Académie critique j'ai donné une leçon de deux heures, au cours de laquelle je racontais l'histoire de ma pratique de l'écriture. Un petit malin a désiré, en conclusion, résumer ma prestation en quelques phrases. C'est ça que vous vouliez dire? m'a-t-il demandé. J'étais tellement déstabilisé et fatigué que j'ai répondu que c'était exactement ça. Je n'avais pas songé que j'étais si vieux et que j'occupais un statut suscitant le désir de me dégonfler en trois phrases. J'ai décidé de ne plus enseigner.

L'artiste se fait payer pour sa recherche de singularité. Il ne suffit pas qu'il répète une idée en soi importante mais déjà entendue sur les dangers du capitalisme financier.

Lorsqu'une idée est si puissante qu'elle rassemble un grand nombre de gens autour d'elle, l'artiste doit tourner son regard ailleurs, quelle que soit l'importance de la chose en question. Mieux vaut, pour un artiste, être médiocre et se tromper que trahir sa mission. Damien Hirst a été un imbécile d'admirer la beauté visuelle de l'effondrement des tours jumelles, mais ce faisant il a rempli la vocation de l'artiste dans les limites de ses capacités.

Être un grand artiste, c'est chercher à se singulariser. Tout art de qualité est singulier, affecté et factice. Il tente d'exhiber des zones d'ombre dans un monde de visions certaines. La plupart du temps, il tombe à côté.

VERNERI

p. 160

L'étude des eaux usées montre que dans les zones où la consommation de cocaïne est importante les infarctus sont plus fréquents. Le taxi ambulancier déclare que la cocaïne est une drogue très douce qui cause des incidents cardiaques puissants. La cocaïne n'est pas comme dans les films, une expérience qui vous fait l'effet d'une bombe. On la remarque à peine. Il faut la chercher dans ses émotions, au même titre que tout autre élément en train de disparaître ou à l'état naissant.

La cocaïne éveille quelquefois une autre personne à l'intérieur de la personne. Cette copie est indiscernable de l'original. Elle est surexposée et surdéterminée, mais imperceptiblement. Même quand elle se montre le plus sympathique, cette copie sera néfaste pour longtemps encore.

Je suis heureuse que le roman ne comporte absolument aucune scène de rêve. La littérature romanesque ressortit en elle-même du rêve, et chaque fois qu'elle prétend décrire un rêve à l'intérieur de ce rêve, elle tourne à l'ennui.

D'aucuns pourraient tenir pour des rêves le réveil précoce après la chirurgie cardiaque ou le vagabondage dans les couloirs et les chambres de l'hôpital, mais ils sont à mon sens tout ce qu'il y a de plus vrai, de même que la métempsycose dans la séquence finale.

Les descriptions de rêve ont ceci de problématique que l'imagination s'y limite à décrire l'exceptionnel et le merveilleux.

VENLA

Affirme, du moment que tu n'oublies pas d'affirmer le contraire ailleurs. Méfie-toi des gens qui ne relient pas chacune de tes phrases à la totalité de tes phrases. Tombe en amour d'une personne qui accepte l'abondance de tes phrases et y apporte les siennes.

JOONAS

(des vêtures)

Quand je mets mon sac en bandoulière et ma fine montre Cartier, je me sens immédiatement en insécurité. Vêtu des mauvais habits, je perds tout ce que je suis, toute ma confiance, tout mon talent.

Si je lis *Réception céleste* tiré à quatre épingles au café Esplanad et que quelqu'un tire une chaise bruyamment dans mon dos, je me prépare déjà à la violence, mais, ainsi vêtu, je ne trouve pas trace du combattant en moi. Je suis

d'accord avec l'idée du livre selon laquelle la virilité aussi est une vêture.
MIKA

(matin limpide)

Par un matin limpide, sur son lit d'hôpital, Jan Holm a une illumination : la souffrance et la peur de mourir sont supportables, il est vain d'avoir peur.
PAULA

p. 208
Je n'ai jamais été aussi loin de tout qu'assis en tenue d'hôpital dans cette camionnette rouge. Nous traversons le centre-ville d'Helsinki pour me transporter de Tornisairaala à l'hôpital de Chirurgie où je vais passer un examen des dents préalable à l'opération. Sur le trajet, tout m'est familier. Des centaines de souvenirs sont attachés à ces centaines de coins de rues.

Le chauffeur est un homme de mon âge qui en a vu de dures et sent le tabac, il me parle aussitôt de sa triste vie, de son divorce et de ses soucis d'argent. Au moment où nous bifurquons dans la rue Eteläinen Hesperiankatu, je lui dis que j'habite juste derrière le restaurant Elite, et le voici qui me traite comme un nanti. Vous payez combien de loyer? Je lui réponds : mille six cents euros, et il constate que cela fait plus que son salaire brut. Sur ce, il me demande quel est mon métier, alors je mens, je lui dis que je suis scénariste.

Si je mettais tout cela par écrit sous forme de récit, voilà par quoi je commencerais. Un homme se fait transporter en camionnette à travers la ville. Il observe sa chère cité par les vitres teintées. Passant devant un vieux café, il se souvient de l'époque où, encore mineur, il avait commencé à le fréquenter. Traversant le quartier de Punavuori, il se souvient de la cuite sans fin que furent les années 90. Le Design Hotel et le restaurant Pastis lui rappellent sa maîtresse, sa vie d'il y a deux ans. Rien ne pourrait lui sembler plus lointain.

Nous parvenons à l'hôpital de Chirurgie, les dentistes s'étonnent de me voir entrer debout sur mes deux pieds.

Si tu te concentres, tu te souviendras en effet d'avoir été dans cette voiture au cœur de la forêt en feu. Tu te souviendras que tu t'es fait étrangler dans le passage souterrain, sans prévenir, dans ton bain, que tu essayais de décrocher le téléphone, les mains pleines de mousse. Tu te souviendras d'avoir fait partie de la foule en fuite. Quand le torrent de boue déferle, quand le nuage de cendre est là, quand tu t'enfuis devant le tireur dans l'école achevée en 1969, comme les couloirs sont longs, propres, droits, silencieux, tu étais déjà loin des balles, des cris, de la mort, dans cette aile silencieuse de l'école, tu entendais l'horloge craquer au mur, l'odeur de la cire du plancher te montait au nez, tu as décidé d'emprunter un couloir encore plus silencieux, et il était là.

Il est au monde des villes où tu n'as jamais mis les pieds et qui te sont très familières. Tu sais tout. Tu achètes le journal, tu lances une pièce au vendeur. Tu te souviens d'avoir fait une chute du haut de tas d'étages, tu te souviens de chutes très longues. Pourtant tu es ici, en face. Tu parles de manière compréhensible. De choses ordinaires. Il reste encore un bout d'après-midi.

ILMI ET LES AUTRES

Celui-là, il t'irait bien, a dit Mirva chez Lidl. Comme je me suis étonnée de son assurance, elle a répliqué : un cul durable, qui traversera les épreuves du temps, vaincra les calamités, les maladies et les culs concurrents. Ce cul-là, on en aura encore envie dans trente ans.

MINTTU

Music in Twelve Parts de Philip Glass a une durée de trois heures et demie. Je lance maintenant l'enregistrement, le morceau n'en est encore qu'au début, me voilà heureuse.

MAJ

p. 67

Nous faisions du troc, Jäppinen et moi. Il m'apprendrait la logique formelle et moi des rudiments d'écriture. Nous nous voyions dans un bar appelé Imamin Keinutuoli, « le fauteuil à bascule de l'imam », et nous passions parfois à l'appart de Jäppinen, situé dans la même rue. Sa turne était traversée par des tuyaux en amiante cassés. Le sol était jonché de feuilles de papier et d'emballages alimentaires. Où que je pose le pied, Jäppinen s'écriait que je détruisais un trésor. Jäppinen prétendait qu'il était en phase d'apprentissage de sa vie. Son objectif était d'écrire de la littérature, mais cela exigeait de lui qu'il se prépare, qu'il pratique ses talents. Il avait une petite presse avec laquelle il reproduisait des gravures de Dürer. Argumentation platonicienne, grec ancien, latin, Proust en version originale. Un jour, Jäppinen était en train de lire Sophocle, assis sur le pavé dans Iso Roobertinkatu. Quand nous vînmes le saluer joyeusement, Jäppinen nous fit signe de passer notre chemin. Lors d'une partie de pêche, Jäppinen s'était fabriqué une canne avec un tronçon d'aulne vert gros comme le poignet, qu'il tenait d'une seule main. Dans l'autre, il avait *Critique de la raison pure* en version originale.

Dans les années 90, Helsinki était pleine de types dans le genre de Jäppinen. Tous mes copains étaient comme ça et tout se passait à Iso Roobertinkatu. C'est là que j'avais rencontré Janne, avec qui nous avons écrit *L'Encyclopédie*. Janne jouait du free-jazz dans la rue. Accompagné de mon frère, je l'avais interpellé, est-ce qu'il maîtrisait le style de Derek Bailey? À cette époque Janne écrivait déjà des milliers de pages par an, composait de la musique électro-acoustique et terminait ses études d'ingénieur. Le troisième encyclopédiste fut découvert au club Lost & Found, dans une rue perpendiculaire à celle susmentionnée. Tommi se présentait comme traducteur de Rimbaud, s'habillait en Armani et en Zegna, et lisait Homère en version originale. Il a traduit l'index des sources de *L'Encyclopédie*.

Pennankoski, Elli : *Pour écrire un jardin* (1992).

La semaine dernière, cela a fait deux mois que ma femme est morte. Le soir de la commémoration a mal fini. J'ai passé la nuit couché par terre dans le salon vide et obscur, le front contre le parquet. Personne n'est venu me dire de me relever, de me déshabiller et de me mettre au lit sous ma couette.

Dans sa chambre d'hôpital à Meilahti, Satu avait voulu me parler des membres éloignés de sa famille. J'observais la centrale électrique de la rue Pacius, j'essayais d'écouter, mais mes pensées prenaient le pouvoir, comme elles le font toujours. Je hais mes pensées. Elles m'empêchent d'écouter les autres. Quelle est cette puissance de mort qui m'aimante ainsi? J'ai beau me concentrer sur une phrase, un mot à la fois, me voici déjà en train de penser à autre chose. À quoi donc ? À mes oreilles. Au fait que je n'écoute pas. Je faisais des signes de tête comme si j'écoutais, je formulais une question signifiant que j'écoutais. Toute ma force passait dans autre chose que ce que Satu voulait me dire à ses derniers instants.

Et ce hasard, aussi, qui avait fait qu'on avait transporté ma femme dans la chambre même où gisait le protagoniste du livre que je lisais. Je lui en avais parlé. Ça l'avait amusée. À la deuxième visite, je m'étais rendu compte qu'il ne s'agissait pas de la même chambre. Cela, je ne lui en ai rien dit. L'hôpital dont Holm décrit la construction apparaît sous un autre angle depuis la chambre de ma femme. Il était tout de même singulier de penser que ce même bâtiment, inachevé dans le roman, était toujours inachevé et que je le regardais depuis la chambre de ma femme. Holm est de ces patients qui ne font que passer par l'hôpital, et seule une malchance considérable aurait pu donner un tour fatal à sa situation. Ma femme, en revanche, n'allait plus rentrer à la maison, en tout cas pas pour longtemps. Son cœur n'avait plus de réserves, il ne lui restait de battements que pour quelques moments agréables, et des raisons médicales de poids faisaient qu'on n'en transplanterait pas un nouveau à la place de l'ancien.

Quand je me suis regardé dans le miroir de l'ascenseur, j'ai vu un homme grand, avenant, en parka Fjällräven. J'avais l'air d'un personnage tout droit sorti d'une série télé britannique campagnarde, un homme qui exerce une influence prégnante sur la communauté villageoise et dont la présence est indispensable. En vrai, je suis invisible, et personne n'a besoin de moi.

Voilà maintenant sept minutes trente que nous faisons du

surplace au carrefour de la rue Runeberg et de l'avenue Mannerheim, nous attendons l'autorisation de la police pour redémarrer. Il est fréquent que la circulation soit coupée sur cette portion afin de laisser passer un cortège de voitures. Celui qui n'éprouve pas le besoin intime, en général d'origine traumatique, de se sentir important ne se déplace pas avec une escorte policière. Du pouvoir, il n'y a qu'une chose à retenir : il n'est jamais là que pour lui-même. Que de bonnes choses figurent parmi ses sous-produits n'y change rien. Je me souviens des mises en garde de mon client au sujet des arrêts, tout sauf vaines car le voilà qui se gratte la joue à l'instant même. Puis le cortège arrive. Je pourrais parier que, dans l'autre voiture, on roupille.

RAUNO

J'ai lu le livre une première fois juste à sa sortie. J'ai pris plusieurs pages de notes dans mon carnet, recopié des passages qui me semblaient originaux et mettaient des mots sur mes observations à propos du monde et de ma vie.

Je n'avais pas encore compris que chaque roman contient toutes les pensées qui me pèsent sur le moral au moment de la lecture. Je ne comprenais pas non plus que, pour entrer dans un livre, il me fallait mettre un peu de côté ce qui me concernait, justement, et aller vers ce qui m'était étranger. Je ne veux pas être une lectrice qui passe chaque roman par son crible pour en tirer sa propre version, mais j'aimerais pouvoir élargir mon imagination et les limites de mon monde.

À la seconde lecture, j'ai repris des notes, avec une autre idée en tête. J'ai renoncé à l'identification et aux formules en raccourci, et je me suis concentrée sur le matériau bizarre qui d'ordinaire me passait au-dessus de la tête.

Je ne sais pas vraiment ce qui me donne cette envie d'observer ma façon de lire. Peut-être que je m'entraîne pour la prétendue vraie vie. Il n'y a rien de plus beau qu'écouter.
IRIS

Après trois semaines à regarder des balades dans les rues de New York en livestream, je comprends que ce dont j'avais soif dans les films tournés dans cette ville, c'était elle : la ville elle-même. Le niveau de mon expérience chuterait considérablement s'il me fallait, au lieu de ce rythme de marche propice à une observation nonchalante, me soumettre aux supplices narratifs d'un Scorsese ou d'un Woody Allen.

Dans un lointain passé, quand il arrivait qu'on voie juste la lumière du projecteur illuminer l'écran avant le début du film, je me disais : c'est pour cette lumière que je suis là.
ELLEN

C'est pour cette lumière que je suis là.

RÉCEPTION CÉLESTE est un groupe composé de créatures de l'hyperespace qui reçoit un recueil de textes propulsé depuis la Terre. Ou alors, c'est le nom donné à cet événement. En aucun cas, ce n'est ce recueil de textes-ci.

(dans l'immeuble du fleuriste)
L'idée avec un·e amant·e, c'est d'avoir quelqu'un envers qui être sincère. Être nu·e·s au lit ou assis·e·s sur un canapé, parler sans peur et sans jugement, sans hâte. Sans mortalité. Fumer une cigarette de temps en temps. Se taire le temps de l'allumer.
TIISU

Les peines de cœur sont de l'amour de soi.
VEERA

p. 212
Au moment où nous avons relâché la couleuvre à collier sur la berge du ruisseau, elle a commencé par relever la tête, humer son environnement, puis elle a rampé de manière très serpentine pour se mêler au sous-bois. Depuis lors, ce serpent est mon favori, je n'en ai plus peur. Cette image est issue de l'enfance de mon enfant il y a un an et demi.

UN BON FOYER est une machine qui exige une longue mise en route, beaucoup d'amour et de santé mentale, de heureux hasards ou a minima une absence de malchance. Même le meilleur foyer se brisera sous le contrecoup d'un vrai malheur. Tout y est mécanique, les pièces détachées ont intérêt à être solides, lave-vaisselle qui tourne la nuit, rythme quotidien, rythme hebdomadaire. Quand on compare la vie d'une personne laissée pour compte à celle d'un bon foyer, la différence est d'ordre mécanique. La première est principalement réglée par les routines d'excrétion et de nutrition, tandis que la dernière accomplit cent cinquante routines par jour. Du coup d'éponge donné sur la table jusqu'aux étirements. Du brossage interdentaire à la recherche d'éventuelles tiques. Des moments de lecture aux comprimés de bactéries lactiques. De la méditation au journal de pensée positive. Les routines brèves créent une texture contrapuntique avec les cycles d'une durée plus longue. Cette texture produit des sonorités célestes sur une large bande de fréquence.

Il faut de l'audace pour construire un bon foyer, car on

bâtit toujours sur du sable. Le temps est sable. Un cancer germe en une nuit. Quel pionnier dirait : arrêtons-nous, construisons notre bonheur ici, dans cette vallée de larmes ?

Une villa d'été, au bord de la mer, rien de chic ou d'ancien, mais spacieuse, de nombreuses dépendances. Je dirais qu'on s'y est rendu pour la dernière fois dans les années 90. Le chemin d'accès est envahi par les herbes, mais les ornières sont visibles. Une sapinière. Puis des pins.

C'est là que je retourne toujours dans mes souvenirs, même si je n'y ai jamais été, et n'ai jamais été reçue par quiconque à la campagne. Des gens sont attablés, ils m'écoutent avec une affabilité coutumière, mangent leur nourriture, ont déjà entendu mes anecdotes. Qui sont-ils ? Les yeux de la femme sont très doux, en elle il y a un ordre où j'entre, j'ai le droit de m'y déplacer librement. Elle porte un col roulé noir, des bijoux, elle se lève, va chercher quelque chose à la cuisine. À minuit nous nous retirons dans nos chambres à coucher. Il y a un livre sur la table de chevet. Ce livre-ci justement, à mon sens. Il est blanc, épais, il contient presque toutes mes pensées. Au milieu de la nuit, je me réveille et, selon mon habitude, sors faire pipi. La cabine extérieure est loin, à des kilomètres, de l'autre côté d'une tourbière. Je la distingue à peine au milieu des sapins dégoulinant d'usnée. Elle apparaît au soleil du matin, mais derrière c'est le noir le plus noir. Les événements de la soirée s'attardent dans mon esprit. On a évoqué un ami commun dont le cœur a été anéanti par un takotsubo. On a raconté que l'un de nous est parti à sa recherche, a obtenu sa nouvelle adresse auprès de l'état-civil, l'a guetté dans sa voiture. Il l'a vu se replier autour de son cœur comme le font les plus beaux nénuphars. Nous avons desserré le nœud psychologique et bu du vin. Le nœud avait besoin de ciseaux. On a allumé des bougies, débouché de nouveaux bourgognes. La femme dont je visitais les appartements, où j'avais vue, par les fenêtres du salon, sur la cour automnale, avec ses objets entassés sous une bâche et sa barrière moisie, allait me demander quelque chose. Elle attendait son tour de parler. Un homme plus âgé racontait une anecdote de voile, une histoire éternelle de mers profondes et d'aspirations élevées. Ça n'en finirait jamais. Pour finir, la femme s'était éclipsée dans la cuisine, elle allait chercher quelque chose. Pourquoi est-ce que je reviens toujours auprès de ces gens ? Qu'essaient-ils de me dire quand je pique du nez dans le bus qui m'emmène à Lauttasaari ? Quand je me souviens d'eux, assise chez le coiffeur, en voyant une photo dans un magazine féminin ? Je suis toujours moins ici, ou même dans mes propres souvenirs.

IIRIS

En regardant les vidéos de Boston Dynamics où un robot fait un saut périlleux arrière ou marche dans une forêt enneigée, j'ai la vision d'un avenir dans lequel je n'aurai aucune cachette pour échapper à ses descendants. Les robots deviennent de plus en plus agiles sur ces vidéos. J'en regarde à intervalle d'un an peut-être. Moi, je polis ma phrase de plus en plus lentement, cette phrase qui se déplie toujours plus lentement dans mon bureau ralentissant toujours plus lentement.

OTSO

La croyance qu'un bout de chair pourrait comporter un mécanisme fonctionnel déchiffrable. Mon cerveau ignare s'étonne d'un tel optimisme. Comme si tu allais trouver

un champignon noueux, baveux, dans la forêt et que tu décidais d'expliquer son système électrique de fond en comble. Comme si tu croyais que ton travail sera terminé un jour. En ce qui concerne le cœur, le travail est inachevé. Ce qui fait de cet organe une pompe est compréhensible, or le cœur est avant tout un dispositif électrique. Quand il se détraque et tue, c'est toujours la conséquence de problèmes électriques. On pourrait partir de ce principe : tu soupçonneras tout ce qui est organique, se décompose, pourrit, se couvre d'abcès, de cloques, de cavités, suinte, gicle, souffle et dégoutte d'être un dispositif électrique. Les paquets durs seront possiblement de l'os.
JERE

p. 197
Je parle de choses très précises avec fort peu de connaissances.

(une demande d'aide)
Réception céleste inclut une histoire (très probablement vraie) au sujet des aides artistiques. Un écrivain épuisé décide, avec l'approbation du reste de la commission d'attribution, d'accorder une aide individuelle à la création d'une durée de trois ans à une personnalité télévisuelle qui n'a jamais publié une seule œuvre littéraire. Le monde de la littérature s'offusque, avant de saisir le message sous-jacent. Cette décision est un appel à l'aide. Sauvez-nous, arrachez-nous aux abîmes de cette commission ! Nous sommes si mal en point, voyez donc, forcés chaque année de nous partager des miettes de trois fois rien ! Le jury a enfin compris que pour se faire entendre il doit prendre une décision absurde qui suscitera l'émotion.

Si nous regardions le monde avec d'autres yeux, nombre de performances médiocres ne se résumeraient-elles pas finalement à des appels à l'aide ? Que veut nous communiquer l'exécrable *latte macchiato* de chez Starbucks ?

Ce même roman relate l'histoire d'un auteur confidentiel, enclin à l'expérimentation, qui a mis vingt ans à écrire son précédent livre vendu à trois cents exemplaires et qui, à la surprise générale, reçoit le plus grand prix littéraire du pays. Son monde déraille, évidemment, comme cela arriverait à n'importe qui dans cette situation, et il accepte, en sus de toutes sortes de cochonneries commerciales, la commande d'un ouvrage commémoratif aux couleurs nationales, sur une idée du Premier ministre, publié dans plusieurs pays et dont il lit des morceaux choisis tant au palais présidentiel lors de la fête de l'Indépendance que dans diverses ambassades à travers l'Europe.

L'appel à l'aide concrétisé par ce livre retentit au-delà de l'océan et parvient à New York où un aphoriste pour happy few comprend la détresse de son ami et embarque sans attendre sur un vol pour Helsinki. Il découvre son ami sur l'île de Kaksisaari, dans le garage de sa maison d'enfance. L'auteur confidentiel a déjà commencé son tour en voiture. Il est assis dans une Toyota Century de première génération (série VG40), dans l'habitacle saturé de gaz d'échappement. L'autoradio diffuse le compositeur préféré des deux acolytes : Stockhausen. L'homme de New York est naturellement horrifié, mais il s'assoit un instant à côté de son ami et se prend une petite dose de la céleste composition, avant de traîner son compère dans la cour. Là, tous deux passent un bon moment à tousser, en bordure ouest de la vaste pelouse, jusqu'à ce que, sur la mer, apparaisse le bac de l'île de Mustasaari, depuis lequel une joyeuse famille nombreuse leur fait coucou.

UOLEVI

Lorsque Holm a lancé son idée des jumeaux DP, pendant l'atelier d'écriture de l'Académie critique, Mirva s'est écriée qu'elle les connaissait, enfin pas des jumeaux, mais un duo dont les membres se ressemblaient énormément. Quelqu'un a ri, et Holm a rappelé que l'atelier était un lieu confidentiel et sûr, une caverne de francs-maçons, la porte de l'effacement de soi derrière laquelle l'aveugle recouvre la vue. Mais les mots d'Holm n'ont pas effacé la honte de Mirva. C'était l'une de ces prosatrices intenses qui, dans leurs jours inspirés, ne font pas la différence entre le texte et le monde des gens.

Mirva a accepté le travail. Son texte sur les jumeaux DP avançait lentement. Holm voulait qu'il se termine par des phrases détachées, qu'il soit comme déchiqueté à la fin. Ces débris représentaient les effets de la diffusion élastique du duo DP. Holm appréciait le style de Mirva. À une distance parfaite du lecteur, si bien réglée qu'on avait envie d'en calculer le nombre d'or pour le mémoriser.

Après l'atelier, à Corona, Mirva m'a demandé si je m'étais déjà moi-même fait entreprendre par le duo. J'ai répondu que je n'avais pas une vision du monde aussi mécaniste, à quoi Mirva a répliqué que je ne pouvais pas utiliser le concept de « mécaniste » comme ça, et qu'avoir honte n'était pas la même chose qu'avoir une vision du monde. Je ne me vexais jamais des propos de Mirva. Ses façons directes étaient franches. Nous étions installées aux meilleures places, derrière le comptoir, près des tables de billard. Si une connaissance électrisante franchissait la porte, nous avions le

temps de nous préparer, et on pouvait mater discrètement les joueurs, les types les plus sexy à la ronde. En vérité, il n'y avait qu'avec Mirva que j'atteignais l'état d'effervescence d'un début de soirée au bar et de l'ivresse à venir, l'effervescence qui te prend au ventre et à la poitrine et te fait transpirer des yeux. Il n'y avait qu'avec elle que j'entrais à fond dans la conviction de cette excitation où tout, absolument tout allait au galop.
MINTTU

Pris un par un, les hommes ne ressemblent à rien, en général. Il faut qu'un type soit vraiment beau pour s'en tirer tout seul. En troupeau, la beauté est cumulative. C'est l'idée de faire communauté et d'être mainstream.
MINTTU

(des arbres)
Désastre que la terrasse du Corona n'existe plus. Quand je prends un verre à l'extérieur, je ne veux surtout pas voir d'arbres. Les arbres sont répugnants, comme des tumeurs géantes. Comment quelque chose d'aussi vigoureux et efficace peut être aussi silencieux qu'un arbre ? Un parc aux arbres nocturnes, enténébrés est un sujet de peur tout ce qu'il y a de plus cliché, mais presque tous les clichés sont vrais, et prendre conscience de leur vérité peut vous causer une douleur soudaine. Heureusement, à Helsinki beaucoup d'appartements ont pour tout paysage un autre appartement.
MINTTU

Mais un roman sans arbres étouffe.
VILLE

Je n'ai aucun souvenir de mes beuveries. De ce vidéoclip tourné à l'instinct pendant des milliers d'heures, de ces réactions excessives intentionnelles et de ces tentatives de faire peur.

C'est une idée dingo de faire passer un examen moral du lundi à toute cette période. Si s'amuser veut dire passer les bornes, comment s'imaginer que tout ait été nickel ? Toute personne ayant fait la fête pendant des décennies est coupable jusqu'au trognon.

Je sais que mon nom peut apparaître à tout moment dans le cauchemar des réseaux sociaux. J'ignorais que l'heure de rendre des comptes viendrait un jour. Je croyais avoir évacué le Dieu de mon enfance, je croyais être libre. Je n'ai pas été dans la violence, non, pas délibérément, pas dans le but de faire mal, mais juste comme partie d'une performance. Je n'ai jamais pincé un cul parce que j'étais en rut, mais parce que j'étais dingue, peut-être. Si on me force à payer, je sais ce que je ferai : je me tuerai, illico.

V

Je ne comprends pas les phrases ni ce qui les relie entre elles. Je ne comprends ce qui les relie que lorsque je pense non pas aux phrases, mais aux paysages derrière les phrases. Là, comme je n'ai pas ces paysages, je suis à la merci des phrases. Elles sont dégoûtantes, méchantes, comme des outils tranchants qu'on n'a pas affûtés comme il faut. Je suis tellement paumée avec ces constructions qui ne construisent que des constructions. Je ne sais pas pourquoi elles existent. Au centre d'un champ. Au cœur d'une forêt. Au bord de l'eau. Je ne sais ni les faire exister ni les faire ne pas exister. Ce n'est pas sain de lire comme ça. Ni de lire tout court.

Les livres, c'est du passé. Un média du siècle dernier, lent et indigeste. Il n'y a pas de maison qu'on pourrait réparer avec ces outils-là.
VIIVI

p. 344
Qui donc s'achète un appartement au rez-de-chaussée d'un gratte-ciel ? La chose intriguait Salah. Lui qui était si méticuleux dans son travail de chirurgien avait besoin d'action dans sa vie civile. Le prix du mètre carré aux étages inférieurs des tours de Pasila était étonnamment élevé. Salah, qui gagnait bien sa vie, était content. Il était rare de pouvoir placer son argent dans des biens qui conservent leur valeur tout en donnant l'impression de coûter nettement moins cher. Le premier exemple qui lui venait en tête était les bateaux à moteur. Une fois installé dans son nouvel appartement à la fenêtre duquel il pouvait papoter avec les gens qui sortaient leur chien, Salah invita ses collègues à dîner et faire un tour au sauna. Ils étaient ravis. Dans le taxi, ils spéculaient sur tout ce qu'ils allaient pouvoir voir par la fenêtre de chez Salah. Jusqu'à la ville de Vantaa, si ça se trouvait ?

p. 289
Je n'aime pas voyager. Cela active en moi des sentiments idiots, des clichés, dont j'ai honte après coup. Mon monde intérieur est revigoré par chaque fissure fragilisant le jour, mais jamais en voyage.

Nous vivons dans un monde où les seules nouvelles dignes d'être échangées concernent des événements qui se sont produits à l'étranger, en même temps que nous éprouvons nos plus grandes émotions par le truchement de nos appareils intelligents. Quand les gens parlent de leurs voyages, je me tais. Je déteste voyager, mais je ne vais pas intervenir dans la conversation pour leur raconter ce qui s'est passé pendant la nuit sur le live de TampereenTero. On ne partage ses expériences vécues sur internet qu'en les partageant sur internet, et pas autrement. Or même là, ce qu'on partagera, c'est une vidéo, un GIF ou une photo telle quelle.

Tout cela ne fait qu'ajouter à ma solitude que seuls viennent soulager les livres écrits par des solitaires et les paysages solitaires cadrés par leurs pages.

MINTTU

Et que penses-tu de la privatisation des guerres ? Ces représentants armés qui combattent pour défendre nos convictions contre de l'argent. Nous pouvons prendre acte depuis notre canapé de la cause victorieuse, décider de la suivre ou de rejoindre la résistance, d'entretenir la foi souterraine des partisans.

Mais l'idéologie des soldats est le *chaos*. Les mercenaires ivres de Blackwater tirant sur des civils, en train de se bourrer la gueule en compagnie de femmes locales.

Comment sais-tu que tous ceux qui te vendent du bien-être et de la bienveillance ne sont pas secrètement les enfants du chaos ? Tous les dirigeants sont pleins d'ordure et de mensonges. Tous les animateurs jeunesse fument en cachette et tous les politiciens disent des grossièretés dès l'extinction des caméras.

Tu crois que tu pourrais avoir une connexion émotionnelle avec l'uranium ?

Tu crois que c'est par l'intermédiaire de l'uranium que tu pourrais trouver le sentier qui est le tien ?

Je me suis positionné il y a déjà des années, en partant de niveaux tout autres que celui où on se trouve actuellement, je ne bouge pas, j'attends. Bien des gens ici ont la patience d'attendre. Les gens au pouvoir ne le savent pas. Quand un cycle haussier s'amorcera et que les prix deviendront astronomiques, je monterai moi aussi. Vous n'aurez qu'à regarder le ciel à l'ouest quand je vous abandonnerai.

Ou est-ce que monsieur l'écrivain croit encore aux terrains de jeux de Töölö ? Ce sont les pères les plus silencieux qui y sont des criminels de guerre. Ceux qui ont la patience de pousser la balançoire, quand les autres en ont marre et s'en vont.

PASI

Peut-être plus un manuel qu'un roman.

VILLE

p. 211

Ce cœur de porc vendu deux euros à l'épicerie est un mécanisme aussi raffiné que le mien. La différence la plus notable étant que celui du porc est mort en bonne santé alors que le mien vit malade. J'ai compris que ces cœurs sont achetés pour être donnés aux chiens. Mon chien croquerait sans doute volontiers mon cœur.

Au club de pêche, on nous a conseillé de laisser un cœur de porc dans la forêt pendant la nuit. Le lendemain, il sera plein de larves de mouches bien grasses qui feront les meilleurs appâts du monde.

Ceci n'est pas un roman sur une opération à cœur ouvert, mais une opération à cœur ouvert.

VILJA

Ennuyeux, je n'ai pas été emportée.
MARJUT

(citations sur le vert des feuilles)
« Nous observions, depuis la fenêtre de la maison rouge de Kumpula, Markku se prélassant sur la pelouse, étudiant les feuilles du bouleau vénérable déployé au-dessus de lui et découvrant de temps à autre un corridor lumineux menant droit au bleu du ciel qui se montrait comme rarement ce jour-là : un rêve myosotis où glissaient par moments des montgolfières publicitaires. Le plus souvent, toutefois, les feuilles bouchaient la vue. Elles s'agitaient d'une manière imprévisible, mais Markku avait tout son temps. Il déchiffrait les mouvements des feuilles et savait deviner quand le corridor allait de nouveau se former. Je serrais par la taille le corps nu de Mira et me demandais si nous pourrions jamais sortir de l'appartement. Mira était angoissée par sa popularité : elle avait un homme auprès d'elle et un autre sous le bouleau de la pelouse, Markku, le persévérant, rompu à l'ascèse, libre de toutes obligations et considérablement épris. Je palpais le popotin de Mira qui ressemblait tout à fait à celui de Maija. Une consistance identique. De la profondeur, de la rondeur et de l'élasticité. Une matière curieuse, indéfinissable, mais qui donnait tout le temps envie de l'examiner. J'ai pétri le pain des fesses toute ma vie, mais celui-ci était une aurore, les premiers pétrissages d'une pâte qui levait et débordait sur les rivages de l'amour profane, et la liaison amoureuse, certes, m'intéressait ; cela voulait dire transférer la vaisselle et autre mobilier de la vraie vie dans la région de l'imaginaire. J'appris plus tard aussi de mes maîtresses qu'il s'agissait avec elles

d'aménager des appartements fictifs justement : avoir une liaison en parallèle, l'expression n'est pas bonne ; entretenir une fiction parallèle en est une meilleure. Nous fîmes une sieste. La jeunesse est une époque misérable dépourvue d'horizons, mais elle sait ponctuellement convoquer un chouette moment de soleil où s'assoupir. Surtout si l'on est emprisonné dans la chambre de la femme qu'on aime.

« À notre réveil, nous nous faufilâmes de nouveau à la fenêtre. Markku n'avait pas quitté la cour. Il était maintenant adossé au tronc du bouleau et jouait de la guitare. L'ombre du feuillage créait diverses modifications sur son visage et les branches atténuaient les sonorités d'assez piètre qualité produites par les cordes en nylon, qui propageaient leurs pincements de luth jusqu'à l'ouverture derrière laquelle nous respirions calmement » (p. 78).

« Une fois l'enfant endormie, je m'installais un instant sur un banc dans la partie géométrique du parc Topelius pour lire Proust. Je plaçais la poussette près de moi afin d'étudier les minuscules mouvements et exclamations causés par les modifications de la conscience d'un bébé endormi. Les parterres de ce jardin régulier, la profusion maîtrisée des espèces et la paix de l'après-midi se prêtaient à ma nouvelle situation, au rythme nonchalant de ma vie de père au foyer.

« Les figures esthétisées des relations humaines proposées par un écrivain qui fut, dès son vivant, le représentant d'un temps perdu fournissaient un cadre parfait à mes journées vides. Et pourtant, plus que du livre lui-même, je jouissais de me trouver sur l'image que je formais avec les parterres du jardin. La pelouse de l'autre côté de l'allée de sable, méticuleusement tondue, avait une odeur d'enfance.

« Le bébé annonçait son réveil toujours de la même manière : en donnant des coups de pied de toutes ses forces dans sa couverture. En regardant dans les profondeurs de la poussette, je me retrouvais face aux yeux noirs que la nature avait créés juste pour moi, afin de manipuler, au plus profond de mon être, toute la tendresse et toute la bonne volonté qui s'y étaient déposées.

« Pourquoi les poussettes se retrouvent-elles si souvent près de parterres de fleurs ?

« Les mères qui lentement les promènent affichent le même égoïsme adorable que les buissons taillés, plongés dans leur isolement géométrique. À Töölö, les mères se font belles et extraordinairement désirables parce qu'elles se fichent bien du monde autour d'elles.

« Le jour de la fête des pères, je poste toujours sur les réseaux sociaux une photo de mon paternel avec une poussette au parc Kaivopuisto, et chaque fois je reçois le même commentaire sur l'extraordinaire qualité de ses fesses » (p. 212).

« Une seule herbe arrachée à un pré offrirait de quoi s'étonner jusqu'à la fin de ses jours. C'est pourquoi je ne m'étonne de rien. Tout, absolument tout, est inexplicable et incite à l'humilité » (p. 122).

« Les pelouses sont associées à mes meilleures cuites. Se réveiller la bouche contre un gazon terreux, prendre conscience de la verdure, du soleil et de la bienveillance. Les enfants ouvrent les volets d'une façade aux multiples fenêtres et crient. Le repas est prêt. De la bière pour l'accompagner. Tandis que chauffe le sauna, sa fumée porteuse de grâce retombe près de toi. Tu n'es pas mort aujourd'hui non plus » (p. 78).

Les roses trémières n'ont, au reste, pas d'épines. Rem.
ANNE

J'aime la brusquerie du livre. Tout à coup, on n'y parle plus de peines de cœur. Le livre se poursuit sur encore deux cents pages, mais ce grand thème disparaît comme si on avait soufflé dessus.

La lecture que j'en fais, c'est que l'esprit d'Holm est encore capable de se renouveler et que n'est pas venue son heure de mourir.

JULIANA

Jan Holm qualifie les routines hospitalières de cadeaux. Il a toujours recherché, dans sa vie, une monotonie sacrale, et rêvé de peines de prison. Attendant dans sa chambre son repas ou le chariot de prélèvements du laboratoire, déambulant d'un bout à l'autre du long couloir ou observant par la fenêtre le chantier de Siltasairaala, il a l'impression d'être le héros d'un film de Bresson, de mettre en œuvre une longue routine au terme de laquelle adviendra la liberté.

Le roman n'a de cesse de décrire l'apparition en blouse blanche du frère de l'auteur dans la chambre d'hôpital. Il vient de temps à autre quand Holm est endormi. Lorsque celui-ci est conduit en réanimation après l'opération, son frère y fait des passages toute la matinée, jusqu'à ce qu'Holm soit réveillé, le respirateur dans la bouche. Les frères se sourient. Holm et son frère prennent sans cesse l'ascenseur pour le rez-de-chaussée où se trouve le café de l'hôpital. Au déjeuner, son frère relate à Holm ce qu'il a entendu dire des progrès de la situation. Quand serait possiblement programmée l'opération, ce qu'on a pu observer à l'imagerie médicale. Il lui annonce un jour qu'il suspecte son cœur d'être atteint d'autre chose qu'une fuite et une insuffisance sévères, à savoir une maladie du muscle cardiaque lui-même : une cardiomyopathie. Ni l'un ni l'autre n'a envie de l'envisager sérieusement. Une valvulopathie, n'est-ce pas bien assez ?

Et derechef ils rapportent leurs plateaux au chariot et reprennent l'ascenseur. Le frère descend aux étages inférieurs pour retrouver son travail quotidien, réaliser des coronographies et des dilatations par ballonnet. Holm remonte en cardiologie, au neuvième. L'ouverture de la porte du service est commandée électriquement à l'aide d'un bouton au mur. Il salue les infirmières qui discutent derrière une vitre, marche jusqu'au bout du couloir et franchit la porte de sa chambre.

VERTTI

Tu saisiras la nature mystificatrice de la réalité en te regardant dans un miroir une première fois, et une seconde fois tout de suite après. Aucune vraie puissance de conviction ne disparaît en un temps si court.

PETE

HALL DE RECRUTEMENT. Pas un hall où se déroule un recrutement ni un hall où l'on passe pour se rendre à un recrutement, mais un hall qui fait partie du recrutement. Une construction spatiale exigeant des aptitudes spécifiques, où sont éprouvées les propriétés nerveuses de la personne testée par des mises en situation déroutantes, des bizarreries, etc. Peut aussi servir lors de négociations commerciales : on mettra les yeux en face des trous, pour ainsi dire, au camp d'en face, avant même le début des pourparlers.

Le roman décrit le premier rendez-vous à la maison d'édition Otava auquel se rend Holm pour *Réception céleste*.

Des travaux énormes ont été réalisés depuis sa dernière

visite. Holm parcourt cet ahurissant complexe de bâtiments à la recherche de la réception où il pourra annoncer son arrivée. Il ne la trouve pas. Tout a changé de place. Plus rien ne ressemble à avant. Il croise son ami de chez Otava à la nouvelle cantine du personnel, qui fait elle aussi partie d'un ensemble difficile à se figurer. Son ami lui indique joyeusement où aller, mais non, rien ne permet à l'écrivain de comprendre où se trouve la réception.

Pour finir, affamé et humilié, Holm passe du côté de la librairie demander où pourrait se trouver le comptoir d'information, ou de réception, ou je ne sais comment vous appelez ça, et un homme qu'il lui semble connaître répond qu'il est juste au bon endroit, c'est ici même. Le temps qu'Holm écrive son roman, les éléments du bâtiment ont été entièrement réagencés, fondant le comptoir de la librairie et la réception en un seul et même dispositif.

> dramaturgie des halls

Les livres sont chers en Finlande. Il vous faudra débourser, dans le pire des cas, quarante euros pour un simple roman finlandais contemporain léger. Heureusement, je me trouve au centre d'un cercle de réductions multiples. Je n'achèterais pas un livre qui coûte le prix d'un dîner si je ne pouvais pas le faire figurer dans les dépenses de ma boîte et si ne s'appliquait pas la réduction réservée au personnel de 50 %. Sur les quarante euros du prix, j'en paie une dizaine au final. Pour cette somme-là, on se prend un bon café-pâtisserie, et je suis d'avis que bien souvent les nouveautés équivalent plus à une visite au café qu'à un dîner.

SAKU

« *Made in Japan*. La Grand Seiko, par exemple. Si un fabricant est capable de produire une montre à mécanisme automatique fiable valant dans les deux cents euros, quelle qualité obtiendra-t-il avec un budget illimité ? La Grand Seiko à cinq mille euros est inégalée, bien plus avancée que ma Datejust, plus fiable qu'aucune création de la Sainte-Trinité horlogère » (p. 124).

Moi aussi, j'adore le *made in Japan*. Si j'avais les moyens, je m'achèterais une Grand Seiko. Celle que j'ai n'est quand même pas rien : la Luxman 7893 de mon père, en prêt perpétuel – alors, fortifiée par sa présence, j'écoute de l'ambient japonais des années 80, entre autres la musique de pub composée par Yasuaki Shimizu pour Seiko. Modestie et précision, mérite de l'artisan qui s'entend dans la faible résonance du son, dans l'absence de l'appareil comme si ce qui avait disparu pour une éternité était à nouveau présent. Le *made in Japan* n'est rien de moins qu'un défi lancé aux forces de la mort.

JEMINA FROM WOLT

(un roman long de deux cents ans)

La Fondation prend forme dans l'esprit de Jan Holm quand il cherche une compensation littéraire à ses errements commerciaux. Il ne lui suffit pas de faire un roman artistique beau et raffiné. Il lui faut un mouvement plus dynamique. *La Fondation* serait son roman suivant. Un roman long de deux cents ans.

Jan Holm découvre, encore à l'hôpital, que la dotation initiale minimale pour une fondation s'élève à 50 000 euros. Il décide de placer dans sa fondation et, par l'intermédiaire de celle-ci, dans des fonds indiciels bien ventilés minimisant les frais de gestion (S&P 500) les 40 000 euros de son

prix décerné par la coopérative centrale de Finlande et les 15 000 euros gagnés avec les ventes de son *Abécédaire*. 55 000 euros au total. En calculant les intérêts composés, il évalue que dans deux cents ans, si le retour sur investissement est d'ordre moyen, de 8 % par an, la dimension en euros du roman serait de ________.
KEIMO

p. 272
Ma première réaction instinctive face à une proposition compliquée est toujours la plus morale. La réflexion, dans certains cas longue et approfondie, m'a toujours fait incliner vers le désir et l'ego.

Choses auxquelles j'ai longuement réfléchi après le succès de mon roman : pratiquer l'optimisation fiscale via une société par actions, écrire des publicités, écrire une comédie musicale, changer d'éditeur, publier un livre commercial, accepter de participer à des émissions télé de divertissement, accepter un entretien en couple pour un magazine féminin. J'ai fini par dire oui à tout parce que je ne supportais pas l'idée de perdre mon privilège. Comme il est rafraîchissant que d'autres livres soient maintenant sous les feux des projecteurs et qu'on me laisse tranquille avec mes préférences.

Je cours dans ma tenue Ursus Ultra Light silencieuse, de chez Bearskin, au milieu du boucan atroce d'un chantier. Dans le bruit, rares sont ceux qui apprécient le silence à sa juste valeur. On se rendra compte de votre silence dans une bibliothèque, mais celui qui sait ne pas ajouter au vacarme approchant du summum passera inaperçu.

Sur la place Kasarmitori, un youtubeur célèbre pour ses

live en ville me dépasse. Je me retrouve pendant une ou deux secondes dans le viseur de son public haineux, exposée à leurs critiques et à leurs fantasmes. Ils l'encouragent vraisemblablement à me tuer et me violer, au moins à me donner une baffe. Je m'arrête au centre de la place, qui a le rare avantage qu'aucun des événements inscrits dans ma mémoire ne s'y est produit. Je vois le youtubeur continuer en direction de la rue Kasarmikatu. Il a vraisemblablement pour destination le parc de l'Esplanade et les gens qui y prennent le soleil. Au final, il s'agit de son moyen de subsistance. On n'obtient le *donate* qu'avec le cul et la violence. En général, les deux sont connectés. Je poursuis mon trajet insonore dans Fabianinkatu et de là vers la colline de l'Observatoire.

MINTTU

(les idées)

Quand une idée te vient en tête, qu'est-ce qui fait que tu décides de la suivre ? Et si tu décides de la rejeter, n'accepteras-tu que la centième à se présenter ? Si tu envisageais les choses ainsi : les idées ne sont pas à toi, elles sont suspendues dans les airs, elles naissent identiques simultanément chez d'autres aussi. Et si tu te disais : hors de ma vue, mauvaise idée ! Idée rudimentaire ! Idée banale ! Idée faussement drôle ! Idée pseudo engagée !

On distingue l'écrivain du professionnel de l'écriture à ce que l'écrivain n'écrit que lorsqu'il y est absolument obligé.

JARI

Ce n'est pas rendre justice au livre que le réduire à un ouvrage de convalescence. Il nous emmène dans une ferme de cryptomonnaie dans les monts Oural, il nous donne une

explication approfondie de la fabrication de l'amplificateur McIntosh. Et enfin, il nous montre ce qu'il y a au-delà de la frontière de la mort.
VIRPI

Tandis que nous roulions dans la forêt en flammes, nous décidâmes de continuer jusqu'à ce que la voiture explose.

Mon ami a fait un rêve dans lequel il essayait de prendre l'ascenseur pour aller au café de l'hôpital mais l'ascenseur continuait sa descente à des étages toujours plus bas, jusqu'à ce que les portes s'ouvrent et que mon ami tombe au beau milieu d'une opération du cerveau. On avait enjoint au patient de parler sans arrêt afin que le chirurgien ne risque pas d'endommager le centre de la parole. Cette dernière information n'appartient pas au rêve, il s'agit d'une méthode de neurochirurgie en usage. Quand les propos du patient laissent place à la confusion, au délire ou à des hallucinations, on revient en arrière et on tente autre chose. Mon ami se tenait à la porte de l'ascenseur, les yeux dans les yeux avec le patient opéré qui cessa de parler et se mit à hurler avec une voix de bébé, faisant grésiller puis éclater les ampoules.

Holm décrit son trajet jusqu'à son opération comme serein et très banal. L'homme qui le transportait ne disait rien. Holm avait reçu 20 mg de Tenox une heure avant le départ. Ils étaient seuls dans l'ascenseur. L'homme regardait ailleurs, il était aussi loin de la situation que possible. Holm se regarda dans le miroir. Était-il en route pour rejoindre Dieu ? Ils parcoururent de longs couloirs. Ils passèrent devant des membres du personnel. Il y avait des panneaux acoustiques et des néons au plafond. Une fois à

destination, l'homme laissa Holm à l'extérieur de la salle d'opération et repartit. Au bout d'un instant, la porte de la salle s'ouvrit.
MERVI

Allez tous sucer des bites en enfer!!
ANONYME

p. 72
Dans ma maison d'enfance, le téléphone se trouvait dans la salle de la cheminée, que l'on pouvait isoler du reste de la maison en fermant une porte acoustique en accordéon. Nous avions tous les deux la foi et écoutions du blues. *Texas Flood* de Stevie Ray Vaughan venait de sortir.

Un jour, mon ami m'appela et me demanda si je m'étais déjà masturbé. Je niai m'être livré à ce genre d'activité. Il décrivit le sperme, une drôle de substance transparente qui était sortie de son sexe. Je lui dis que ça avait l'air grave, comme une maladie. Je venais moi-même de faire connaissance avec cette substance. J'avais découvert dans *Le Monde de la technique* une photo représentant des *grid girls* vues de derrière, qui avait mis mon fluide en circulation. Ma semence était encore à l'époque un liquide pareil à de l'eau légèrement mêlée de gélatine, sa couleur était transparente.

Assis sur des marches aux abords du musée Heureka, nous appuyions sur nos bites, nous comparions leur taille à travers nos pantalons. J'en avais soi-disant une énorme, je faisais en sorte que le renflement donne cette impression et mon copain était du genre à s'enthousiasmer. Ni une ni deux, nous partîmes nous branler dans les toilettes de la bibliothèque de Tikkurila. En entendant les gémissements de mon copain dans la cabine voisine, je grimpai sur la cuvette et me mis à observer ses faits et gestes. Au moment où il me vit, mon copain s'affola complètement. Il m'accusa plus tard de ses problèmes d'érection.

Il me téléphona quelques mois après et me raconta qu'il s'était fait violer dans un hôtel à Stockholm. Un homme avait menacé de le tuer mais, après l'avoir enfilé, il avait tenté de se racheter en lui proposant de l'argent.

Après cet épisode, mon ami commença à sortir avec un enseignant, pas loin de l'âge mûr, qui couchait avec lui derrière une porte close pendant que je confectionnais des boissons en piochant dans le placard à alcool. Cet appartement de la rue Kasarmikatu était un vrai repaire d'homos, sauf qu'il n'avait rien d'un repaire, on aurait plutôt dit une coloc de pervers style yuppies, où se rassemblaient des garçons en quête de leur sexualité venus de toute la campagne. Dans le salon, on repiquait du porno gay sur des cassettes à l'aide de deux magnétoscopes. Là, tout était possible, les discussions sur l'art et la vie allaient loin, l'alcool coulait à flots. L'enseignant me montra une photo de la classe de cinquième qu'il supervisait, et me demanda lequel d'entre eux me ferait envie.

On me laissait tranquille, mais mon ami a payé le prix fort. Depuis cette époque, il a une passion dévorante pour l'alcool.

La communauté gay représentait pour nous la liberté de la jeunesse. Aujourd'hui, l'enseignant est passé aux jeunes Thaïlandais. Quand je regarde les corps souples de ces garçons sur Insta, je reconnais celui de mon ami. Il était tout à fait pareil. Frêle mais fonctionnel, bronzé, agile.

Je ne connais pour ma part d'autres sentiers de la création que ceux ouverts pas à pas, c'est-à-dire mot après mot, par le cheminement même de l'écriture.
CLAUDE SIMON

J'ai toujours rêvé d'une relation humaine excessivement sérieuse. Dans laquelle on prend l'autre avec un sérieux extrême, on se touche, on partage son humanité du mieux possible. Je sais qu'il en existe. Je n'en connais pas mais j'ai vu des couples d'amis, fondus dans le paysage de la rue, qui en ont une longue pratique.
JAAKKO

p. 74
Le deuxième pédophile de ma vie fut un moine orthodoxe de Haapajärvi. Nous passâmes sous sa coupe lorsqu'il nous logea dans son monastère la fois où mon oncle paternel vint fêter son anniversaire dans la localité. C'était en 1995. Ce moine orthodoxe entreposait derrière sa bible un « baume de Carélie », un vin d'aromates qu'il nous servait avant d'aller au sauna. Le summum légendaire de la liberté et de l'émerveillement, nous l'atteignions lors des expéditions au centre-ville destinées à nous fournir en boissons supplémentaires, pour lesquelles nous prenions la vieille Volkswagen, surnommée « le congélateur nazi », que le moine conduisait à toute berzingue en roulant du mauvais côté de la route. « Dieu nous le pardonnera aussi », passait-il son temps à répéter, et il riait. Le moine devint pour nous un modèle important, un professeur dont, par la suite, nous évoquâmes toujours la joie de vivre avec des yeux brillants.

Il fut condamné ultérieurement à six ans de prison ferme pour le viol ou l'abus de huit jeunes garçons. Tous ces crimes s'étaient produits dans ce même monastère douillet où nous aussi avions passé du temps. Selon les forums internet, Matti Kauhajoki, l'auteur de la tuerie la plus meurtrière de Finlande, était une de ses brebis.

Le soir de notre arrivée fut le plus mémorable. Mon père nous avait déposés en voiture dans la cour du monastère, nous allâmes frapper à la porte. Personne ne se montrait. Continuant de toquer avec entêtement, nous vîmes un rideau bouger et un moine regarder par la fenêtre. Il finit par nous ouvrir. « Bienvenue, mes brebis égarées », lança-t-il de sa voix sonore, revêtu de sa robe. Il nous enseigna ainsi que, si vous frappez, on vous ouvrira, mais pas nécessairement tout de suite.

Je m'appelle Ilmari. Plus que toute chose, j'aime être en vie. En ce qui me concerne, tu as, toi aussi, le droit d'être en vie, si tant est que tu es un organisme. En ce qui me concerne, tu as le droit d'être ce que tu veux le plus, si tu es autre chose aussi. Je ne te veux pas de mal. Toi non plus, tu ne me veux pas de mal, n'est-ce pas ? Si, par ce que je suis, je n'éveille en toi nulle sympathie, je propose que nous réfléchissions au bénéfice que nous pourrions retirer de notre compréhension mutuelle. Il est si beau que tu sois parvenu à moi aujourd'hui ! Aujourd'hui est aujourd'hui, n'allons-nous pas nous en réjouir ? C'est aujourd'hui et ici que passe le souffle du vent nocturne et qu'un oiseau nocturne crie dans un bouquet d'arbres un peu plus loin. C'est magnifique que tu sois ici, ou que tu sois aussi ici, à moins que tu ne sois entièrement et uniquement ici. Je prendrai bien soin de toi ou de cette partie de toi qui est ici. Je te le promets. J'en suis capable. J'ai compris, il y a déjà bien longtemps, la symétrie du bonheur : je m'aide

en aidant autrui et autrui s'aide en m'aidant. Je suis plus proche de moi-même au plus profond d'autrui et autrui est plus proche de lui-même au plus profond de moi. Tu es le bienvenu chez moi, tant que tu ne fais pas de mal. Par mal, j'entends aussi le mal commis dans une bonne intention ou le mal commis par accident. Car ce n'est pas en me dépouillant que tu accumuleras tes connaissances ou tes expériences. Je te dirai tout ce que tu voudras. Que nos secrets se rejoignent. Que nos secrets s'extraient de nos corps. Que nos corps s'extraient de nos secrets. La nuit est maintenant à la jointure de la nuit. Derrière la fenêtre. L'endroit où nous sommes n'a rien de spécial, mais c'est un bon exemple de ce genre d'endroits. Il y a la terre, les arbres, les cieux en leur hauteur, les nuages en leur isolement. Des exemples légers des résidents de zone urbaine. Un oiseau qui traverse le paysage. Une crotte d'oiseau. Un moustique en vadrouille. La fraîcheur du soir. La fumée qui s'échappe d'un feu lointain. Moi aussi je ne suis qu'un exemple, en aucun cas spécial. Spécial, je ne le suis que pour cette partie de moi-même qui veut que moi, précisément, j'existe. Pourrait-elle convaincre la partie de tes cellules qui veut la même chose pour toi ?
ILMARI

DEMI-PICHET. Événement linguistique plus que pichet proprement utilisable.

p. 90
La séance précédente venait de commencer lorsque, avec mon frère, nous achetâmes nos billets pour *L'Empire des sens*, de Nagisa Ōshima. Ce titre, nous le trouvions aussi embarrassant que *La Vive Flamme d'amour* de Jean de la

Croix, mais savoir que le film contenait des actes sexuels non simulés et du sperme rendait nos rougissements moins gênants. Le hall du cinéma était désert, jusqu'à ce que la porte de la salle s'ouvrît à toute volée et qu'une jeune femme en larmes se ruât aux toilettes, une main devant la bouche. Nous ne tardâmes pas à entendre des bruits de vomissements. Nous nous regardâmes, satisfaits. À sa suite, un blond massif sortit et nous prit sous son aile paternelle. « N'allez pas voir ce film, mes garçons. » Après de telles recommandations, le film fut, naturellement, une légère déception. La scène de fellation est toutefois restée pour moi archétypale. On ne voit pas de petits pénis dans les pornos, ni la même froideur des sentiments. Voilà pourquoi on a besoin de films d'art.

On reconnaît un divertissement commercial au fait que pas une personne impliquée dans le projet, à l'exception de l'utilisateur payant, ne souhaite avoir quoi que ce soit à voir avec toute l'affaire.

L'art, en revanche, transmet sa fraîcheur et son bonheur à tout ce qui l'entoure.

Chaque personne ayant un enfant sait que les fournisseurs d'amusement sont des gens déprimés. Après être passée par les tourbillons d'un simulateur 7D, j'ai eu envie de dire à mon enfant : ne te plains pas. Quand ton enfance sera terminée, tu pourras choisir des plaisirs porteurs d'une joie plus profonde.
JOHANNA

p. 176
Une fois que j'ai choisi le sujet, j'écris tout ce que je peux inventer. Une fois que tout est dit, le livre est prêt.

(une tour qui montait jusqu'aux étoiles)
Tous les soirs, le dilettante bâtit de son côté de la cour. Nul ne vise plus haut qu'un dilettante. Un professionnel se témoigne de la bienveillance, a le sens des proportions, s'adapte à la commande. Si seulement j'avais écrit de façon que mon travail n'ait pas l'air de celui d'un professionnel. Que j'ose le livrer à l'appréciation d'un dilettante.
SARIN

(jusqu'à la fin)
En tant que finisseur, je suis inspiré par Shoenice qui vide des bouteilles d'alcool d'un litre cinq d'une traite sur YouTube. C'est un vieux gars tout jaune et ralenti par les atteintes hépatiques, qui a sacrifié son corps pour quelque chose de plus grand que lui. J'espère que quelqu'un l'a arrêté au moins une fois dans la rue ou a crié son nom par la fenêtre d'une voiture de soûlards en vadrouille. Combien de gorgées d'alcool à 40 % tu t'enfilerais sans reprendre ton souffle ? Un litre et demi, ça te raconte une histoire énorme, sur plusieurs générations, avec une myriade de montagnes, des trolls et toute une kyrielle de vallées magnifiques inondées de vomi. Mais Shoenice surmonte la résistance d'un sale micromoment par la supériorité d'un micromoment sublime.

Jesse Pynnönen, compétiteur de concours de gros mangeurs, est un professionnel dont toute l'action est marquée du sceau de la réflexion. Il fait partie de l'élite des finisseurs. Pourtant, quand il livre bataille à la pizza « famille élargie » servie par le restaurant Siilipesä ou à un sundae de cinq mille quatre cents grammes, il est aussi démuni que n'importe lequel d'entre nous. Mais lui aussi surmonte la résistance d'un sale micromoment par la supériorité d'un micromoment sublime.

C'est la littérature, pas tant la vie, qui te met à l'épreuve. Holm-écrivain évoque son frère qui s'est enrôlé comme concierge dans un hôtel d'Ostrobothnie pour la saison d'hiver afin de lire *Alastalon salissa*, le monumental ouvrage de Volter Kilpi, jusqu'à la fin. Les couloirs solitaires de l'hôtel ont malheureusement l'inconvénient de lui rappeler le film *Shining*. Une nuit, on frappe à sa porte. Un Rom qui vient de sortir de prison a des tueurs à ses trousses. Le frère le fait entrer et le calme en lui enseignant le jeu d'échecs. Plus tard, le frère règle ses affaires intérieures en construisant un mur de pierre. Lui aussi a surmonté la résistance d'un sale micromoment par la supériorité d'un micromoment sublime.

MIKA

p. 112

Sur la table d'opération, avant l'anesthésie, j'ai pensé que je me sentais bien pour l'instant, mais qu'à mon réveil je serais vraiment malade.

Certaines des souffrances décrites par le livre me sont familières, même si noter ces choses, loin de constituer un mérite littéraire à mon sens, est un acte de rancune et d'attachement au mal. Je vais pourtant vous conter l'une des miennes. Un jour qu'il faisait son sermon, mon oncle maternel s'est si fortement mis en colère contre Satan qu'il a hurlé depuis sa chaire : hors d'ici ! Les portes de la salle de prière se sont ouvertes en claquant sous la bourrasque et le démon s'est carapaté. J'ai bien peur qu'il ne se soit réfugié en moi qui m'étais éclipsée au milieu du sermon et installée sur la balancelle devant l'église.

Une fois où nous étions en visite chez des gens, j'ai volé sa montre et des bijoux à une invalide qui préférait ma sœur. J'ai cassé la montre à coups de pierre dans l'arrière-cour. Quand je me suis fait prendre, tout le monde s'est assemblé autour de moi pour prier et ordonner aux forces du mal de partir. J'ai encore aux oreilles les voix de mes parents qui, le ton haut, parlaient en langues.

Il arrivait qu'on chasse Satan hors de nous à coups de ceinture en cuir. Des décennies après, je ne peux toujours pas me sortir de l'esprit l'image de ma sœur, de son derrière nu, humilié, fuyant la lanière cinglante sous la table du salon. Comment Jésus pouvait-il tolérer qu'on frappe des enfants ? Chaque séance de flagellation rituelle accroissait en moi la peur et une impuissance qui n'a jamais disparu. Je me mis à dissimuler mes forfaits sataniques. La nuit je redoutais que quelqu'un ne déterre les lambeaux du contrôle d'anglais que j'avais enfouis dans un terrain abandonné, ne les recolle et ne les rapporte à mes parents. Je ne pourrais jamais, au grand jamais donner les verges à mon enfant. Si je le faisais, je briserais ce qu'il y a de plus sacré en moi. Le cul nu de Jésus, en revanche, je pourrais le fouetter. Ce serait splendide de voir le saint homme, le fils de Dieu, courir sous la table du salon pour fuir mes coups cuisants, rabaissé comme moi et ma sœur. Je ne suis pas du tout certaine que, sur son chemin de croix, il ait été flagellé au nom de tous les enfants encore maltraités à cause de lui.

Plus tard, notre petit frère a hérité de la ceinture en cuir usée, avec laquelle notre père nous frappait. Chaque fois que je la voyais à sa taille, mes sentiments s'embrouillaient. Mon petit frère ne se faisait pas battre, bien au contraire, mon père rachetait auprès de lui les iniquités que nous avions endurées. Rien de tout cela ne me dérangeait, parce que mon petit frère eut à subir de son côté les brimades et les mises à l'écart dues à sa jeunesse et à son sexe. Ou alors, c'est mon démon qui en fut la cause.

SINIKKA

Je m'intéresse au point par lequel un auteur commence son ouvrage.

Je sais que, au niveau du récit, *Réception céleste* parle de l'opération cardiaque subie par Jan Holm. Le paratexte indique d'emblée : « L'écrivain se voit obligé de réévaluer les valeurs de sa vie avant cette lourde opération, et après elle. »

Le livre ne respecte pas la chronologie des événements mais celle des sentiments. Ce qui signifie que les sentiments éveillés par l'opération sont placés dans un ordre signifiant en termes dramaturgiques, reléguant l'ordre temporel du monde au second plan. Le livre débute au moment où le protagoniste se réveille en réanimation. De là, les événements sautent tantôt en avant tantôt en arrière, mais le *sentiment* suit une progression plus directe vers la compréhension. Le lecteur serait bien en peine de dire quel est précisément l'objet de cette dernière.

PAAVO

(le tennis III)

Nous passons en voiture rue Hietakannaksentie, devant le Centre de tennis de Taivallahti. Le court gris et sa tribune, qui ont perdu leur lustre, me rappellent des jours heureux qui ne reviendront plus. Satu vidant des tubes de balles, une expression triomphale sur le visage. Ses cuisses développées. Son bronzage adorable. L'agilité de ses membres, un film en accéléré, comparée à la mienne. Les retraités qui sirotent une bière sous les parasols de la cafétéria. Les couples d'hommes qui ressemblent à des apôtres de Pasolini. De manière générale, le sens pratique et la beauté sans apprêts des sportifs amateurs. Holm assis dans la tribune avec une amie écrivaine, sirotant un café à emporter et dégustant un sandwich au saumon. L'agréable atmosphère qui s'est propagée dans tout le centre animé. Une conversation sur la distance narrative, les phrases articulées qui continuent pendant toute notre partie, et la suivante aussi, à l'arrivée de femmes en jupes courtes, des conseillères en placements de notre connaissance, qui jouent à leur tour.

Si j'en avais la foi et la force, c'est là que je me chercherais une compagne. Une bonne musculature fonctionnelle qui m'emmènerait, encore une fois, à des endroits restés hors du champ de mon attention. De même que Satu m'avait un jour emmené ici. Je n'avais jamais imaginé que j'aurais la ressource nécessaire pour faire des allers et retours en courant derrière une balle jaune.

Satu est passée de son côté du terrain et s'entraîne à faire des aces. Ils sont si puissants, je me dis que ma vie manque de situations où j'aurais besoin d'une telle force.

C'est un bonheur immense de pouvoir courir. La balle est tout le temps en avance sur moi. Satu connaît certes mon intelligence, mais en tourmentant mon corps elle ne lui laisse aucune chance. Je rattrape enfin une balle dans un coin en fond de court, je la renvoie le long de la ligne. Satu ne peut la rattraper. Elle écarte les bras et fait une révérence théâtrale.

Holm et son amie sont montés plus haut dans les gradins, à l'endroit où les buissons offrent un abri contre la chaleur brûlante du soleil. Il est merveilleux de songer que, tandis que les uns tapent dans une balle, les autres conçoivent quelque chose d'invisible, d'inutile et de très compliqué.

Nous remontons Hietakannaksentie, laissant sur notre gauche l'école de Taivallahti, tandis que sur la droite commence la vaste zone du cimetière. L'allée de Tuonela. Le crématorium de Hietaniemi, où le corps merveilleux de Satu s'est changé en cendres.

Mon client et moi sommes encore en vie. Le soir commençant est d'une beauté sans égale, je ne me souviens pas que le soleil ait déjà changé de cette manière exacte.

RAUNO

Cela aussi : Holm se trouve vivre à l'aube de la chirurgie cardiaque et, à cause de cela, mourra de ses maladies cardiaques.

VEERA

(des noms propres)

J'adore la méticulosité de *R. Céleste*. J'ai passé des heures à écouter la musique qu'elle propose, à googler des mots-clefs et à regarder des vidéos YouTube. Juha Hurme se vante de ne pas avoir eu du tout recours à Google pour son roman primé consacré à l'histoire de la Finlande. Moi, en revanche, je ne crois pas à l'histoire de la Finlande sans Google.

L'habitude qu'a Jan Holm de se relaxer devant de la violence sur internet est devenue mon passe-temps à moi aussi. Si un truc me fait trop chier, je me mets une bonne bagarre ou un top des meilleurs K-O sur YouTube.

Les bagarres de Kimbo Slice dans les arrière-cours me laissaient une sale impression au début, mais j'y ai pris goût à force. Les meilleurs combats de rue sont réjouissants d'injustice. Avec ça, c'est comme si j'avais pris un gramme de kétamine. Le monde devient limpide. Je sens dans mes muscles la même force que celle d'une mère de famille soulevant la voiture qui écrase son enfant. Quand les manières de la jeunette qui bosse au café commencent à t'énerver ou que tu n'as pas de quoi payer ta facture d'internet, il est bon de te rappeler qu'il te reste toujours l'option du sang.

Les clips les plus brutaux ne conviennent qu'aux états dépressifs les plus sévères. En guise d'exemple : le gros bourrin qui défend l'honneur d'une femme en tabassant dans une rue d'Austin deux collectionneurs de vinyles jusqu'à leur faire perdre connaissance (la première vidéo de bagarre en 4K sur YouTube). L'un ou l'autre, il n'y a pas à en douter, avait insulté cette femme avec un qualificatif outrageant, mais c'est malheureusement ce que font les gentils gars après avoir enquillé vingt shots. Il n'y a que les gangsters qui savent rester gentlemen même complètement bourrés.

MINTTU

(le critique)
Je suis incapable de m'identifier à une personne qui attribue une seule étoile à un livre sur Goodreads.

Vous vous souvenez de ce bouton, aux débuts d'internet, qui était censé faire mourir une personne au hasard quand on appuyait dessus ? Il était devenu populaire. Il existait des adresses IP masquées derrière lesquelles il était actionné des dizaines de milliers de fois par jour.

SONJA

Une personne sensible ne se fait pas discriminer parce qu'elle serait froussarde ou faible, mais parce qu'elle voit avec trop d'acuité. Les relations interpersonnelles sont

fondées sur une triche partagée, la comédie et les jeux de rôle. Les courtisans qui font la pluie et le beau temps fuient comme la peste le regard du sensible. Le plus silencieux est conduit hors de la pièce parce que le bruit de son silence fait obstacle aux conversations des autres.
VERTTI

De qui es-tu éprise en ce moment même ? (voir p. 8) Quand t'es-tu sentie forte pour la dernière fois ? (voir p. 5) Es-tu entièrement honnête avec qui que ce soit ? (voir p. 298) Existe-t-il un aliment ordinaire que tu n'aimes pas ? (voir p. 15) As-tu honte de ton empreinte carbone ? (voir p. 95) Te sens-tu maltraitée ? (voir p. 161) As-tu honte de tes hardiesses ? (voir p. 329) Aides-tu les gens au quotidien ? (voir p. 222) Peut-on te confier un secret ? (voir p. 89) As-tu brimé une autre personne ? (voir p. 400) Te blesse-t-on souvent ou jamais ? (voir p. 129) Te soucies-tu de ce que disent les inconnus ? (voir p. 17) Fais-tu des compliments aux autres ? (voir p. 289) As-tu recours à des drogues, des médicaments ou de l'alcool pour te remonter le moral ? (voir p. 98) T'identifies-tu aux histoires des autres ou attends-tu ton tour ? (voir p. 236) Es-tu victime d'une agression de tendresse de ton chat quand tu le caresses ? (voir p. 90) Pries-tu pour les enfants quand tu passes devant un hôpital pour enfants ? (voir p. 223) A-t-on le droit de faire l'important en ta compagnie ? (voir p. 29) T'épargnes-tu de faire mieux alors que tu le pourrais ? (voir p. 96) Crois-tu quelqu'un qui te complimente ? (voir p. 65) Crois-tu à une vie après la mort ? (voir p. 393) Peux-tu mettre des vêtements en cuir sans te poser de questions ? (voir p. 53) Es-tu vexée si quelqu'un ne se souvient pas de toi ? (voir p. 90) Penses-tu qu'on t'apprécie ? (voir p. 203) De la mort de quel proche

te remettrais-tu ? (voir p. 160) Qui appellerais-tu depuis un avion en train de s'écraser ? (voir p. 75) T'inquiètes-tu de tes perceptions corporelles ? (voir p. 349) As-tu pleuré au côté d'un ami en ayant la morve au nez ? (voir p. 239) Fais-tu don d'argent aux autres ? (voir p. 95) A-t-on le droit de te considérer comme fofolle ? (voir p. 54) Peux-tu dormir dans la même chambre que des étrangers ? (voir p. 215) Oseras-tu traverser une forêt à pied la nuit ? (voir p. 390)
VIRPI

(la spéculationite)
Il est terrifiant d'atteindre dans sa carrière le point où l'on se change en nobélisable. Salah se rappelle avoir attendu chaque automne avec impatience la décision de l'Académie de Suède pour le compte d'un ami londonien. Chaque année, il sacrifiait des semaines à observer les espoirs et les déceptions liés aux spéculations de son nobélisable ami. Il a répondu à d'innombrables coups de fil nocturnes qui se résumaient à une respiration oppressée. Il s'est fait raccrocher au nez des dizaines de fois, ne sachant pas prendre en compte avec assez de tact tous les aspects pouvant appartenir au spectre de si considérables déceptions. Il a été trop direct, trop délicat, trop à la recherche de solutions, trop pédant, trop optimiste, trop pessimiste, trop incapable de s'identifier à la situation la plus déchirante humainement qu'on puisse imaginer. En définitive, les forces de Salah s'étaient épuisées. Il avait décidé de rompre avec le spéculateur qui, avant sa réussite fulgurante, avait été un ami tout à fait ordinaire.

L'ami londonien n'a toujours pas reçu de prix Nobel. Ses spéculations se poursuivent sans nul doute avec un nouvel ami. Il arrive peut-être audit spéculateur de mentionner cet ami finlandais, froid et dénué de toute empathie, qui n'a pas su s'associer à la joie de son succès.

Un autre a peut-être déjà pris sa place en effet. Les années passent, les prix sont décernés à des maladroits toujours plus jeunes et dépourvus de talent.

Déclencher sciemment une spéculationite pourrait être un moyen délectable de se venger d'un ennemi. La mention dans le journal d'une autorité auréolée d'un prestige suffisant pourrait suffire à créer un spéculateur de toutes pièces. On a connaissance d'un spéculateur du prix August qui a cessé d'écrire, d'un spéculateur du prix Neudstadt qui s'est mis à écrire abondamment et atrocement, d'un spéculateur du prix Man Booker qui s'est anéanti dans la googlisation suicidaire de son propre nom.

KUSTAA

(l'ombre d'un asticot)

Sommes-nous vraiment si petits que nous ne supportons pas le succès ? Ne pourrait-il y avoir un enfant qui se considérerait suffisamment précieux pour ne pas crever de peur dès que le monde lui offrirait quelque chose de bien ? Jóhan Jóhansson, qui n'est qu'un seul parmi des milliers, accédait enfin à de bons boulots dans le cinéma, il avait composé la bande originale de *Premier Contact*, mais il ne parvint pas à garder la tête froide dans la tempête du succès et se tua à coups de cocaïne. Les médecins d'Hollywood évoquent certaines des plus grandes stars qui tremblent après avoir négocié un contrat pour un nouveau premier rôle. Elles ont besoin d'opiacés sans attendre afin de supporter leur bonheur.

Je n'ai rencontré personne ayant réussi qui n'ait été, d'une manière ou d'une autre, abîmé par le succès.

« Quand je lève le bras pour saluer la foule, un asticot pénètre par mon aisselle » (p. 76).
ESKO

ILLUSION. Qu'il y ait quelqu'un pour se souvenir de mon livre précédent et mettre mon présent opus en perspective. Que quelqu'un me transporte dans sa mémoire, moi et mes travaux. Ça fait vraiment mal au cœur de penser à ces écrivains au supplice parce qu'ils ont écrit des scènes où ils se dévoilent. Qui s'en soucie ?

Je dirais plus volontiers que le déclin général de la littérature a affranchi les écrivains qui se sentent maintenant libres d'écrire ce qui leur chante. Cette liberté si longtemps attendue commence enfin.

(un parfum dans l'obscurité)
La nuit est si chaude que cela revient au même d'être dedans ou dehors. Je crois que je ne vais pas terminer ce livre. Pourquoi devrais-je l'accompagner jusqu'au bout ? Je me rends compte qu'il me reste de plus en plus souvent sur les genoux après que je l'ai refermé, perdue dans mes pensées. Cela parle peut-être en sa faveur : il m'offre à penser cet instant-ci, de vraies pensées, la vraie vie.

Mon mari possède des fleurs qui embaument la nuit. Pas très fort, mais leur faible parfum, leur beau parfum, se propage jusqu'ici. L'écrivain malade du cœur est seul dans sa chambre d'hôpital. On le comprendrait peut-être s'il écrivait en allemand. Or là, sa voix ne porte sans doute même pas jusqu'à moi, je n'ai pas la force de chercher sa source dans l'obscurité.
HELENE

Envisage le roman comme du pain. Le roman est un pain. Il a la porosité, l'opalescence et le caractère nutritif du pain. Sa fabrication est une œuvre modeste, peu reconnue, mais on le partage entre les êtres comme le corps céleste. Le pain est un bon cadeau mais il ne supporte ni transport ni délai. Son levain remonte au début des temps. Même le plus mauvais pain est porteur de miracle.
TUOMAS

La première erreur est d'envisager l'ouvrage d'Holm comme polymorphe. En y regardant de près, chacune de ses composantes est le produit d'une même méthode.

Plutôt que polymorphe ou foisonnant, il faudrait le qualifier de minimaliste avec dispersion maximale. Mots-clefs : prose économique. Prose du coup de torchon. Destruction typologique appliquée à un seul registre à la fois.

Holm a déclaré que l'amour de la bonne phrase de prose est malgré tout si prégnant chez lui qu'il surpasse toutes ses autres passions, jusqu'à celle de copier la pluralité de registres du monde. Pareilles contradictions obsessives dépeignent la majorité des écrivains singuliers. Sans obsession, la prose naîtra saine et conventionnelle. Le roman choral postmoderne, de ce point de vue, est chose conventionnelle.
REVUE LITTÉRAIRE *NUORI VOIMA*, 2/2020

p. 202
Entendre dire que, chez elle, elle n'était que fougue et éclats de rire me parut une trahison.

Philip Seymour Hoffman a arrêté de prendre des drogues à l'âge de vingt-deux ans et y est retombé à l'âge de quarante-six, avec les conséquences tragiques que l'on sait. Quelle patience a montré son addiction. Elle a attendu à son côté pendant vingt-quatre ans, plus longtemps que la durée de son existence vécue au moment où il avait décroché. Muette, invisible, mais proche, toujours dans la même pièce que lui. J'ignore ce qu'a pu dire son addiction quand elle a rouvert la bouche au bout de ces vingt-quatre ans. Ses mots furent à n'en pas douter touchants, pleins d'amour, consolateurs, du moins selon ce qu'on peut déduire de leurs conséquences sur Philip. Philip n'a pas succombé aux seuls rails de cocaïne : à sa mort, il avait une seringue plantée dans le bras et de l'héroïne, de la cocaïne, des amphétamines, des opioïdes et des benzodiazépines dans le sang. Il a plongé la tête la première sous les jupes maternelles de sa vieille amie, ou sous les jupes amicales de sa vieille mère, comme on voudra.

Je sais par expérience qu'il n'existe pas d'amour qui ne nous détruise parfaitement. En tant que croyant en Jésus, il me faut mourir afin de renaître en fiancé du Christ et recevoir l'amour éternel. Pour Philip Seymour Hoffman aussi, l'heure était venue de se donner à l'amour. Sa cavale, même longue de vingt-quatre ans, s'est achevée.

On rappelle que, pour un homme rondouillard, il avait beaucoup obtenu : le statut de star de premier rang, et l'émoi sexuel que cela suscitait par enchantement partout où il passait. Moi, j'ai couché chez moi toute ma vie d'adulte.

PAULUS

Un cœur en bonne santé peut aussi s'arrêter. Le cycle cardiaque a un point faible, d'une durée de dix millisecondes, pendant lesquelles il est bon qu'il reste bien tranquille. S'il subit un choc mécanique à ce moment-là, il s'arrêtera.

TIM

J'ai passé mon samedi soir à regarder sur YouTube la vidéo d'une chirurgie de remplacement de la valve mitrale. C'était spécial. La sternotomie est une procédure violente et primitive. En 2021 elle n'a encore rien de propre ni de net, on s'active avec la scie sternale comme sur un chantier. Les tenues des employés sont tachées de sang comme celles des bouchers.

Une chirurgie cardiaque change toujours une personne, a déclaré Antonio Banderas dans un journal, confiant qu'aujourd'hui un rien le faisait pleurer.

Il est évident que scier, sectionner et fouiller dans les organes internes constituent autant d'atteintes infligées au corps. Personne ne sait expliquer précisément l'émotivité des personnes opérées du cœur. Il faudrait avoir le courage de comprendre plus finement ce cœur censé n'être qu'une pompe faisant circuler le sang.

PERTTI

Sokolov s'avance d'un pas rapide en direction du piano. Il s'arrête, s'incline de deux côtés et se hâte de s'installer à l'instrument. Il se met à jouer aussitôt, il ne fait pas de petite pause entre le moment où il s'assoit et celui où il commence, contrairement aux autres pianistes. Il a un besoin monstrueux de jouer. La loge et la salle sont séparées par une certaine distance, et les symptômes de sevrage ont le temps de frapper.

Un autre amoureux de la musique, Pat Metheny, joue toujours l'intégralité de son concert, y compris ses longs solos, pendant la balance. Les autres virtuoses, il leur suffit de checker les volumes et les niveaux. Pat joue deux heures

et demie pour une salle vide. J'aimerais avoir moi aussi ce même public invisible, en continu, à mon côté.
VILPPU

BÂCLAGE. Ou : le bon bâclage à l'ancienne. Par le passé, tous les virtuoses bâclaient, on trouvait toujours de beaux passages dans leurs moments de jeu, mais le bâclage régnait en maître. Du temps de John McLaughlin, on pensait qu'une parfaite pureté de jeu était humainement impossible, on considérait donc un optimiste bâclage comme une sorte de point ultime de ses ambitions. On était encouragé à faire des sauts inouïs en dehors de son niveau de compétence parce que le public de l'époque avait développé sa capacité de voir au-delà de la réalisation pour saisir directement les buts élevés qu'on visait.

Avec des musiciens comme Eddie Van Halen, la virtuosité perdit la beauté que lui avait conférée cette part imaginaire. Par là même, la musique se mondanisa. Elle ne faisait plus signe vers la perfection : elle était parfaite. Le jeu était exactement au niveau qu'on pouvait imaginer. Envisagé en termes sémiotiques, la séparation entre le signifiant et le signifié disparut, et le signifié ne fit plus qu'un avec le signifiant.

Le règne du bâclage littéraire remonte à une époque antérieure aux dispositifs de traitement de texte. Les progrès de la technique et la baisse des ventes de livres ont leur responsabilité dans la régression du bâclage littéraire. Il n'y a aucune raison de bâcler s'il n'y a aucune urgence à mettre un ouvrage sur un marché congestionné.
> trotte-menu

S'appliquer à mener une vie singulière a ceci de fâcheux que les choses qui prennent pour vous de l'importance, qui deviennent des sortes de conditions préalables, resteront frivoles aux yeux des autres. Le monde n'y devient pas sensible au moment où, moi, j'y deviens sensible. Comment ai-je pu ne pas le comprendre jadis, on ne peut pourtant pas faire plus simple. Cette singularité qui devait servir autrui est devenue une bizarrerie, un repoussoir, une raison de me rejeter.

PÄR

(les épées immatérielles)

Je ne peux absolument pas m'enthousiasmer pour l'idée qu'on puisse voir le monde comme un espace de possibilités, au point d'y œuvrer pour promouvoir ses droits, son groupe de référence ou ne serait-ce que soi-même.

Les comités directeurs et les directeurs généraux me sont plus lointains que l'espace intersidéral. J'ai longtemps tenu les personnes actives politiquement pour des gens simplement arrogants ou puérils. Un enfant pourra sommer un directeur général de répondre à ses exigences, mais moi je me tairai en sa présence. Comment pourrais-je me dire que tout cela me regarde? Ou encore, voyant des gens minces et beaux sur un site de partage de photos, je ne peux pas penser que cela concerne mon corps aussi.

Je dois me tromper, pourtant. À l'examen, j'ai compris qu'en débarquant sur cette planète j'avais reçu en cadeau de naissance des droits aux ressources du monde, tant concrètes, comme la terre, qu'abstraites, comme la beauté. Ma part m'a été volée quand j'étais encore dans l'utérus. Mon bonheur est maintenant en possession des personnages susmentionnés, un directeur général et un mannequin sport qui forment un couple marié. Aujourd'hui encore, ils postent sur les réseaux un bonheur qui me revient.

J'ai décidé de passer à l'action. Un bon moyen de combattre ceux qui accaparent le pouvoir serait d'attaquer les positions courtes des grands fonds de couverture, or même faire monter le cours d'actions penny stocks à faible volatilité demande de gros capitaux, des millions à investir sur une même position. Moi, j'entends combattre seul. Je n'ai pas confiance dans les groupes. Au ciel, les masses ne sont pas mauvaises, a dit un Grec.

La littérature en revanche, que j'admirais jadis, s'est transformée en propos échangés à mi-voix entre personnes partageant les mêmes opinions. Il y a déjà bien longtemps qu'elle a accepté ces structures délétères telles quelles. Si la littérature s'élevait vraiment contre les structures dominantes, elle ne se satisferait pas de la forme conservatrice qu'est le roman.

La même chose vaut évidemment pour la forme d'art prédominante de notre époque, les séries diffusées par les plateformes de streaming. Si nous vivions à la fin du XIXe siècle, je pourrais accepter leur esthétique, mais il est impossible de traiter des questions actuelles avec une grammaire ancienne. Il est en outre terrifiant que tout le monde, à l'instar de ce qui se faisait dans les décennies passées, regarde à nouveau les mêmes programmes. L'éventail s'est réduit comme peau de chagrin. Nous avons connu dans l'intervalle une vingtaine d'années de pluralisme où les gens ont fait des découvertes piochées à toutes les époques de l'histoire du cinéma d'art. Cette période s'est achevée avec la mort du DVD. Maintenant, les masses attendent une seule et même avant-première sur Netflix.

La meilleure façon d'avoir un impact sur le monde, je

le sais avec certitude, est la connexion silencieuse, qui consiste à établir un contrôle spécifique sur l'énergie, à allumer des étoiles et des lumignons. Toutes les batailles sont en grande partie invisibles. Les idées qui semblent naître ex nihilo sont le résultat de batailles invisibles où les silencieux font cliqueter leurs épées immatérielles.
TUURE

DE LA PERMANENCE. General Electric est la seule entreprise restée à l'indice Dow Jones depuis sa fondation.

L'entreprise fabrique entre autres des macro-ordinateurs, des appareils d'imagerie médicale diagnostique, des équipements d'échographie, de monitorage patient et d'anesthésie, des instruments et technologies de chirurgie, des moteurs d'avion, des réacteurs nucléaires, des équipements pour les forages pétroliers, des panneaux solaires et des locomotives.

Être favorisé, n'est-ce pas éprouver une version allégée des sentiments sous le coup desquels une personne défavorisée perdra sa capacité à fonctionner ?
MAURI

RAPAMYCINE. Molécule découverte dans le sol de l'île de Pâques, grâce à laquelle on est parvenu à se débarrasser des problèmes de cicatrisation induits par la pose des stents lors des angioplasties par ballonnet.

Le livre me mentionne six fois. Pas nommément, mais je me reconnais derrière les idées touchant l'amour profane. Je suis l'aiguillon le poussant aux conceptions acrobatiques qu'il propose de cette affaire fort simple.

Je reconnais des arbres et des accotements qui bordaient notre voyage. Une boîte de pastilles que j'ai laissée tomber lorsque je l'ai accompagné devant mon paysage le plus étendu. Je crois qu'il a fait exprès de mal maquiller les choses en pensant à moi. Le pin sempervirent à la cime duquel nous avons vu un nid d'aigle s'est changé en un arbre sec sur pied. Le ravin au bord duquel nous avons fumé des joints a été déplacé plus loin, à une centaine de pages de là. Notre entente de la tendresse et du détachement, activée par le joint, a été mise dans la bouche d'une autre personne, au sein d'une autre relation. Elle n'a pourtant pas été comprise/retranscrite tout à fait correctement ou alors c'est qu'elle a été délibérément personnalisée pour cette quelqu'une plus lumineuse. Mais je comprends pourquoi Jan a préféré passer du temps avec elle plutôt qu'avec moi. Quand j'ai peu à peu fait entrer ma personnalité dans nos rendez-vous, tout est devenu accablant. Jan a constaté, à sa déception, que sa légèreté provenait en fait de la mienne. Son intelligence, de ce que je mettais de côté mes propres idées. Il y a rarement des situations en ce monde dans lesquelles le bonheur de l'un n'ait pas été pris à l'autre.

Suis-je déçue que ma place soit parmi les ombres et les soubassements du livre, et que d'autres aimés aient été mis en lumière ? Je ne saurais le dire, je suis encore en pleine lecture. Il est singulier de lire un ouvrage dépourvu de tensions, qu'on ne peut se résoudre à lâcher à cause d'une tension externe de ce genre. Je reconnais que j'éteins ma lampe toujours déçue. Avant de m'endormir, je songe à la manière étrange dont nous nous prolongeons ainsi chez les autres, nous sommes véritablement à la merci de leur intelligence et de leur imagination. Si l'être dont tu parcours les

souvenirs n'est pas très évolué, tu n'auras aucun moyen de te défendre.
K

Avec la mort de ma femme, je me suis défait de mes pensées sexuelles. La libido n'est pas une chose joyeuse, contrairement à ce que laisseraient penser les publicités et le divertissement, c'est un fardeau sinistre et injuste. Quant à savoir si elle m'a procuré plus de joie que de peine, la question ne se pose même pas.

Désormais, lorsque je regarde des personnes qui ont un beau corps ou sont par ailleurs désirables, je ne leur veux que du bien. J'en souhaite de même aux personnes défavorisées par leur apparence physique. La vie est terriblement difficile. Nous ne pouvons rien aux forces de la reproduction. Tout être sexué se sent certainement comme moi, dans sa vieillesse : brimé, tourmenté sans répit, trahi, fatigué, aspirant à la mort.

Lorsque je suis passé à l'instant me chercher un café au R-Kioski, les garçons irakiens ont flirté avec moi. Je n'ai éprouvé ni honte, ni excitation, ni gêne. J'ai siroté mon café, son arôme recuit familier. J'ai ensuite pensé, lointainement en quelque sorte, que nombre de ces garçons sont sans doute dans notre pays en raison de leur homosexualité. Au moment où j'ai regagné ma voiture sur Helsinginkatu, une jeune femme a traversé Piritori, la dite « place des Amphètes », à toute vitesse. Ses cris ont fait frissonner les paupières de mon client. Ses foulées étaient longues, roulantes, pleines de force. Elle aurait pu courir droit aux cieux.
RAUNO

(le feutré)

Jan Holm est un homme qui essaierait certainement de me baiser si nos routes se croisaient et qu'il avait bu de l'alcool. Les artistes hommes chargés de famille sont comme ça. Je ne me pardonnerais jamais de le laisser poser ses pattes sur mon corps. J'aimerais l'avoir comme ami, bien sûr, mais ces types-là n'ont pas les ressources pour devenir vos amis, même s'ils jurent le contraire. J'ai rencontré ses semblables, toutes les jeunes femmes ont fait ce genre de rencontres. Les garçons ne savent rien d'eux. Ce côté-là des hommes leur est inconnu, c'est pourquoi ils n'accordent pas un grand crédit à nos paroles et les minimisent, voire se mettent en colère.

Avant, mes copines me passaient toujours un coup de fil délirant d'enthousiasme quand elles avaient rencontré un homme connu parti à la chasse aux culs. De nos jours, les jeunes femmes sont de plus en plus nombreuses à oser décliner l'honneur. Les femmes ont cessé de se congratuler pour ce genre d'exploits. Elles ne sont plus que quelques-unes à se dire : je dois avoir quelque chose d'exceptionnel pour qu'une personne s'étant fait un nom désire ma compagnie.

Un de ces écrivains à succès chargés de famille s'est vu affubler le sobriquet « le Feutré » parmi les filles. Même un voleur ne refermera pas la porte derrière lui aussi doucement que le Feutré. Il exprimait le summum de son talent et de sa patience aux portes communicantes munies de poignées. Bien des filles, au pieu dans leur studio, avaient scruté en plissant les yeux le mouvement de la poignée lentement actionnée. Le Feutré sombre aussitôt après la baise (il a besoin de toute son énergie pour son travail et sa famille) et se réveille dès que la fille s'est endormie. C'est alors que cela commence : marche à pas feutrés, jean enfilé sans un bruit, sol qui vibre, recherche affolée du portable, portable retrouvé, porte refermée avec talent. Le Feutré est sorti à pas feutrés de chez au moins dix de mes connaissances. Cela fait beaucoup de pas feutrés pour un seul homme.

Moi, je préférerais vivre en tapant des talons.

ELISE

Dans cent mètres : tournez à gauche. Prévisions météo pour la soirée : bruine. Dans deux cents mètres : tournez à droite. Est-ce que vous allez bien aujourd'hui ? Prévisions météo pour demain : bruine. Dans trois cents mètres : restez sur votre voie. Aujourd'hui nous sommes le 1er mai 2021. Prévisions météo pour la soirée : bruine. Est-ce que tout s'est passé comme vous le vouliez aujourd'hui ? Au rond-point, tournez à droite. Continuez sur neuf cents mètres puis serrez à droite. Nous sommes à deux kilomètres d'un lieu où vous êtes passé : hier. Dans cent mètres : tournez à droite. Il y a des pigeons sur la colline. On dit 1 298 fois amour dans le livre. Vous avez tourné 6 237 fois à gauche. Voulez-vous supprimer cette information ? Dans cent cinquante mètres : tournez à droite. Un véhicule que vous avez enregistré a été observé : à une distance de deux kilomètres. Voulez-vous retirer ce véhicule de vos favoris ? Envoyez au véhicule : un coucou de la main. Au prochain carrefour : restez sur la voie de droite. Sur la colline : des pigeons. Un olivier. Les oiseaux portent la lumière. Nous sommes proches du lieu : Koskela. Vous étiez ici il y a treize jours. Lieu enregistré : Koskela. Votre visite a duré quarante-sept minutes. Nous nous éloignons d'un endroit où vous vous êtes rendu il y a treize jours. Au creux de la

vallée : un acacia. Est-ce que vous échangeriez cette soirée bruineuse contre une journée ensoleillée si la première était un vendredi et la seconde un lundi ? Ne posez plus de questions dans cette catégorie. Parcourir : changement de paysage : Asie. Aujourd'hui nous sommes mardi, une journée comme vous le voulez ? Dans deux cents mètres au rond-point : continuez tout droit. Dynamisme : en baisse. Voulez-vous sortir dans deux kilomètres pour : la station-service : Puotinharju. La route est : humide. Risque d'accident : faible. Destination : la maison. Je suis : amour. Dans trois kilomètres : lieu en lien avec vos loisirs. Nous dépassons : un souvenir d'enfance, un grossiste. Kaarela. Situé au nord. Pas de véhicules enregistrés. Destination enregistrée : la vallée de larmes. Nous dépassons possiblement : une personne importante. Personne importante dépassée. Supprimer la personne importante du fichier des personnes importantes à vous rappeler ? Pourrais-je vous conduire à destination ? Supprimé : observations horizontales. Supprimé : remarques en profondeur. Transféré : plaisirs. Pourrais-je vous conduire à : meilleur endroit possible. Dynamisme : endormi. Dans neuf cents mètres : la voiture tournera à gauche. Une légère brise indique que la soirée a commencé. Une musique se propage, grave, sous les courtes frondaisons. Quantité de particules fines : en hausse. Enregistré : rhubarbe. Dynamisme : phase de sommeil profond. Dans deux cents mètres : traversez le marais, ouvrez-vous comme le plus beau nénuphar.
TOMTOM

Le taxi ambulancier me parle de la truffe qu'il gardait sur lui quand il sortait en boîte dans les années 90. À trois heures du matin, il humait sa truffe, comme du poppers, profondément, et le voilà qui était aussitôt dans les forêts de Mörike, à l'ombre des chênes, dans le vent flûté.

ESA

J'adore l'idée qu'un style et une panoplie immuables ne soient pas automatiquement associés à la productivité. Antti Hyry a publié le même livre une fois tous les sept ans.

MARIANNA

À la page 128, le protagoniste boit du vin chez lui, s'enivre et se souvient qu'avant il allait tout le temps sur Facebook quand l'alcool lui montait à la tête, pour faire défiler les photos de ses amies qui l'attiraient. Il prend conscience qu'il ne l'a pas fait depuis longtemps, depuis des années. Sa génération lui semble avoir insensiblement perdu son pouvoir de séduction.

La scène parle du passage du temps. Elle n'est pas très inventive, mais d'actualité, naturelle et dotée d'un sens mordant de l'observation. Si un excès de tension dessert par moments l'ouvrage, voilà un exemple du contraire.

PINJA

Toutes les générations sont des générations abandonnées.

TIMO

Le narrateur se fait une image légèrement erronée de l'espérance de vie en rapport avec les maladies cardiaques. Bien des nonagénaires sont d'anciens opérés du cœur. La chirurgie de remplacement valvulaire que subit le narrateur est une opération de restauration fonctionnelle. Son rôle est de restituer ses aptitudes fonctionnelles à la personne. Mais la manière dont cette personne utilisera le restant de ses jours ne dépend que d'elle-même : va-t-elle vivre sainement et jouir d'autant de jours que possible, ou d'une manière plus épuisante et en avoir moins à disposition ? Cela ne dépend pas à proprement parler de son cœur.

J'ai moi-même choisi dès mon jeune âge de vivre autant de jours que faire se peut. La raison en était que j'aimais la vie. La vie a toujours été gentille avec moi. Mes parents étaient gentils et j'ai reçu d'eux tout ce dont j'avais besoin. L'école fut d'une difficulté confortable, de même que la vie professionnelle. J'ai rencontré l'amour de ma vie assez tôt, quand j'étais au lycée. Cela est sans doute typique des gens dans mon genre. L'incertitude tant en amour, au travail qu'en matière d'argent diminue la quantité de vos jours. Mon épouse m'a été chère et bonne, en suffisance. Je n'ai jamais envisagé d'autres options. Le même principe a réglé mes autres choix fondamentaux, lieu de résidence, lieu de travail, amis, loisirs.

Par deux fois j'ai été confronté à des crises qui m'ont mis à l'épreuve. La première lorsque je n'ai pas pu intégrer la faculté de droit, certain pourtant d'avoir réalisé un sans-faute au concours d'entrée. C'est à cette époque que j'ai découvert la maxime qui a guidé ma vie : ne t'en prends qu'à toi-même. Fort de cette résolution, j'ai travaillé non dix, mais cent fois plus en vue de représenter le concours, et les portes de la faculté se sont ouvertes.

Je ne comprends toujours pas, à franchement parler, comment mes réponses du premier concours ont pu comporter des erreurs. J'y repense de temps à autre, alors que ces concours remontent à près de cinquante ans, et un doute étrange envahit mon esprit.

La seconde crise est relative à ma femme. Je ne sais pas trop de quelle manière en parler. Un jeudi après-midi, j'avais quitté le travail plus tôt que prévu, sans appeler ma femme pour l'en informer, contrairement à mon habitude. Je pensais lui faire la surprise. Je déambulais sur le boulevard piétonnier jouxtant le canal traversant le centre d'Helsinki, quand je l'aperçus soudain qui prenait le thé à la terrasse de style parisien du plus beau café de notre ville. Devant elle, un service en plusieurs parties et un dispositif tout en hauteur, garni de macarons bigarrés et de parts de gâteau. Lorsque je me suis approché de la corde dorée faisant office de barrière et que j'ai adressé un signe de la main à ma femme, celle-ci a poursuivi sa dégustation, sans me remarquer ou faisant mine de ne pas m'avoir vu. Tout son pouvoir de concentration était dirigé sur le gigantesque dispositif qu'elle faisait tourner devant elle. De temps à autre, elle prélevait une pâtisserie, croquait un petit coin et la reposait, tenant déjà dans son autre main un scone dont elle plongeait une extrémité dans sa boisson. Je n'ai rien pu faire d'autre que reprendre ma route. Je ne suis pas parti en tramway, mais j'ai décidé d'effectuer à pied les mille sept cents mètres jusqu'à chez nous, à Töölö, et j'ai repensé à ce concours d'entrée. Je n'ai jamais eu accès à mes copies, le résultat nous fut communiqué sous forme d'un simple nombre de points consultable à travers les vitres du rez-de-chaussée de la faculté, auxquelles les feuilles avaient été collées. Je scrutais, à travers les portes-fenêtres, les couloirs obscurs de la faculté, au cas où quelqu'un susceptible de m'aider y serait passé. Je distinguais dans l'obscurité un large escalier qui s'élevait jusqu'à un entresol, et de nouvelles marches qui en repartaient pour monter encore plus haut, mais après cela le palier m'empêchait de voir plus loin.

BERTEL

(notre ville compte toujours plus de lieux)
Quand on m'invite au théâtre, par exemple, je n'y vais pas. Je ne veux pas être dans un lieu. Le théâtre est un lieu, d'une manière qui donne froid dans le dos. La patinoire de la place qui fait face au théâtre est tout aussi parfaitement un lieu. Boire un chocolat chaud à côté, ce serait comme boire le lieu.

Je préfère rester à la maison. La maison se définit certes aussi comme un lieu, devenu la chose dont on part pour se rendre dans des lieux. Au voisinage de la maison se trouvent des lieux qui ne sont pas autant des lieux. Des lieux pour lesquels on peine à exprimer en une bonne phrase où c'était, où c'est.

Être quelque part, c'est être absent d'ailleurs. Je ne veux pas être dans cette absence d'ailleurs. C'est pourquoi je refuse le théâtre, bien qu'il donne l'apparence de m'emmener vers d'autres lieux. Pour la même raison, je ne lis jamais aucun livre en particulier, mais je consacre le temps que je me suis ménagé pour lire à penser à la littérature elle-même.

JENI

Je renonce au premier obstacle. Je ne crois pas du tout aux vertus de l'application. Mon esthétique, c'est de contourner les difficultés. Mes ouvrages sont, par leur forme, des contournements.

JENS

Il est difficile de faire forte impression dès le début d'un livre, car les thèmes se stratifient au fil de la lecture. Je ne comprends pas comment les stratificateurs tolèrent les premiers chapitres de leurs livres. Ils sont si minces.

Pour ma part, je privilégierais les ouvrages qui débutent par le chaos. Je fais partie de ces gens qui entendent tout exprimer d'un coup à leur sujet et trouvent qu'il est plus agréable de terminer que de commencer de manière coordonnée.
SETH

p. 76
Ma mère possède le don de voir les choses à l'avance. À l'époque où nous habitions au bord d'un fleuve à Espoo, ma mère fit un rêve dans lequel mon frère de deux ans courait jusque dans l'eau. Le lendemain, mes parents furent vigilants, et il s'avéra que mon frère courut exactement comme annoncé dans le rêve : droit dans le fleuve. Mon père était prêt, toutefois, il le rattrapa et le mit en sécurité. Mon père me sauva moi aussi de la noyade. J'avais glissé sous la surface, au centre de loisirs, mais mon père s'était rendu compte que ma tête manquait au milieu des enfants qui jouaient, il me retrouva dans l'eau turbide et me saisit vivement pour me mettre en sécurité. Quel sacré père, qui vous arrache aux flots ! Jamais je n'achèterai de maison au bord de l'eau. L'annonce de vente d'une propriété en bordure d'un cours d'eau me fait trembler les mains.

Aucun de mes proches n'est mort, et je ne sais pas comment la vie pourra continuer quand mon père et ma mère seront décédés.

Il doit y avoir un truc qu'on comprend de travers dans le monde. Ce n'est pas possible que nous commencions par nous attacher de tout notre cœur à quelque chose qui

disparaît ensuite, intégralement, et ne reviendra jamais. Ce schéma, je dois l'avoir inventé moi-même de toutes pièces.
TOMMI

Une personne qui ne se met pas à débiter des conneries quand elle est défoncée, c'est un être sans âme, sans imagination, c'est quelqu'un à fuir, pareil qu'une personne qui n'a pas peur dans les lieux effrayants, qui n'est pas intimidée pendant le sexe ou émue par les chansons de Leevi and the Leavings. Il est impossible de rester cool quand on est stone, même si dix mille albums de rap prétendent le contraire.

Le cannabis n'est pas une drogue de paix mais de confusion. Le tramadol, en revanche, une drogue de foi et de concentration.
MINTTU

Nous allons tester la puissance du verbe. Nous allons répéter pendant dix minutes que nous souhaitons la mort immédiate des êtres qui nous sont le plus chers. Ceux qui n'en seront pas capables ou s'arrêteront en chemin pourront reprendre leurs travaux d'écriture en cours. Les autres passeront à d'autres exercices.

(antto et le pou)
Antto rapporta un pou du jardin d'enfants. Ce pou faisait partie de la collection de Siru, que celle-ci conservait dans son épaisse chevelure. À la maison, le pou fut transféré, à l'aide d'un peigne aux dents serrées, sur la table de la cuisine et le père d'Antto le prit en photo avec son téléphone. Après quoi, il agrandit le pou entre son pouce et son index sur l'écran, suscitant l'effroi de toute la famille, épouvantée à son aspect monstrueux. Antto pleurait encore à l'heure

du journal télévisé. Sa mère se retira dans ses appartements et ne se montra pas de la soirée. Son père se rendait de temps en temps à son chevet derrière les portes closes, mais il revenait toujours sans elle. Quand Antto finit par aller se coucher après avoir fait durer les choses pendant près d'une heure, il se glissa dans son lit, revoyant l'énorme pou aux yeux et aux dents horrifiants.

La morale de cette histoire, c'est qu'il ne faut jamais agrandir les monstres miniatures qui, tout autour de nous, sont emprisonnés par leur taille. Car pendant la nuit le monstrueux pou dévora le menton d'Antto, et au matin, lorsque sa mère vint à sa porte, la langue du garçon pendait hors de sa bouche, sa mâchoire ne la soutenait plus et ses dents avaient dégringolé sur son matelas et dans sa gorge ; Antto n'était plus trop différent du pou, maintenant, assis dans son lit, auréolé par les cheveux du soleil.

v

p. 150

Quand ma femme me téléphone, mon premier réflexe est d'écouter attentivement sa voix pour déceler si quelque chose de grave s'est produit.

Enfant, j'ai lu un livre dans lequel la solution d'un problème d'échecs supposait qu'on fasse prendre à l'échiquier la forme d'une spirale. Dans une énigme, il fallait appuyer sur son œil avec une allumette de façon à voir en double celles qui restaient. On prétendait dans ce même ouvrage que la plupart des diamants sont verts, mais que l'être humain n'en découvre que des transparents.

Je me figurais que ces idées géniales serviraient d'exemple pour n'importe quoi, mais en trente ans je ne leur ai trouvé aucun usage. Au lieu de cela, la fiancée inhibée de *Sur la plage de Chesil*, le roman de Ian McEwan, s'est avérée une nourriture et une consolation inépuisables. Le bien est rarement inventif, et jamais habile.

TUOMAS

(décision)

Il faut que j'arrête d'écrire aussi parce que ma solitude est devenue tellement difficile qu'elle ne supporte plus un gramme de réalité. Les mots bien intentionnés mais étourdis de mon voisin se rabougrissent au prisme de ma solitude et prennent des postures hostiles. Il faut que je me défasse de ma solitude et que j'aille parmi les gens et que j'y reste sans ces instants silencieux où tout tourne mal.

MINTTU

(tenir)

Ce livre est trop pesant. Non par son contenu mais par son poids physique. Mon seul recours est de lire allongée, en tenant le volume à bout de bras. *Réception céleste* est un livre lourd qui fatigue vite les mains. J'ai les avant-bras longs et maigres, à quoi s'ajoute un syndrome du défilé thoracobrachial acquis à l'âge adulte. Je suis incapable de tenir de gros livres devant mon visage, à moins qu'ils ne soient fabriqués dans un matériau hyper léger.

J'ai entendu la mésaventure arrivée à un vieillard, fragile mais à l'intelligence vive, qui a eu la cage thoracique fracturée par l'impact de son livre. Il s'était endormi pendant sa lecture. À leurs débuts, les liseuses électroniques comportaient ce genre de risques. Le lourd châssis de leur mémoire pouvait contenir peut-être cinq livres au total, la technologie primitive de leurs batteries faisait qu'elles pesaient une tonne et les finitions des étuis étaient désastreuses, les bords super coupants. Vous n'aviez vraiment pas envie qu'un truc pareil s'écrase sur vos dents ou sur le pacemaker qui faisait une bosse sous votre peau.

Les livres gros mais légers sont la plus belle chose que je connaisse. Les livres finlandais sont rarement comme ça.

SARITA

Ce que j'allais devenir, je l'étais déjà.

(le dernier étage)

Quand j'aurai soixante-cinq ans, je veux que mon visage témoigne du passage du scalpel du chirurgien esthétique. Il pourra montrer, sans se cacher, la tragique défaite dans ma bataille contre le temps.

J'ai toujours cru en l'artificialité, d'ailleurs. Je ne connais rien de plus répugnant que cette soi-disant *sensibilité pleine d'âme* qui s'immisce partout. Il faut choisir une chaîne de radio très commerciale pour s'épargner de telles interprétations pleines d'âme. Je déteste la musique pleine d'âme, j'adore les machines, les synthèses, les dérivés, toute cette vaine paille que l'être humain a créée pour recouvrir ses émotions primitives.

VÄINÖ

Attendant sur Haapaniemenkatu de pouvoir tourner à gauche au feu, je ferme les yeux, comme un avant-goût de ce que ce serait de glisser dans un sommeil commun avec mon client. La tendresse qu'il y aurait dans ce sommeil partagé. Je pourrais mettre la voiture sur pilote automatique, assombrir la teinte des vitres et dormir. Voilà qui me ferait le plus grand bien. Moi aussi, j'aurais besoin d'itinéraires superposés.

« Plus rarement, un élan pourra en cacher un autre » (p. 17).

RAUNO

N'importe qui me semble aimable si j'apprends que cette personne m'apprécie. C'est tout ce qu'il me faut. Faire des économies de compliments, c'est n'importe quoi.

VILLE

p. 74

Ma mère a coutume de raconter ses lectures à mon père. Ils passent de longs instants, le soir, assis dans la salle de la cheminée, ma mère raconte avec ses mots les œuvres de Sara Stridsberg et de Riku Korhonen, et mon père écoute. Avoir un auditeur tel que mon père est la meilleure chose qui puisse vous arriver. Il n'est pas en train d'attendre son tour de parler, il écoute, il s'identifie, il cherche à comprendre. Pas un mot ne lui échappe, son zèle doux accueille sur un pied d'égalité chaque proposition et la pensée qu'elle dessine. Quand ma mère en a fini, mon père s'éclipse pour aller s'activer dehors. Il faut crier si longtemps pour le rappeler à l'heure du dîner qu'on peine à croire qu'il va revenir.

Le personnage du livre me conduit à travers bois jusqu'à un lieu significatif pour moi. Il s'agit de la zone pavillonnaire de son enfance, mais elle me rappelle aussi la mienne. C'est ainsi que les gens habitaient dans les années 80, dans des zones pavillonnaires. On allait voir les voisins à vélo. À la maison, la mère s'activait et les frères et sœurs sortaient de partout. Aujourd'hui, ces zones n'abritent plus que des fantômes et des mirages. Plus personne éprouvant un tant soit peu d'amour de soi ne vient y faire un tour pour en retrouver l'atmosphère.

Le bon temps n'a pas duré, à l'évidence. Les familles de ma génération sont de sinistres blagues. Mais, à l'époque, tout était génial. Une voiture s'engageait sur la route commune, au revêtement bien sec, que nous remplissions de nos jeux. Nous aussi, nous allions au ski ou jouer au tennis. L'été, nous le passions chez nos grands-parents.

Mais le livre poursuit, le texte est précis, et la description impitoyable, à peu de frais. La zone recèle toutes sortes de choses inaperçues, recouvertes de poussière et d'abnégation. Les secrets de tous les enfants des zones pavillonnaires des années 80 se ressemblent. Les cours étaient grandes, les murs en briques. Quand le bonheur commun, la période radieuse, cessa de les maintenir à flot, les familles disparurent entre leurs murs. Les cris ne portaient pas jusque chez les voisins. Les rideaux furent tirés. Les maisons se vidèrent. Plus personne n'habite dans le quartier de notre pavillon depuis des décennies. En général, le bonheur disparaît d'un coup. La dégringolade commence par une enveloppe. Un beau jour, le père rentre plus tard que d'habitude. Le dîner refroidit sur la table.

Le narrateur est adossé au mur d'un local à poubelles. L'ombre dissimule son visage.

SAMI

Mais on ne peut pas passer son temps à pleurer lorsqu'on joue avec un enfant.

Un livre sera d'autant meilleur qu'il me pousse davantage à écrire. J'ai lu *Cosmopolis* de Don DeLillo par portions de quelques phrases. Dans l'intervalle, je notais mes propres phrases dans mon carnet. *Réception céleste*, de la même façon, produit de l'écrit.

L'idée a aussi un aspect fâcheux : avec les bons livres, le monde se remplit de copies et de variantes.

Est-ce qu'un livre *vraiment très bon* pourrait fonctionner à l'inverse : faire paraître tous les autres tellement primitifs qu'il entraînerait leur suppression massive ?

Un livre vraiment très bon joue peut-être bien un double rôle. Il rend productifs les meilleurs lecteurs, et critiques les autres.

HENRIIKKA

J'ai cessé de tenir mon journal il y a des années parce que chacune de mes journées était semblable à la précédente. Faire le pain, noter les achats et les ventes. Toutes choses importantes lorsqu'elles se répètent dans la vraie vie, mais pas dans les pages d'un journal. Il faut être doté d'un talent spécial pour rendre intéressante une vie aux ingrédients réduits. Les autres évoquent la leur comme si tout était nouveau chaque jour. Moi, il me manque l'aptitude à faire grandir les choses. Ce que j'ai à dire est vite dit. Une fois mon travail fait, je ne vois pas comment prolonger sans que cela soit une simple perte de temps.

Je ne souhaite rien changer cependant. Lorsque je me laisse glisser dans mes souvenirs, le cas étant de plus en plus rare, je comprends que la variation des lieux et des événements en est la nourriture, et qu'une vie comme la mienne n'aura rien de mémorable. La nouveauté m'est toujours pénible et je n'ai pas la force de me lancer dans la culture de plantes d'ornement dans le seul but de me remémorer plus tard ces mêmes choses en beau. J'envisage les souvenirs à la manière de mon journal : une répétition qui n'apporte rien à l'instant. Je préfère goûter un pain ordinaire plutôt que me souvenir d'un pain délicieux.

HELENE

Si l'on retranchait toute l'action d'un film pour ne conserver que les moments où l'on se déplace, on dort et on attend, et si on remontait ce matériau, on obtiendrait un film réaliste de ma vie.

N'importe quel roman contemporain gagnerait en intérêt s'il était édité en fonction d'autres principes que ceux actuellement en vigueur. Il se pourrait qu'on obtienne un roman magnifique en n'utilisant que le matériau ôté par l'éditeur. En ce qui concerne l'art romanesque, les excroissances sont ce qu'il y a de plus intéressant. La vie réside dans le vain et l'erroné, la mort dans le prémédité et le peaufiné.

JAAKKO

Les chansons d'*Another Green World* de Brian Eno sont plus des échantillons que des morceaux dont on puisse jouir au complet.

Ce sont de modestes graines de pensée qui, en poussant, prendront la forme des arbres et des buissons propres à la croyance individuelle de chaque auditeur. Un autre monde vert.

IAN

Moi aussi, je me repasse *Cannibal Holocaust* en long, en large et en travers à la recherche d'atrocités. Je n'ai jamais

rien découvert de terrifiant. Je suis complètement perdu dans cette jungle sans fin.
JONTTI

(le loup des confins)
Il descend maintenant du bus 55 avec son ami. Je vois le duo disparaître dans la cage d'escalier d'un immeuble, la lumière s'allumer au deuxième ou au troisième étage. À la lumière, je vois que le trip devient plus puissant. Une énergie variée et des objets en provenance de partout alentour se sont accumulés dans un appartement. Peu de gens savent l'ampleur dérangeante que prend ce genre de visions. Autrement tout est normal, mais à dix kilomètres d'ici il y a un lapin vert qui attend.

Je suis le loup aux confins de la pelouse. Le haleteur avant qui il n'y a eu qu'une boîte de médicaments bleue et blanche apparue sur le sol du bus et les chiffres numériques affichés en ordre décroissant sur le mur de l'immeuble. Holm n'a pas cru à moi avant de me voir. Il pensait que les êtres de mon espèce n'apparaissent que dans les trips des rock stars des années 60, et que, lui, il serait d'une autre trempe, plus raffiné. Tu peux bien sûr qualifier de cliché ce qui est l'image originelle, l'élément le plus transperçant de la conscience collective. Moi, je préférerais dire : entre donc!

Une infirmière est entrée au numéro 10 de Puistokaari en poussant vigoureusement un chariot à médicaments Merivaara vers le futur écrivain. Si tu y réfléchis bien, tu l'as vue à Tornisairaala, non pas au neuvième, mais au huitième étage, en surveillance postopératoire, de nuit, quand tu somnolais près des peluches qu'on donne aux enfants pour qu'ils s'endorment, cousues de douleurs. Imprime ça précisément et remémore-toi ensuite l'adresse du 10, Puistokaari. Peut-être que ce spectacle idiot, mortel, a causé aussi ton affection cardiaque. Qui sait.

Le duo finit par ressortir. Le trip est resté dans l'appartement. Les lumières clignotent. L'infirmière vient à la fenêtre. Le duo est maintenant sur le parking et pisse sur une voiture. Dans l'habitacle obscur un homme fume une cigarette par son trachéostome. Le voyage reprend jusqu'à la plage. Holm appelle le centre antipoison d'une cabine téléphonique. Qui d'autre qu'un esprit littéraire très peu développé inventerait une statue en plâtre de Sibelius haute de trois mètres posée sur la pelouse à l'arrière d'une maison mitoyenne ? C'est pourtant cela qu'ils s'attardent à admirer. Holm la décrit, son camarade écoute et plonge.

TOM WOLFE

(au téléphone)
J'ai connu cette situation toute ma vie. Dans mon oreille, il y a quelqu'un qui m'explique tout. La voix veut que je me concentre sur elle, elle veut me faire comprendre la situation, quelle qu'elle soit. Ce que j'entends est une prose indigente dont toute diversité interprétative a été expurgée, ma tâche est de recevoir son contenu manipulateur tel quel.

Je déambule dans l'appartement. Je remplis un verre d'eau, je bois. Je fais cuire des crêpes aux épinards. Je fais un saut chez mon agent à Hernesaari. Je signe des papiers. La voix dans mon oreille continue. Je file me prendre un café au Succès. Puis me revoici chez moi, je suis assis dans le patio, je contemple le port de plaisance. Des personnes de grande taille, des mannequins sûrement, descendent d'un bateau. Une femme qui ressemble à Vittoria Ceretti pointe le doigt en direction d'un kiosque à homards, les autres rient. Pourquoi ne fais-je pas partie de leur groupe ? Les paroles à mon oreille ne me lâchent pas. Cette voix que je connais depuis dix ans considère que ce qu'elle a de mieux à faire est de me parler un peu d'elle. Comparé aux événements du port, à leur atmosphère aérée, à leur porosité et à ce que leur dimension transitoire offre à l'interprétation, tout ce qui se produit dans mon oreille est un cauchemar atroce, comme si les forces du mal avaient emprisonné mon cerveau ou comme si quelqu'un m'avait frappé tellement longtemps sur le crâne avec un objet contondant en apparence inoffensif que ma matière cérébrale était entièrement enflammée. Soudain la voix au téléphone rit, il lui est arrivé quelque chose de drôle, apparemment. Ou alors quelqu'un s'est montré si effroyablement grossier à son égard qu'elle ne peut qu'en rire. Je regagne l'intérieur. J'allume la télévision. Un homme ressemblant à mon voisin présente un ensemble de planches à découper. Sur une autre chaîne, un autre homme escalade une cheminée, des poursuivants manifestement à ses trousses. Je gagne ma voiture et roule jusqu'à une cheminée, j'observe sa hauteur, son doigt qui effleure le ciel, et je grimpe, je grimpe. Ensuite me revoici chez moi, je feuillette un livre de la rentrée, 422 pages de considérations, de remarques, d'observations. J'ai peine à comprendre pourquoi on veut me dire toutes ces choses, à moi. Ai-je manifesté un jour une aptitude extraordinaire à résoudre les problèmes des gens ? Mais je n'écoute pas les gens, moi. La télévision aussi, je ne fais que la regarder, je ne suis jamais le fil ni ne me concentre sur le propos. De ma vie, je n'ai jamais vu un film jusqu'au bout. Je serais incapable de rapporter le moindre ragot sur qui que ce soit. Je ne sais vraiment pas ce que les gens font de leur vie. Le fait que je ne hurle pas à gorge déployée au téléphone, que je n'utilise pas mes économies pour engager un tueur pour chaque ami qui s'immisce dans mon oreille est la conséquence de mes traumatismes, l'héritage d'une éducation sexuelle chez les Témoins de Jéhovah.

Quand la voix à mon oreille se tait enfin et que c'est à mon tour de parler, je ne trouve rien à dire. Écouter m'a pris toutes mes forces, les derniers restes de mon être, de ma valeur et de ma volonté. J'éteins mon téléphone, à ma propre surprise. Je le mets sur silencieux et m'assure que le vibreur n'est pas activé. J'éloigne l'appareil, je le repose à l'envers sur la cheminée pour ne pas voir l'écran clignoter.

Je m'étends sur mon lit. Je sens les limites de mon corps, je remue les orteils, je serre mes poignets. Je pense aux mères qui font s'endormir leurs fils agités en faisant gentiment aller et venir leur prépuce. Les limites de moi-même, je ne les comprends pas. Je subodore que je suis un champignon propagé sur plusieurs royaumes. Ou un nanorevêtement, une surface de la hauteur d'un atome étalée sur tout ce qui est.

JULIAN

Je suis sûre que Mirva considérerait *Réception céleste* comme néfaste. Ce roman est fait de la compétition d'une personne fonctionnelle avec d'autres personnes fonctionnelles. La plupart des gens de ce monde sont hors du champ de ces concours privilégiés et des sentiments qui s'y rapportent. Holm parle (ou faudrait-il dire ose parler) de suicide et de représailles violentes dès qu'il fait l'objet des plus légères critiques. Sa pire honte se rapporte à de minuscules chutes sociales. Des dévalorisations si infimes que seul un initié

pourra les comprendre. Est-ce que j'admire Mirva ? Le fait qu'elle se retrouve aujourd'hui dans un centre de rééducation fonctionnelle ne dit-il pas tout ce que la rigueur vous donne la force d'accomplir ? J'ai peur de ne faire mon miel de l'inflexibilité de Mirva que quand ça m'arrange. D'autres fois, c'est sur Linnea que je me repose, pour déclarer qu'il faut bien vivre aussi. D'une manière ou d'une autre, Holm est avant tout un objet d'investigation pour moi. Cela a, en un sens, un rapport avec mon manuscrit. Je lis Holm pour me mettre raccord, je ne sais pas avec quoi. Il est toutefois clair que *R. céleste* a le droit d'écrire une partie de mon livre.
MINTTU

L'idée est en effet très simple et facile à entendre aussi au niveau sentimental : on n'a pas le droit de tromper les êtres qui nous sont le plus chers.
PEKKA

À propos de l'autobiographie, j'ajouterais qu'elle est toujours un procès contre les accusations du monde, en définitive. Littérairement, sa qualité baissera si l'auteur cherche à compenser les erreurs de sa vie par des récits mettant en scène ses bonnes actions. Les premières intéressent le lecteur, les secondes non.

Un livre n'est pas un tribunal. Le jugement des lecteurs est variable. Mille bonnes actions n'en feront pas oublier une seule mauvaise à un lecteur impitoyable. Rare, mais pas impossible, est l'amour démesuré et immérité qu'un lecteur pourra vous offrir.
V-M

p. 289
Je clos mes réflexions sur ce sujet. Il se peut que j'aie promis de raconter comment tout s'est fini, mais cela me paraît inutile. Je crois que je ne m'en souviens même pas. Nous étions en terrasse d'un restaurant à Töölö et elle m'annonça qu'elle allait réessayer avec son mari. Pour autant que je m'en souvienne. Je décampai, vexé, par Museokatu pour rentrer chez moi, où Maija était encore en train de lire au lit dans la chambre à coucher. À mon allure, elle comprit immédiatement que j'avais une liaison. Tout lui fut évident dans la seconde. Maija dit qu'elle voulait que je lui raconte tout, depuis le début jusqu'à aujourd'hui. Je lui répondis que j'étais d'accord mais souhaitais le faire en deux fois. Une partie aujourd'hui et le reste demain. À ce moment-là, je me souvenais encore de tous les détails, plus maintenant. Nous nous assîmes au salon, moi sur le canapé et elle dans le fauteuil Ateljee, et je lui racontai, chaque lieu, baiser et baise, les dates et les heures. À un moment, Maija se leva et me cracha au visage. Tout allait bien. C'était formidable d'en venir aux faits, de dire, les joues rouges et les aisselles en sueur, des choses qui avaient un impact. D'être à l'intérieur du monde. Nous buvions du vin. Nous dûmes aller nous coucher à un moment. Le lendemain matin fut agréable, nous prîmes le petit déjeuner ensemble et fîmes des plans pour l'avenir. Le soir, elle se fâcha de nouveau et me hurla au visage tellement fort, jamais je n'avais vu ça. J'envoyai un message énervé à l'actrice, dans lequel je lui disais que, même libre, je n'envisagerais jamais de sortir à nouveau avec elle. Je n'aime pas les gens qui ne sont pas fiables, écrivis-je. Les semaines suivantes furent confortables, nous déjeunions à Elite et à KuuKuu, nous étions vifs et vigilants, l'automne approchait. Bien sûr, ma

maîtresse perdue me manquait, mais ce manque même avait un goût unique d'être-là.

Dans ce monde trouble, les résolutions tranchées telles que maigrir, acheter un appartement ou emprunter un livre ont quelque chose de suspect. J'admire les gens qui semblent n'avoir rien choisi, qui traversent leur vie comme pour le compte d'autrui, comme un prisonnier condamné à une longue peine, perdu dans ses pensées, s'occupant de ses affaires, s'arrêtant dans des lieux inhabituels.
MINTTU

p. 401
On n'accède à l'étage le plus bas de l'hôpital ni en ascenseur ni par un escalier. On n'y entre que sous anesthésie générale. Toutes les personnes que tu y rencontres ont laissé leur corps dans les salles d'opération de l'étage du dessus. Les uns ont la fragilité d'une gaze et changent de forme au moindre souffle. Les autres sont des zones de marais en larmes, difficiles à franchir. Partout il y a des gens que tu as tout juste oubliés.

p. 189
Le taxi ambulancier désigne ses montres par leurs numéros de référence et ses deux compositeurs autrichiens préférés par les numéros des opus. Il a ménagé suffisamment d'espace dans sa mémoire principale pour être capable, dans les soirées en petit comité, d'énumérer la production de tous les compositeurs prémodernes célèbres dans l'ordre des opus en y associant le type d'œuvres et le genre de compositions. Le même principe s'applique aux références des meilleurs horlogers ainsi que, bien entendu, au fichier

Rakennustieto d'information sur le bâtiment, sans cesse mis à jour, dont la maîtrise est requise en environnement hospitalier, car on y transporte des patients gravement malades à toute vitesse d'une unité à l'autre.

« Tant qu'on a peur de son texte, on ne peut pas être écrivain » (p. 112).

Et puis quoi encore ! Un écrivain qui ne se dérobe ni ne se repent de son texte n'est pas un véritable écrivain ! La littérature est une sensibilité pathologique envers le verbe écrit. Un état mortel qui rend l'écriture impossible en fin de compte. La majeure partie des écrivains n'écrit pas.

KIIRA

Rien ne me préservera de devenir un vieil auteur sans intérêt. Même si je jouis encore à présent des faveurs de ma maison d'édition, on me mettra au rancart comme on le fait pour tous les vieux. Avant de devenir écrivain, j'envisageais la littérature comme ce qui vous sauve de la vieillesse. Quand j'étais jeune, tous les auteurs que j'admirais étaient vieux ou morts. Les bons écrivains étaient toujours vieux, indépendamment de leur âge. Mais plus je suis familier du monde des lettres, moins je vois ce qui le différencierait du reste. Les maisons d'édition, au sein du business le plus dur qui soit, se distinguent par leur hypocrisie et leurs circonvolutions. Un écrivain vieillissant ne peut que conjecturer le moment où son heure sera venue, personne ne viendra l'en informer.

HEIKKI

(les invitations)
Il a reçu le prix littéraire du *Helsingin Sanomat* pour son premier roman. Elle a pour sa part remporté le Prix du deuxième roman. Son roman a rencontré un succès critique tant en Finlande qu'à l'étranger. Son ouvrage s'est vu décerner le prix Finlandia, il a été sélectionné notamment pour le prix Runeberg et pour le Grand Prix de littérature du Conseil nordique. En 2004, il a publié un roman qui a connu un énorme succès critique et des records de ventes. Le roman a obtenu le prix Kalevi-Jäntti et a été sélectionné pour le prix Finlandia. Son deuxième roman (2007) fut également un succès critique. Son roman paru trois ans plus tard (2010) a remporté le prix Finlandia, et un roman tout aussi apprécié a vu le jour en 2013. C'est un auteur de poésie et de prose primé et reconnu. Le premier volet de sa trilogie a été récompensé par le Prix de la littérature de l'État finlandais et le deuxième sélectionné pour le Grand Prix de littérature du Conseil nordique. L'année de sa publication, son roman a été sélectionné pour le prix Runeberg et a remporté le prix Tiiliskivi. Son deuxième roman, encensé, a remporté le prix Finlandia en 2013. Il a pour sa part été élevé au rang d'« artiste-professeur » par le ministère de l'Éducation nationale et a reçu le prix Finlandia récompensant sa carrière artistique remarquable en 2018. Son roman de 1994 a reçu le prix Kalevi-Jäntti et a été sélectionné pour le prix Finlandia. Son recueil de poèmes a reçu le prix de l'Ours dansant décerné par la radio-télévision nationale Yleisradio en 2000. Cet auteur primé a renouvelé la poésie. Son deuxième recueil a reçu le prix Kalevi-Jäntti en 2006. Son recueil le plus récent, qui ouvre une trilogie, a obtenu un accueil élogieux et remporté le prix de l'Ours dansant décerné par la radio-télévision nationale Yleisradio en 2015. Elle fait partie

des auteurs les plus originaux de la littérature finlandaise contemporaine. Elle a reçu de multiples prix et ses textes ont été traduits en de nombreuses langues. Son livre a reçu le prix Juhanna-Heikki-Erkko au titre de meilleure première œuvre littéraire de l'année, et ses ouvrages ont ensuite été souvent récompensés. Elle a reçu entre autres le prix Finlandia en 2003. Il a pour sa part reçu le prix Topelius, le prix Finlandia, le Grand Prix de littérature du Conseil nordique et le prix Runeberg. On lui a décerné en 2011 le prestigieux prix du *Courrier International* en tant que meilleur livre étranger. Elle est le plus récompensé des poètes finlandais de sa génération, et aussi célèbre et réputée en Suède que dans son pays d'origine. En 1998, elle a reçu le Grand Prix de littérature du Conseil nordique et en 2007 le prestigieux Grand Prix des Neuf justifié par le fait qu'elle écrit une poésie lyrique où s'unissent la précision et le chant, et qui traite de sentiments puissants, sans tomber dans la banalité. Son roman (1990), son roman (1991), son roman (2008) et son roman (2012) furent sélectionnés pour le prix Finlandia. On lui a en outre décerné, entre autres, le prix Kalevi-Jäntti, le Prix de la littérature de l'État finlandais et le prix Runeberg. Ce poète multirécompensé est bibliothécaire et écrivain. Son roman est arrivé deuxième du concours de romans Bonnier et a reçu un accueil extrêmement favorable auprès des critiques et de la blogosphère littéraire. Elle est pour sa part l'autrice contemporaine de Finlande qui a le plus de succès et de reconnaissance à l'international. Elle a obtenu vingt prix littéraires, parmi lesquels le prix Finlandia et le Grand Prix de littérature du Conseil nordique. Ses œuvres ont été traduites dans plus de cinquante aires linguistiques et se sont vendues à des millions d'exemplaires dans le monde. Son talent et son courage font d'elle un des symboles de la culture européenne (extrait du discours de remise des insignes de chevalier dans l'ordre national des Arts et Lettres). L'ouvrage qui a lancé sa carrière a reçu les prix Runeberg et Kalevi-Jäntti, et reste pour de nombreux lecteurs l'expérience littéraire la plus puissante de la décennie. C'est l'un des prosateurs les plus estimés de notre pays. Il a reçu de multiples prix, parmi lesquels le prix Finlandia. Son roman a été pour sa part sélectionné à la fois pour le prix Finlandia et pour le prix Runeberg. Son roman paru en 2010 a reçu un excellent accueil de la part des lecteurs comme des critiques. Il a reçu en 2007 le Prix de l'art de l'État finlandais. En 2015, le Prix de la littérature de l'État finlandais lui a été décerné pour récompenser son travail aux multiples facettes dans le champ de la littérature. Il a reçu d'innombrables prix littéraires, entre autres le prix Finlandia. Il est un des écrivains les plus lus et les plus novateurs de notre pays depuis les années 90. Il a été sélectionné pour le prix Finlandia en 1995, 1999 et 2004. Son roman a été un succès commercial et critique. Il a aussi été distingué par le jury du Livre sportif de l'année – une mention honorifique lui a été décernée en 2010. Il a pour sa part été le premier auteur finlandais à recevoir le Prix de littérature de l'Union européenne. Son deuxième livre a remporté le prix Runeberg et son troisième le prix du Livre d'aphorismes de l'année. Ses œuvres ont en outre été sélectionnées pour le prix de l'Ours dansant décerné par la radio-télévision nationale Yleisradio et pour le prix littéraire du *Helsingin Sanomat* du premier roman. Son premier roman a été sélectionné pour le prix littéraire du *Helsingin Sanomat*, et une bourse du fonds Laila-Hirvisaari lui a été accordée. Son deuxième roman a obtenu le Prix de littérature de l'Union européenne et a été sélectionné pour le prix Finlandia et pour le prix du Porteur de flamme pour l'export culturel. Elle est incontestablement l'un des plus grands noms de notre littérature. Son premier roman avait déjà suscité une large attention. Elle s'est fait connaître à l'international avec son roman qui a attiré tous les regards du monde international lors de la Foire du livre de Francfort en 2010. De nombreuses enchères ont été organisées au cours de la Foire et le roman a été publié dans dix-sept pays déjà. Elle a reçu le prix Kaarle en 2007 et une bourse du fonds Laila-Hirvisaari en 2007. Le prix de la fondation Veijo-Meri-Otava lui a été décerné en 2019. Son roman a été sélectionné pour le prix Finlandia en 2010. Il a publié dix romans dont trois sélectionnés pour le prix Finlandia, et trois ouvrages de non-fiction, dont un sélectionné pour le prix Finlandia non-fiction. Son premier roman a reçu le prix littéraire du *Helsingin Sanomat*. Le roman a été aussi sélectionné pour le prix Finlandia la même année. L'ouvrage a été sélectionné pour le Man Booker Prize. Il est un maître singulier dont les textes conjuguent le réalisme et l'absurde, la mélancolie et l'humour. Il est apprécié de la critique et encensé par les lecteurs. Sa série d'une forme concise met en œuvre la prose la plus brillante du moment. Il est quant à lui poète et artiste-professeur originaire d'Helsinki. Il a publié huit recueils de poèmes. On lui a décerné le prix Kalevi-Jäntti, le prix Finlandia et le prix de poésie Einari-Vuorela. Ses œuvres ont été sélectionnées à cinq reprises pour le concours de l'Ours dansant.

SINI

Devenir écrivain, ce n'est en fin de compte que consentir à la bêtise. L'écrivain débutant, s'il est doué, a raison sur tout. Il voit précisément les expressions éculées, perçoit finement l'inefficience des mots. Il comprend le désespoir et les feintes de l'écrivain. Combien il faut consentir et renoncer afin d'écrire un roman finlandais ordinaire.

LE CALEPIN DE MIRVA

p. 17
Les fruits ont fait exploser ma glycémie mais ne m'ont apporté aucun sentiment de satiété.

p. 72
Il y a autant de glucides dans le pain grillé que dans les pommes. Là où le pain grillé rassasie, la pomme engendre la faim.

p. 120
La sauce est une passerelle entre les composants d'un plat. La sauce nous révèle des secrets dont nous ne savions rien.

p. 174
Écrire sur la nourriture est abject.

Parler de la nourriture, c'est comme faire étalage de ses excréments.

p. 187
Les fruits posés sur la table passèrent directement de verts à trop mûrs.

p. 190
Elle avait toujours des fruits noirs sur la table. Quand on les effleurait, un nuage de spores toxiques s'élevait dans les airs. Tous ne permettaient pas de deviner de quelles variétés ils étaient les cadavres. Les fruits aussi vieillissent individuellement.

p. 190
Nous empilons dans notre panier des bananes pas mûres, des avocats pas mûrs, un ananas pas mûr. Nous comptons sur le fait que nous serons encore en vie lorsqu'ils seront mangeables. On a tué pour un égoïsme pareil.

p. 244
Par le passé, nous pensions que les fruits colorés nous étaient apportés à table en provenance du paradis. Maintenant que nous avons cessé de voyager, les paradis fleurissent à nouveau.

p. 287
La consommation excessive de thé vert avait fait enfler mes testicules, ils me faisaient mal la nuit. Sous l'effet du thé, ils étaient devenus si énormes qu'ils me gênaient pour effectuer mes exercices de musculation quotidiens. Durant mes promenades accompagnées par Mahler, je ne parvenais plus à bien les positionner dans mon jogging et la musique me passait complètement à côté. Je finis par découvrir sur internet une étude relatant qu'on avait réussi à faire grossir les testicules de rats dans des proportions immodérées avec du thé vert. Je ne sais pas si les bases de données d'internet recèlent une étude confirmant chaque hypothèse imaginable, mais je n'aurais pas cru que le thé vert serait la cause expresse de la destruction de mes testicules.

p. 64
Quand mon père travaillait de nuit, les névroses de ma mère empiraient. Elle actionnait l'interrupteur de la chambre des enfants dix fois de suite dans les deux sens, la lumière et le noir alternaient. Une fois qu'elle avait compté jusqu'à dix et que le noir se faisait, ma mère nous demandait s'il faisait noir dans la chambre. Depuis nos lits nous lui répondions que oui, il faisait noir. C'est sûr ? demandait ma mère. Oui, tout est noir. Au moins, nous croyions que le noir était noir, et ne laissions pas place au doute. Dieu, en revanche,

nous en doutions. Une fois que ma mère avait regagné sa chambre, nous parlions de Dieu, mais mes paroles comportaient déjà une couche de mensonge bien connue. Plus qu'avide de savoir, j'étais enchanté du talent que j'avais pour manier le domaine du doute. Ce même sentiment n'a pas cessé de m'accompagner jusqu'à ce jour. Quand un ami me parle de ses chagrins, je ne sais pas avec certitude si c'est lui ou moi que je souhaite aider.

De même que le narrateur de *Réception céleste* adresse, à la fin de sa journée, quelques mots à Dieu – il a retrouvé les habitudes de sa jeunesse à l'âge adulte –, moi aussi je pose ma tête sur l'oreiller en lui disant un mot ou deux. Dieu m'accompagne depuis longtemps, je n'ai plus l'intention de renoncer à lui. Je ne suis pas certain qu'il m'ait entendu quand je me suis remis entre ses mains. Comment le saurais-je ? J'ai déjà oublié quelle grave promesse je lui avais faite si j'intégrais l'École supérieure de théâtre. Je suis comme un enfant, je lui promets toutes sortes de choses afin d'obtenir ce que je désire.

C'est probablement ma chance que son temps soit passé. Toute foi lui est sans doute agréable et précieuse. Je suis en bonne position pour négocier. Je fais partie des derniers croyants. J'éprouve un amour toujours plus puissant en me livrant à sa Miséricorde. Il se consacre véritablement à moi. Je suis certain que l'amour que je reçois est plus grand qu'aux jours de sa popularité. Lorsque je pose ma joue sur mon oreiller, je me vis comme une très belle personne sous le regard d'un très beau Dieu.

RISTO

S'adresser à son cœur est une bonne habitude, ce n'est pas la peine de lui promettre d'amélioration, mais cela fait du bien à la fin de la journée de dire les choses comme elles sont.
AINO

p. 90
Le réveil en réanimation après l'opération fut une expérience curieuse, qui se déroula exactement comme je l'avais pensé : je remonte du fond vers la surface. L'infirmière m'appelle. Je suis en vie. Je me rendors. La fois suivante, je me réveille aux paroles du chirurgien. Il parle au personnel soignant d'une opération réussie. Je me rendors. Le chirurgien est à nouveau près de moi. Je lui demande si on m'a implanté une pompe auxiliaire. Il répond que tout s'est exceptionnellement bien passé, le cœur a tout de suite trouvé un rythme sinusoïdal et s'est mis au travail vigoureusement. Je me rendors. À un moment, on place un téléphone contre mon oreille, Maija m'appelle. Je parle en argot, je fais le dur, j'ignore ce que j'essaie d'être, et où donc. Ensuite, les pas de mon frère. « Comment ça va, mon gars », dit-il. C'est comme si nous avions accompli quelque chose de grand ensemble. Je me rendors. Ensuite, il y a le visage de Maija devant moi. J'essaie de retirer le tube du respirateur de ma bouche. Maija dit aux anges cyborgs que le tube me gêne. Les anges me rendorment. Je me réveille, il n'y a personne. Le rideau du lit voisin est ouvert. Je vois que l'on retire des drains du ventre à un vieux monsieur grisonnant. Je demande de l'eau. On me donne un glaçon. Me voici bientôt sur le bord du lit et on me demande de tousser. Impossible. Mon torse est recouvert de bandages et de tuyaux, mais je devine qu'en dessous le carnage est

complet. Je le sens quand j'essaie à nouveau de tousser. J'émets un petit toussotement sec. J'ai peur que ma poitrine ne se déchire. J'apprendrai plus tard que c'est ce qui s'est produit : ma toux a rouvert la suture de la sternotomie.

Au total, mon réveil prend une semaine et demie. On m'emmène en unité de cardiologie, je m'endors en route. La vie vécue est si loin que je ne peux être certain que de choses très simples. De mon nom, du sous-sol de notre groupe de rock, des muguets. Ces souvenirs aussi sont peut-être nés ici, dans mon sommeil sans fin.

Plus tard j'écrirai sur mon téléphone : « Je suis resté anesthésié pendant sept ans. Durant cet intervalle, j'ai voyagé entre la Terre et la planète la plus proche. Les lésions étendues me donnent une forte fièvre. Je n'avale rien pendant des jours. Mon frère m'apporte un hamburger pour le déjeuner au quatrième jour, je parviens à avaler deux frites. »

MERIVAARA. Personnalité quantitative. Inhibée, s'appuyant sur des chiffres. Extérieure à ses sentiments et aux sentiments de ses cibles. Ayant internalisé des observations chiffrées fines à propos des sentiments. Également marque de matériels hospitaliers, entreprise finlandaise fabriquant surtout des lits. Situation de monopole. Lits mal fichus à tous points de vue.

Le plus beau, c'est la foi de celui qui a renoncé à sa foi, le doute qui se retire.

(paroles des anges cyborgs)
Nous t'aimons. Nous disposons de toutes les drogues dont tu as besoin. Nous savons les doser, les moniteurs veillent sur toi, et nous veillons sur les moniteurs. Nous nous blottirons

à côté de toi si tu le veux, des deux côtés. Nous dormons quand tu dors, même si nous veillons et surveillons notre veille, naturellement. Tu es pour nous une destinée lointaine, nous voulons être francs envers toi, afin que tu puisses nous faire confiance : nous ne savons pas pourquoi tu as été choisi, toi en particulier, pour être couché ici, mais au-delà de la souffrance, il y a l'amour. Tu peux aussi bien dire : à l'intérieur de la souffrance, il y a l'amour. Ou encore : la souffrance est l'amour. Nous sommes ceux qui soulagent la souffrance, nous te retirons toute souffrance, passée, future, présente. Si l'absence de souffrance est un plaisir en soi, nous pouvons remplir cette absence par de nouveaux plaisirs et l'espace qu'ils laisseront par d'autres encore. Nos jeunes cœurs galopent quand nous te soignons, toi qui engendres notre jeunesse.
S

« La maladie rend la vie si intime que vos connaissances n'osent pas vous contacter, parce qu'elles ont peur de ne pas être qualifiées pour faire face à la nouvelle situation. Vos amis évaluent leur amitié et nombre d'entre eux se prononcent pour laisser le malade tranquille. Le malade est environné par un cercle de respect silencieux qui fait dépérir son âme » (p. 181).

À ma connaissance, tout va bien du côté de la cognition de Mirva, et si j'osais la rencontrer elle me reconnaîtrait. Je ne suis pas certaine d'avoir le droit de voir mon amie blessée. Je ne sais rien de Mirva. Est-elle équipée d'un synthétiseur vocal comme Stephen Hawking ?

La famille de Mirva est proche d'elle et ma crainte est que, si je me rends au centre de rééducation, ils soient tous là pour m'attendre. Je ne le supporterais pas. Je m'anéantis sous des regards comme ça. Ma mère m'a qualifiée un jour de manipulatrice silencieuse et de petit Satan doté du pouvoir de bouger les gens comme des pions. Pour que la chose soit parfaitement claire : bien entendu que je suis coupable du destin de Mirva. Je l'ai incitée à s'enfoncer toujours plus profondément dans les mots, mais à l'époque j'ignorais la manière dont le verbe se ferait chair.

Je suis sûre que Linnea est allée voir Mirva. Elle ne peut rien à son sens moral et à son innocence, elle fait ce que font les gens dans ces situations. Elle a en outre reçu de Dieu le don de ne pas se culpabiliser. Elle fait toujours en sorte de suffisamment se voir comme une victime pour que chacun de ses accomplissements obtienne une attention toute particulière. Mon sentiment, en revanche, est que les positions victimaires, ça ne s'applique pas à moi, que je suis l'exception au milieu de tous, que je dois gagner par moi-même toute la tendresse et la pitié, et que, même si j'y parviens, toutes sortes de soupçons se dirigeront sur moi.
MINTTU

p. 120
Sur la vidéo, un homme atteint d'une maladie mentale est battu à mort dans un club de karaté en 1984. Ce repiquage flou est extraordinairement choquant, mais les milliers de clips violents que j'ai visionnés ont produit sur moi l'effet anesthésiant désiré. Je ne suis plus bouleversé. J'ai enfin vaincu la violence. L'agresseur s'appelle Willie J. Dennis. Je scrute minutieusement les photos qu'on trouve sur Google de cet homme sans pitié.

Durant toute ma jeunesse, j'ai redouté la violence de rue. Une raison majeure de cette peur était la vidéo d'un passage à tabac que j'avais vue sur Poliisi-TV. Trois petits garçons à capuche battaient un garçon qu'ils ne connaissaient ni d'Ève ni d'Adam, aux environs de Lasipalatsi, ils lui faisaient perdre connaissance et lui sautaient sur la tête. Alors que les deux autres finissaient par prendre la fuite en courant, le troisième restait à sauter sur la tête de la victime inanimée par terre, à pieds joints. J'ai souvent repensé à ce moment. Le garçon laisse tomber la force du nombre, il est méchant tout seul, il s'acharne à anéantir un inconnu, à bousiller le cerveau d'un être qui vient juste de sortir de l'enfance. Quel genre d'homme est-il devenu ? À quoi a-t-il ensuite employé son talent ?

Je me qualifie d'écrivain et, que je me présente en tant que mari, épouse ou représentant d'un comité de direction, je ne suis qu'une proie.

Je le sens, tard le soir, quand je pose ma tête sur l'oreiller. De retour du cours d'écriture. Mon cœur emballé est celui d'une proie. Chaque fragment de moi : une proie.
VEIKKO

p. 152
Stockholm. Cela faisait rire Maija de voir les photos de l'actrice placardées dans la ville. Il y en avait partout. Dans les boîtes lumineuses des stations sur notre trajet en tramway. En couverture de trois journaux. Sur un écran vidéo occupant tout un mur du grand magasin Åhlens. Il lui était impossible d'allumer la télévision si elle voulait oublier les aventures sentimentales de son mari, ou d'écouter une radio privée commerciale. Un ami m'envoya un message depuis un avion pour me dire que l'actrice faisait les annonces de son vol pour New York.

Ma femme avait l'impression que nous nous retrouvions

au beau milieu d'un blockbuster. L'actrice était naturellement très belle sur les affiches, mais cela n'avait aucun effet sur le jugement que ma femme portait sur elle-même. En tout cas pas tous les jours. C'est ce qu'elle me disait, et je la croyais, même si je choisissais ainsi une échappatoire facile qui ne me coûtait rien. La confiance en soi sexuelle est un don. Elle ne s'apprend pas. Ma femme s'est dénudée devant un inconnu, certaine de son désir. Je n'aurais pas cette force de caractère. Aucune femme de ma connaissance n'envisage la sexualité aussi naturellement que ma femme. Chaque femme avec qui je suis allé au lit s'est montrée d'une manière ou d'une autre incertaine de son désir, s'est couverte ou a mis en valeur les meilleurs côtés de son corps. Chez ma femme, la sexualité est comparable à la natation ou à tout autre plaisir corporel constituant un élément indissociable et naturel de la vie humaine.

Quand je relatai la réaction de ma femme à l'actrice, elle se mit en colère. Elle était de toute manière à fleur de peau à mon égard, elle soupçonnait à raison que j'avais des liaisons féminines dont elle n'était pas informée, ou bien que je n'étais avec elle que pour les cabrioles et que je ne quitterais jamais ma femme. Elle s'emportait lorsque je l'embrassais avec trop de frivolité. Elle ne connaissait pas encore ce côté de moi : au cœur de la pire souffrance je suis léger et gai.

Après tant d'années, j'observe encore le visage endormi de Maija et je me demande ce qu'elle pense de moi. Comment peut-elle prétendre comprendre ce que j'ai fait ? Jusqu'où va sa force ? Comment peut-elle si facilement s'accuser elle-même de cette malchance ? Je regrette d'être allé lui reprocher, au lendemain de ma révélation, de m'avoir repoussé sexuellement. Même si c'était vrai, je n'avais pas agi à cause d'elle.

Quand elle dort, elle est absolument immobile, tandis que je gigote dans tous les sens. Elle sourit quand j'effleure sa joue. Plus jeune, je pensais que c'est le hasard qui fait qu'unetelle devienne la compagne de vie d'untel, que j'aurais pu être amoureux de bien d'autres. Maija m'était juste tombée dessus et les années nous avaient attachés l'un à l'autre. Ce n'est plus ce que je pense aujourd'hui.

p. 201
J'étais encore presque un enfant lorsque je suis sorti avec Mira. Elle souffrait de schizophrénie et disparut en institution, il y a trente-cinq ans. En me remémorant nos moments partagés, il m'arrive, sans faire exprès, d'imaginer Maija à sa place. Je me dis parfois que Maija est ce qu'il reste de Mira de ce côté-ci.

Il y eut un été où je n'eus pas peur. J'ai compris après coup que je n'avais pas eu peur. J'avais de nouvelles lunettes à monture dorée, que j'adorais. J'étais aimée. J'osais.

Où sont ces lunettes maintenant? Ma vue s'est améliorée. Je n'en ai plus besoin. En arrivant au premier cours de l'automne, nous avions fait exprès de nous habiller de la même façon. Nous avions les mêmes queues-de-cheval, les mêmes lunettes et les mêmes pulls. Personne ne peut résister à une bande pareille. Puis tout s'est mis à dégringoler.
LE CALEPIN DE MIRVA

C'est agréable de se poser un moment, quelques jours peut-être, quand on sait que le voyage reprendra ensuite. La plupart du temps, je reste appuyé à ma voiture ou contre un mur. Avec mes clefs et mes sifflotements j'entretiens l'ambiance des départs. J'ai appris des pasteurs kényans qu'il fallait laisser une jambe au repos quand l'autre est tendue. Je crache aussi très loin. Je ramasse des cailloux dans le patio et je les jette par-dessus toutes les choses hautes, et nulle chose n'est assez haute pour que mon caillou ne la franchisse au vol.

Je suis un visiteur en ce monde, passablement plus à l'aise que ceux qui sont obligés de supporter la tension. Par l'effet d'une injustice ordinaire, ceux qui voudraient s'impliquer dans le monde sont dès le départ plus tendus que ceux qui se fichent de lui. J'ai toujours envisagé le monde comme un lieu de transit ou, tout au plus, une aire de repos.

La boue argileuse séchée est un vivier de gros poissons. Je glane quelque chose de savoureux, comme des baies et de la pâte, et je cours aux terres argileuses. Je détache de grandes plaques de glaise près de la mer à Eiranranta et creuse jusqu'à faire sourdre l'eau. J'y plonge mes douceurs et j'attends. Quand j'entends le poisson arriver, je suis prêt.

L'absence de tension est difficile à détecter, et ce n'est pas dans son environnement, mais dans sa pensée qu'on la découvre. En traitant ces observations avec mon cerveau, je peux parvenir à la conclusion que telle et telle souffrances précises manquent encore à la collection de mes souffrances. Les poissons tapis sous la glaise fendillée aussi, j'ai commencé par les trouver dans mes pensées. J'étais couché sur le gravier, j'attendais la camionnette du poissonnier, j'ai décidé de réfléchir un moment, de penser à quelque chose qui ne se montrerait qu'à mon esprit. La Providence, qui fond toujours de tendresse devant un cerveau ouvert, m'a mené aux étangs, aux rivières, aux marais, aux lacs, au sol et à toute l'eau qui est dans l'invisible.

RIKU

Les plaisirs des traits d'esprit sont perdus pour toujours en littérature, mais a-t-on idée d'interdire le plaisir d'une phrase exacte ? Quand l'exactitude est-elle tombée en désuétude ?

KEISO

p. 296

L'année du Finlandia s'acheva dans le sang. J'étais écroulé, ivre mort, au milieu de la foule festive, enlacé avec une camarade de cours. La plupart des participants étaient journalistes au *Helsingin Sanomat*. Dès le début, j'avais détesté cette soirée de clôture au prix Finlandia, mais deux autres lauréats avaient tenu à ce qu'on la célèbre ensemble parce qu'ils n'en avaient pas eu l'occasion en leur temps. Toute l'idée était à mes yeux un ramassis de honte et d'humiliation. La suite des événements fut à l'avenant.

Même mes amis les plus libres d'esprit réprouvèrent mon comportement pendant la soirée. Après m'être fait sortir par les vigiles, j'avais frappé un camarade de cours au visage (je reviens de temps à autre à la performativité de la frappe), à la suite de quoi celui-ci m'avait performativement frappé à la bouche, mes dents avaient traversé ma lèvre supérieure. J'avais perdu l'équilibre et j'étais tombé sur ma camarade de cours qui s'était cogné la tête par terre. Le lendemain, elle perdit connaissance et se retrouva à l'hôpital. Moi-même, je me réveillai chez moi, mon oreiller rouge de sang dans les bras. Le coup avait effacé de ma mémoire la manière dont j'avais pu retrouver mon chemin. Je me souviens seulement de beaucoup de sang et de papier, de tentatives de soins. Une boule pleine d'un pus blanc malodorant s'était formée à l'endroit où mes dents m'avaient perforé la lèvre. Mon frère me prescrivit une cure d'antibiotiques. Pendant longtemps je n'osai même pas songer à la honte que j'avais causée alors que c'était moi qu'on fêtait. Le deuxième jour de ma gueule de bois, j'avais écouté *Trampoliini*, une chanson de Sanni, auprès de ma femme, et pleuré amèrement. Je me dis aujourd'hui que ce final somptueux était tout ce que cette année méritait.

(anonyme)
Il n'y a pas de relation au père, d'éducation religieuse ou de répression structurelle qui tiennent. Il n'y a que les péchés contre lesquels tu ne t'es pas donné la peine de lutter comme le font les autres.
ANU

p. 78
Quand j'écrirai cela, commencerai-je à croire que ce n'est pas arrivé ?

(éclectisme)
Je comprends certes qu'un roman déploie une certaine polyphonie et une confusion maîtrisée, pourtant je n'ai jamais la tête assez sens dessus dessous pour ça. Je me souviens en permanence de tout ce dont le livre a parlé, sans me retrouver noyée par le déluge d'informations comme le voulait probablement l'auteur.

Quand je lis, je conserve tous mes appareils allumés en même temps. Je suis la reine des onglets, je me branle à tout instant, dans les aéroports, les gares routières, les toilettes

des cafés. Mon corps a un besoin incessant de sensations et mon cerveau de pensées. Mes organes ont besoin de servir. La littérature doit faire de moi un usage exhaustif. Je veux qu'un livre m'explique et m'épuise.
VEERA

p. 179
Dans le public des rencontres sur Engel, on trouvait toujours un homme d'un certain âge pour me faire passer sur le gril à cause d'erreurs factuelles. Ces types ne disaient jamais rien du livre, ils se contentaient de se réjouir de leurs trouvailles.

PETER SELLERS. Exemple d'un génie de son temps n'ayant rien à offrir à la postérité. Quel autre acteur serait-il plus désagréable de voir jouer ? Les manipulateurs et les faiseurs peuvent détrousser leurs contemporains, mais pas les générations futures.

On passe sous silence le fait que nous utilisons copieusement la malchance des autres au service de notre inspiration. De même que c'est dans le sang que les tomates poussent le mieux, de même nous nous épanouissons en pompant les souffrances d'autrui.

Ma foulée vole tandis que je remonte Pääskylänkatu au pas de course. Je repense à l'écrivain Holm, à ses laborieux exercices de marche dans Töölö. Je repense à mon amie à Koskela, à sa convalescence sous bonne garde aux marges de la ville. Mes muscles et ma respiration me sont une joie immense. Si je suis une fleur fanée, cela ne se voit pas. J'oblique vers l'avenue Hämeentie et la courbe de Kurvi qui bruisse d'une rumeur festive. Quelqu'un me crie un truc dans le dos, cri d'amour ou de haine, c'est dur à dire. Je

traverse Hämeentie en courant, un bus klaxonne. Je n'arrive pas à décider comment je vais profiter de cette merveilleuse journée de bruine, si je vais dérouler ma foulée jusqu'aux limites de mon royaume ou me défouler et me soûler jusqu'à rouler sous la table. Traversant la place des Amphètes, je décide de sprinter aussi vite que je peux. Qui court à l'intérieur de moi ? Comment fait-elle pour être si puissante ?
MINTTU

Ne sois pas exhaustif avec les choses importantes. Écris-les vite, en quelques phrases. C'est pour les choses frivoles qu'il convient de freiner et d'approfondir.
VESA

Une connexion entre les mondes équivalente à attraper son premier poisson. En général, vous avez passé maints étés à lancer, à laisser le bouchon flotter sans rien espérer de spécial. Et puis, la fois où le poisson mord. Pour moi, c'est arrivé à l'endroit le plus improbable qui soit, dans un petit ruisseau d'eau turbide. Je ne me suis jamais remis de ce miracle. Je rêve encore de gros poissons frayant dans des eaux basses et limoneuses.

Toute ma vie d'adulte j'ai recherché les moments comme ça. Où la paroi entre moi et le monde devient perméable. Ma première éjaculation avec quelqu'un d'autre. Un investissement dont la valeur se met à augmenter. Entendre mon propre nom.
ROOPE

p. 185
Il y a encore deux ans, Mohamed Salah voyageait beaucoup pour des conférences de cardiologie. Il trouvait comique de

se trouver un jour à Osaka, le lendemain à Kuala Lumpur pour promouvoir les opérations à distance. Une année, il calcula qu'il avait passé un tiers de son temps dans les airs.

Salah actionnait une petite commande face au public et on voyait à l'écran une main robotique inciser et suturer un patient à Meilahti. Le public redoutait d'assister à la mort en direct d'un Finlandais dans la salle de conférences climatisée aux confortables assises d'un hôtel de Chicago. Mais les cœurs clampés se remettaient toujours à pomper et la salle éclatait en applaudissements.

p. 149
Je reçus un faire-part pour l'enterrement de Matti Tiisala. Je ne le connaissais pas, mais je l'avais mentionné quelques fois sur mon blog. Ainsi dans *L'Encyclopédie* : « Matti Tiisala n'a obtenu qu'un petit lopin de la littérature de Finlande, mais il y a bâti un gratte-ciel, transparent, comme on le fait dans les grandes villes. » À l'époque, le style de Matti Tiisala m'avait tellement imprégné que mes poèmes ne valaient plus rien. J'aimerais qu'on reconnaisse à la production tardive de Matti Tiisala le statut d'œuvre culte, bien qu'une grave schizophrénie ait pesé sur son ethos. Au milieu de la vaste production à compte d'auteur de ce graphomane, parmi sa poésie imprimée dans des volumes au format démesuré avec une taille de police quasi nulle, on trouve également une lettre adressée à la reine Elizabeth. Il en appelle à Sa Royale Majesté pour une affaire de virgules : une modification de la ponctuation intervenue pendant que le poète était au café avait causé la destruction de certains poèmes. Lesdits poèmes se trouvaient sur le disque dur de son ordinateur, dans le coffre de sa voiture. La poésie de Matti Tiisala a une tendresse extraordinaire,

elle est foncièrement moderniste, mais son style est un des plus identifiables de la poésie finlandaise. L'oubli dont il pâtit est une tragédie totale, injuste et très banale.

Le faire-part m'avait été envoyé par son fils qui vit aux États-Unis. La cérémonie eut lieu dans la chapelle du cimetière de Hietaniemi et se poursuivit au café Ekberg. Je ne m'y rendis pas, bien entendu. Je n'ai jamais pu vivre comme il faut.

Je fus pourtant invité à rédiger la nécrologie de Matti Tiisala publiée par le *Helsingin Sanomat*, mais je ne parvenais pas à me concentrer parce que Maija venait de me tromper. Concrètement, j'enchaînais les cigarettes sous la hotte de la cuisinière. Le psychiatre à qui j'exposai mon problème insista sur la facilité qu'il y avait à écrire une nécrologie : tu commences par présenter la personne et tu dis ensuite ce qu'elle a fait. Il ignorait tout de la catégorie d'écrivain à laquelle j'appartenais.

p. 201
Si aucun porno ne m'inspire, il y en a un qui ne me déçoit jamais. C'est un des plus précieux secrets de branleur que je partagerai dans mon livre. Le rapport d'Esa et Minna dans l'édition finlandaise 2009 de *Big Brother* est, quand on l'écoute au casque, le porno ultime de tous les temps. Ce qui rend cette baise excitante, c'est qu'elle pourrait être celle de n'importe qui. Les sons que fait Minna (Esa est évidemment silencieux) sont nuancés, ivres, excités, prolétaires, aimants, égoïstes, tendres, pleins de conseils et d'expérience.

On trouvera la vidéo en tapant les prénoms des amants dans le champ de recherche de Pornhub : « *Esa ja Minna* ». Il n'existe pas dans l'océan du porno d'autres baiseurs portant les mêmes noms (ni pareils à eux (c'est-à-dire aussi ordinaires (et donc excitants))).

(la licorne)
« Il n'est pas au monde de plus grand trésor qu'une femme sexy à la bite dressée. C'est magique de voir une femme prendre du plaisir par l'intermédiaire d'une bite » (p. 201).

De temps à autre, quand ma haine des hommes fait rage, je rêve d'une belle compagne ladyboy, mais c'est comme rêver du prix Nobel.

La bite est dégoûtante quand elle est connectée à un homme, mais aimable telle quelle ou sur une femme. Jan Holm déteste les vestiaires des hommes, l'odeur de bêtise fière qu'on y sent. « Des bites autonomes, égoïstes. Un mensonge sans fin causé par l'instinct de procréation » (p. 202).

Je ne toucherai plus jamais la queue d'un homme et je déteste les femmes qui ont envie de le faire. Jan Holm décrit son organe : beau, un peu tordu et très peu fiable.
MINTTU

Toute la littérature romanesque est une tentative de regarder le monde par les yeux d'autrui.

p. 70
Lorsque j'avais lu *La Mort à Venise* de Thomas Mann, à la vingtaine, je m'étais identifié au personnage de l'écrivain avec un sentiment singulier, car j'avais récemment vécu la même chose, j'étais tombé sexuellement amoureux d'un jeune garçon. Cette pâmoison n'avait duré qu'un instant et s'était produite à Heinola, où nous passions l'été. Elle s'était éteinte dans les autoaccusations et les affres nourries par l'idée que j'avais l'esprit malade, que j'étais atteint

d'une affection dont je souffrirais pour le reste de mon existence.

Je connus pareilles affres lorsque, pour la seule et unique fois de ma vie, je m'étais branlé après avoir fait un rêve homoérotique. Maintenant que me voilà sur mon lit d'hôpital, je repense à mon jeune moi avec affection. À ce garçon qui voulait dormir loin des couteaux et des ciseaux parce qu'il avait peur de s'en emparer pour tuer un être cher.

Les faits ont cet aspect déplorable que, si poétiques soient-ils, quelqu'un en a toujours déjà entendu parler. C'est pour cela qu'il vaudrait mieux ne rien bâtir, dans les romans historiques, qui s'appuie sur des faits intéressants.

En revanche, des événements triviaux mais falsifiés feront le sel d'une narration sur fond de vérité, des anecdotes si frivoles que le lecteur ne pourra que s'étonner : cela aussi, c'est inventé ?

VILHO

La lumière bleue des vumètres de l'amplificateur McIntosh est la plus belle que je connaisse. Je n'aurais jamais cru en trouver la description dans les pages d'aucun livre.

PAULIINA

Je projette d'abandonner mon amie. Je fais la liste de toutes les méchancetés qu'elle m'a dites. Quand j'ai commencé à avoir du succès en tant qu'écrivaine, ses manières encourageantes et cordiales ont changé. Elle s'est mise à parler de plus en plus de ses propres accomplissements et à déprécier les miens. Après nos rendez-vous, je me sens lasse et désavouée, mes forces ont disparu. C'était autre chose, avant. Je rentrais chargée à bloc. L'abandon que je projette se fonde sur une maxime résultant de mon expérience de vie : aie affaire à des gens qui te font penser du bien de toi-même. Je pourrais envoyer à mon amie la liste de tout ce qu'elle m'a dit, cela pourrait accroître sa compréhension, mais la mise en œuvre serait pénible, et une accusation n'aide que rarement les gens à prendre conscience des choses. Peut-être que je vais juste laisser notre relation s'éteindre. Je ne vais plus donner de nouvelles. Je vais de moins en moins répondre à ses messages.

Je souhaiterais bien évidemment que changent les fondamentaux qui ont mis à mal notre relation. J'aimerais qu'elle puisse publier son premier livre.

Je ne peux pas dire que j'apprécie énormément *Réception céleste.* À mon sens, le livre est déstructuré. On dirait que l'auteur ne s'est donné aucune peine pour la forme du roman. Les idées sont belles et la langue fonctionne, mais je garde l'impression que le roman lui-même n'a pas été écrit.

Mon amie adore *Réception céleste.* Voilà encore une pierre d'achoppement dans notre difficile relation.

LINNEA

J'ai l'habitude que rien ne s'applique à moi. Où que les gens se rencontrent, je n'y suis pas. À ma connaissance, pas un seul événement de ma vie n'a été discuté entre deux personnes tierces. Les choses qui font mon ordinaire n'existent pas pour les autres. Au fast-food on me dit : on vous apporte le reste à table, mais je n'entends plus reparler de ma commande, et je quitte les lieux sans un mot. Mon nom ne figure sur aucune liste. Ma réservation a disparu. Si je faisais partie d'un projet artistique, mon nom aurait été effacé du programme. Cette ville de gens zélés et

pressés est pour moi entièrement dépourvue d'obligations, et je suis libre, c'en est indécent. Je n'ai pas la moindre idée de ce qu'on fabrique dans les locaux commerciaux d'Aleksanterinkatu, je n'ai pas vent des choses auxquelles les gens s'échinent. On n'a jamais rien voulu me raconter. Personne ne s'intéresse à l'avis que je peux avoir. Rien ne me lie aux gens ou à quoi que ce soit en rapport avec eux. Il n'y a pas mieux que mes bases pour monter aux nues.
N

LA DEAD ZONE est la zone de mort environnant les grandes entreprises, dans laquelle celles-ci dévorent tous leurs concurrents. Les grandes entreprises ont une façon cruelle de manger : elles te rachètent le travail de toute une vie pour une grosse somme et le liquident le jour même. C'est le signe que tu as réussi. Tu ne te fais manger et liquider que si tu inventes quelque chose de révolutionnaire.

En décidant de se consacrer uniquement à la prose, le prix Finlandia s'est chargé du roman finlandais et donné pour tâche d'en accroître la diversité.

La somme attribuée au lauréat a poussé les maîtres en tous genres littéraires à proposer leurs textes sous forme romanesque, élargissant ainsi nos conceptions étriquées. Si l'on cessait de décerner le prix Finlandia aux seuls romans, le genre s'appauvrirait. Ces textes extrêmement variés quitteraient leurs propositions romanesques pour retourner au bercail de leurs genres.
TARMO

Un *himmeli*, mais tout autant un chapelet de prière.
SUE

p. 321
La vieille Erika a appris à ne rien demander de précis à Dieu parce que ça ne profiterait pas à la foi. Les brebis du Seigneur sont si nombreuses que les bénédictions et les réponses aux prières doivent toujours résulter dans le bien du troupeau entier. Ce bien, on peine à s'en rendre compte si l'on concentre trop sa foi sur le commerce entre soi-même et Dieu. Nous sommes des brebis, dit la vieille Erika. Notre foi se trouve quelque part au milieu de notre troupeau, et chacun de nous la fait grandir avec sa propre foi.

Je crois que je pourrais supporter d'être amputée, mais pas de devenir aveugle. J'adore lire et écrire. Dieu, fais que je ne devienne pas aveugle. Fais que la dégradation de mon fond d'œil n'aille pas plus loin. Plus du tout. Pas plus loin. J'y vois encore assez pour lire et écrire. Je me suis amendée. Je fais uniquement ce qu'il faut depuis des années. Je ne fume pas, je cours tous les jours, j'ai une alimentation variée, je prends soin de mon équilibre glucidique, je ne me laisse pas grossir. Fais que ce soit suffisant.
MINTTU

Aujourd'hui, en regardant Bono et Bruce Springsteen chanter sur YouTube, je me demande pourquoi ces deux types-là, précisément, sont connus de tout le monde, mais pas moi. Pourquoi c'est ça ma vie.
KALLE

Écrire requiert des articles de papeterie, un peu de talent et une atmosphère émotive. De préférence des fleurs en pot bien entretenues sur un appui de fenêtre. Une petite touche

musicale (Beatrice Dillon : *Workaround*). Un rendez-vous sympa dans quelques jours (Minttu). Une question cruciale qu'on ne sait pas par quel bout prendre. Une scène dans laquelle cette question est présente d'une manière naturelle. Des gens qui se mettent aisément à parler ou restent aisément silencieux. De l'espace, de l'espace, de l'espace. « Quand j'ouvre la fenêtre, je vois un autre appartement dont la fenêtre est elle aussi ouverte » (p. 108).
LINNEA

p. 189
Elle n'avait pas de style. Elle se rendait compte qu'elle avait du goût pour les vêtements qui plaisaient également aux autres. Elle portait un trench Burberry étroitement serré et un sac baguette à bandoulière. Lors d'une promenade sur les rochers, elle ressemblait à n'importe qui dont la distance abolit les traits personnels. Quand on s'approchait d'elle, elle devenait elle-même avec une lenteur exceptionnelle. À quelques mètres encore, elle était pareille à n'importe qui. Puis, tout soudain, voici qu'elle était d'une effrayante singularité. En apprenant à la connaître, je découvris cette même gradation dans toute sa personnalité. Une idée qu'elle lançait me semblait d'abord une banalité assommante, mais au beau milieu de ma réfutation, cette idée se faisait si vivante que je me sentais penaud. Il fallut du temps avant que tout cela ne se transforme en engouement et en amour.

(dérobés)
Un roman situé à Helsinki dans lequel un chauffeur Uber passe la majeure partie de son temps à attendre dans sa voiture, à écouter la radio, voilà qui me suffirait amplement. La pluie tambourinerait aux vitres. On serait bien, là, parmi

tous les endroits du monde, stationné à l'ombre des tilleuls de l'Esplanade nord. Personne ne regarde à l'intérieur des voitures à cet endroit, il y a d'autres tentations alentour.

Jan Holm raconte que, sur le chemin de l'école où il va chercher son enfant, il remarque une Mercedes, un modèle des années 90, garée sur la rue Merikanto. Le moteur tourne et une silhouette immobile est assise à l'intérieur. Au retour, la voiture est toujours à la même place et le moteur toujours en marche. Parvenu au niveau du monument à Sibelius, non loin de chez lui, Holm décide d'appeler la police. La personne du numéro d'urgence le remercie et lui annonce qu'une patrouille ira se rendre compte de la situation sur place. Une fois rentré, Holm regrette son geste. Personne n'était mort, sans doute, mais, une fois de plus, on avait exposé au grand jour quelqu'un qui souhaitait rester un moment dérobé à tout ça. Les familles avec enfant sont les pires dénonciatrices de liberté.

RAUNO

« Comment mettre les choses par écrit, voilà qui m'a toujours plus posé problème qu'aucune autre question ayant trait au texte lui-même. Écrire, c'est pour moi créer un système d'écriture, le développer, le préciser, le mettre à jour, le renouveler, et mon œuvre maîtresse est ce *système*.

« Le polissage de ce système fait l'objet d'un travail d'édition continuel en même temps que des livres de toutes sortes naissent en tant que ses produits dérivés.

« J'aimerais faire don de mon système à qui a du mal à mettre les choses par écrit » (p. 282).

Je rappellerais toutefois qu'écrire n'a intrinsèquement rien d'un truc bien. Une expression imprécise ne fait qu'ajouter à la confusion du monde. Chaque phrase relâchée lui nuit, de même qu'un déchet qui finit dans la nature ou un achat irresponsable. C'est bien d'être impuissant. Et si on écrit, ce serait bien de bien écrire. De ne pas mal écrire, au minimum. Le pire cas de figure, c'est la médiocrité travailleuse possédée par le démon du surmoi.

ANNA-LIINA

Par quels mots éclairer l'obscurité qui règne partout, mais que n'atteint la lumière de personne ?

PIRKKO

(de la délégation)

Si j'étais à la place du narrateur qui souffre mille morts sur son manuscrit, j'embaucherais des penseurs, des dramaturges et des narratologues pour m'aider. J'organiserais une réunion romanesque hebdomadaire où chacun présenterait les idées auxquelles il aurait réfléchi pendant la semaine. Je sélectionnerais les plus susceptibles d'être développées et inviterais l'équipe à les retravailler.

On ne fait plus rien tout seul dans le monde actuel, hormis les livres et les tableaux. Un ami m'a même déclaré que c'est justement la raison pour laquelle la littérature est, malgré tout, tenue en une telle estime et que la presse lui accorde plus de place qu'aux autres arts. Le sculpteur s'aide des meilleurs artisans du pays. Le directeur de théâtre met ses idées à l'épreuve d'un vaste groupe de travail, et les œuvres présentées sous son nom sont toujours le fruit d'un effort collectif.

L'écrivain fait tout tout seul. L'éditeur n'intervient dans le processus qu'à la dernière phase.

Moi, je ne fais rien tout seul. Si je me prends d'intérêt, mettons, pour l'art floral, j'embauche immédiatement des assistants par l'intermédiaire de mon entreprise. J'ai ma

personne de confiance, Leena, que j'appelle dès que j'ai un début d'idée. Dernièrement, je lui ai demandé de chercher tous les renseignements disponibles sur la mode de rue en Russie dans les années qui ont suivi la chute de l'URSS. Leena a décroché une interview de Demna Gvasalia entre autres. Ce génie social me coûte trois mille cinq cents euros par mois, charges patronales comprises. En un mois, Leena renverse le monde entier.
OSKU

Crois-tu que l'ouverture serait la solution à tous les problèmes ?
Dans un monde où la surface est profonde et où le factice est une facticité authentique ?

J'ai appris que le Brahmamuhurtha se situe une heure et trente-six minutes avant le lever du soleil. On dit que c'est la période la plus propice à la méditation, la prétendue Creator's Hour.

L'automne et l'hiver approchant, j'ai pris l'habitude de me lever tôt afin d'être éveillé et de méditer à l'heure du Brahmamuhurtha.

Après que j'ai parlé de mon habitude à *Réception céleste*, le livre a dit qu'il passait son heure du créateur une heure et trente-six minutes avant l'ouverture de la Bourse, c'est-à-dire 8 h 24 en Finlande. Par l'intermédiaire de la méditation, on parvient à une communication sans obstacle avec l'uranium, est-il remarqué dans le livre.
KEIMO

p. 40
Nous t'avons posé un cœur de lapin. Durant la transplantation, ton sang a circulé et été oxygéné dans un chimpanzé

qu'on a déjà rendu à ses jeux. Toi, en revanche, tu as reçu le cœur d'un renard, au cours d'une opération mouvementée, et toi celui d'une marmotte. Nous n'allons pas tarder à vous relâcher dans le monde en vous souhaitant bonne chance, utilisez le temps emprisonné dans vos cœurs comme vous jugerez bon, cherchez des moments heureux et prenez garde aux pièges. Nous possédons tous notre contingent de battements de cœur. Quand l'heure sera venue, nos cœurs s'éteindront tour à tour comme les réverbères à la lumière du matin.

On frémit en finissant par comprendre que c'est précisément Paul Motian qui a la production solo la plus essentielle du jazz.
ELLE

(inspiré par le monde sonore de *the strangers*
mentionné dans le roman)
Je ne me ferais pas critique musical, car il est vain de chercher à mettre en mots les expériences musicales. Je déteste tout ce que représente Steely Dan, je l'ai dit hier et le redirai demain, mais aujourd'hui *Gaucho* est une expérience magique, translucide, une fenêtre donnant sur un jardin où un paon bleu prend son repas. J'aimerais entrer dans le studio où il a été fait, humer la chaleur des équipements analogiques, les circuits électriques, les préamplis, les panneaux acoustiques, les vestes et les tasses à café des meilleurs musiciens du monde.

Si j'écrivais de la littérature au sujet de la musique, je situerais mon histoire dans la zone industrielle de West Hollywood d'où part la musique stérile, surproduite à un point jubilatoire, qui s'en va terrifier le monde entier. Inutile de tenter la même chose sur Bandcamp. L'image sonore parfaite masterisée dans les autoradios est d'une supériorité qui fera rester les instruments dans leurs étuis.

Personne d'autre que les auteurs de *Gaucho* n'a repoussé à ce point les limites des équipements de son époque, même si de nos jours la batterie de Steve Gadd pourrait donner l'impression que des grains de poussière s'envolent à chaque coup de baguette.

AILA

p. 211

J'adore l'aneth, les noix de pécan, les truffes et la cardamome.

p. 212

Pourquoi s'offusquer des considérations de qui que ce soit ? On ne manquera pas de trouver dans le monde toutes les opinions imaginables. Les uns choisiront les leurs parmi les moins en usage. Les autres se sentiront plus à l'aise de partager l'opinion générale. Rares sont les gens, si on excepte les croyants les plus bruyants, qui tiennent mordicus à leurs opinions. Ce serait faire preuve de courte vue dans un monde en perpétuel changement. Je me demande parfois si une seule des considérations que j'aurai présentées sera encore d'actualité au moment où le livre sortira enfin de chez l'imprimeur. Les considérations ne font pas partie des composants de la littérature de qualité, même si l'ouvrage le plus fragile aura toujours quelque chose à proposer.

p. 242

J'ai depuis longtemps la sensation d'avoir commis quelque chose d'atroce, mais je ne parviens pas à me souvenir de quoi. Le matin au réveil, je suis à deux doigts de retrouver la mémoire, mais alors l'alarme du téléphone repart ou un autre incident se produit et l'idée m'échappe. Les criminels emprisonnés ne se souviennent en général pas de leurs crimes. Ils regardent à nouveau l'enregistrement de la caméra de surveillance et se mettent à y croire petit à petit. Ce doit être libérateur de voir une vidéo de soi. De faire l'apprentissage au fil des jours de sa propre méchanceté.

On ne peut pas se fier aux paroles des gens, mais lui, est-il plus sincère quand il écrit ?

Ce ne sont pas les modestes événements de la vie qui affadissent la prose autobiographique, mais leur mauvaise pondération. Un texte ne deviendra pas plus honnête de ce qu'on fera moins de cas de ses propres expériences.

Si Jan Holm écrivait de la fiction pure (quoi que ce puisse être), l'atmosphère serait certainement plus embarrassante, l'événement de lecture plus voyeuriste et le résultat aurait une plus grande envergure littéraire.

TUUKKA

Les jours où je suis en télétravail, j'observe les oiseaux par mon balcon. Je me demande quels sont ceux qui ont leurs origines ici et ceux qui sont les habitants du royaume du ciel. Ceux qui migrent vers le sud en hiver, ceux qui regagnent la maison du ciel.

MARJA

Le monde s'est posé quelque part pour rassembler cette force qui est sienne.

(jeune fille lisant au parc)
À la lecture des descriptions que l'auteur fait de sa fille, je suis forcée de reposer le livre pour aller voir Emilie.

Emilie a disparu de sa chambre. C'est ce qui arrive aux êtres chers. Ils disparaissent par intermittence, jusqu'à ce qu'ils ne reviennent plus.

Emilie se promène au milieu des fleurs du jardin, comme dans une œuvre d'art. Même si sans doute personne ne choisirait de peindre un pareil instant. Les moments importants ne se produisent pas dans une arrière-cour où une jeune fille lit en marchant, sous le regard de sa mère qui voit filer une première goutte à travers l'air ensoleillé. Une deuxième ne tarde pas à faire son apparition sur une page du livre, la jeune fille accélère le pas et gagne la cabane de jardin.

J'ouvre la fenêtre et crie à tue-tête. Les jours se perdent précisément en ce genre de choses.

HELENE

Le problème que me pose un roman composé d'éléments disparates est que je ne parviens pas à avoir tous ses facteurs déterminants présents à l'esprit. La description sur cinquante-sept pages, adjointe à un roman ayant pour sujet le cœur, détaillée et habile sous tous rapports, de la fabrication d'un amplificateur McIntosh à New York n'est mentionnée nulle part dans les critiques. Celles-ci oublient de la relier à l'expérience de lecture, alors qu'il vous aura fallu batailler trois heures avec ce passage. Tant il est à part et méritoire.

Une œuvre n'est évaluée que sur la base du matériau se rapportant de près à son protagoniste.

SINIKKA

p. 296
J'appris au téléphone qu'un mystérieux agent de Gallimard était passé par Helsinki au cours de sa tournée des pays nordiques et qu'on lui avait présenté tous les candidats adéquats issus des grandes maisons d'édition, parmi lesquels le fier Français n'avait retenu pour son programme éditorial qu'un seul élu, mon roman. J'écoutais tout cela dans la trop grande chambre à coucher de mon énorme appartement surévalué de la rue Oksanen, contemplant la vue qui se déploie sous ma fenêtre, avec son Musée du téléphone, sa borne à vélo en libre-service et son arrêt de tramway animé. Le paysage était plaisant, stratifié de souvenirs, d'une importance toute helsinkienne ; les tilleuls étaient crânement plantés devant le restaurant Elite au bord droit de l'image.

Mon agente était à Copenhague et si enthousiaste que je fus forcé de me rappeler, à de nombreuses reprises, l'importance que revêtait cet instant, ma réaction la plus spontanée étant de me répéter qu'il était somme toute banal de tenir un moment pareil pour important alors que de plus importants encore passent inaperçus.

Quand je pus enfin raccrocher, je me ruai dans le salon pour annoncer à Maija que j'avais maintenant le même éditeur que tous mes écrivains préférés, à commencer par Tournier et Proust.

Tu pourras exploiter dans tes écrits autant de souffrance que tu en auras subi.

N'utilise pas les mots avant d'avoir payé pour eux.

CENTAURE

Je roule en excès de vitesse sur l'autoroute Tuusulanväylä. Ma sympathique cliente voudrait assister à l'atterrissage d'Air Force One. Elle est prof d'histoire et n'a pas pu quitter son cours plus tôt. Elle ne voudrait pas manquer ce moment historique car un rêve lui a apporté la certitude que le président des États-Unis allait mourir dans un accident d'avion à l'aéroport d'Helsinki-Vantaa.

Je dis à cette dame : n'est-ce pas que le monde est sillonné par quantité de présages et de scénarios alternatifs, mais que le monde réel nous est commun à tous, et ne peut s'arrêter aux rêves des individus singuliers ? Rarement, rétorque l'enseignante. Tous les événements sont le rêve de quelqu'un. Nous avons dû nous faire au rêve du président, un rêve qu'il nous a fallu suivre toutes ces années. Le prochain pourrait tout aussi bien être le mien.

Les justifications données par l'enseignante sont d'une solidité indéniable. Le destin n'est certainement pas déterminé par une chambre des représentants démocratiquement élue, mais une énergie saupoudrée aléatoirement. Il est tout à fait possible que la dame ait été choisie.

Ensuite je me réveille, je suis devant l'hôtel St. George. Un trio de femmes passe sur le côté en pépiant comme si quelqu'un transportait une cage remplie de moineaux. Je regarde dans le rétroviseur si mon client s'est réveillé et si je dois me réveiller une deuxième fois. Devant nous, une Mercedes Classe G à l'arrêt bloque la circulation. Une jeune femme affublée d'une casquette installée à la place du conducteur s'adresse en criant à des gens en terrasse de l'hôtel. Il est question de la fête de l'avant-veille à Sörnäinen. Tout le monde était là, à ce qu'il paraît. Les femmes se font des gestes des mains que je ne comprends pas. Puis la voiture accélère en trombe, faisant crisser ses pneus.

RAUNO

e.a. usage négligent des allitérations, surtout pour les mots débutant par une consonne.

syndrome de la première et de la dernière phrase. la première et la dernière phrase sont à supprimer de presque chaque chapitre sans que rien d'essentiel ne soit perdu.

négligences dans la rythmique. enfilades de phrases de même longueur et de même structure.

hyperponctuation. hypoponctuation.

utilisation maniérée d'expressions mises en relief.

constructions passives.

HELENA

« La vie est une suite d'humeurs », déclare Emerson dans *Bleuets*, le livre de Maggie Nelson.

En repensant à mes humeurs des cent jours précédents, j'aimerais faire quelque chose de jubilatoire aujourd'hui, me réjouir au moins un peu. Je me dis alors que le premier jour de l'album de mes jours pourris va tomber et qu'un jour de joie va prendre sa place. N'empêche, la moyenne de ces cent jours est résignée, solitaire et pénible.

Donc je jette le livre dans ma *bottega*, je me lève et je m'en vais quelque part. Incroyable monde, aucune de ses tentations ne peut me garantir une joie certaine.

Un moustique familier vadrouille dans Aleksanterinkatu. Je commence à être nettement plus joyeuse, puisque je m'émeus que la boîte à outils du monde soit de si piètre qualité.

Linnea m'a envoyé un message, mais je ne vais pas l'ouvrir aujourd'hui.
MINTTU

Avec ce peu d'argent, c'est toute une industrie, dont une partie m'appartient, qui se déploie devant mes yeux. Par l'intermédiaire des sociétés minières, je possède les fruits de la terre, uranium, argent et platine. Le vent passe au-dessus de mon gisement, il est vaste comme la terre est vaste, personne ne peut m'expulser. Je reçois chez moi une lettre à l'attention du propriétaire, une invitation aux journées des investisseurs.

Quand je m'allonge pour dormir, je ressens dans mon corps la connexion à la terre et à sa valeur, auprès de mon cycle hormonal le cycle des matières premières suit son cours, une volatilité qui est une participation directe à la réalité et à des sentiments dont j'ignorais tout.

J'écris de la poésie dans ma cabane, je note mes vers à l'état brut, en même temps les eaux s'écoulent, les vastes plaines bruissent, les ascenseurs montent au ciel. Le port automatisé continue d'accomplir son office quand l'unique employé s'éloigne sur son vélo électrique. Le soleil se couche sur le monde des humains et des machines. Le non-vivant est un secteur en croissance.
SIENA

(vittoria)
Vittoria Ceretti accepterait-elle que nos relations n'impliquent absolument rien de sexuel ? J'adore son côté réconfortant, mais je ne suis pas spécialement excité par ce genre de femmes. Le comprendrait-elle ? Ce serait magnifique de partager un livre et des confessions avec Vittoria Ceretti.

Elle est belle au sens où l'on obtient des photos remarquablement réussies d'elle, ce dont neuf couvertures de *Vogue* donnent la preuve tangible. De ce fait, et en particulier par sa célébrité et son importance, elle a sans doute des hommes beaux et sexuels qui s'offrent à elle. Se pourrait-il toutefois qu'elle me choisisse, moi ?

Je crois qu'elle est si distraite et si jeune qu'elle pourrait très bien faire avec moi le bout de chemin entre le café et la plage où sont les bateaux. Je jetterais des coups d'œil à un petit avion dans le ciel et je tirerais sur une cigarette. Je laisserais Vittoria me demander d'où je viens.

J'ai moi aussi ma profondeur, mais on ne la voit pas si je brouille la surface par mes bavardages. Vous ne pourrez pas subjuguer des mannequins avec vos vêtements. Uniquement en montrant un désintérêt total pour l'habillement. Et quand bien même.

Que faire alors avec l'objet de son amour et de sa nostalgie si l'on ne cherche pas à le dévorer goulûment ? On attend. On attend quoi ? La mort. J'adore les chaussettes de tennis de Vittoria Ceretti. J'aimerais ses chaussettes de tennis blanches sales jetées sur mon parquet. Nous écouterions la bande originale d'un vieux film rébarbatif, un CD acheté pour une seule chanson. *Frantic* ? *La Leçon de piano* ? *Tous les matins du monde* ? *Le Fabuleux Destin d'Amélie Poulain* ? Avec Vittoria, même la version la plus mensongère de la réalité devient adorable. Mon amour pour elle est une dévotion définitive à la bêtise, un renoncement à tous les idéaux. Ça m'est complètement égal de devenir poète ou pas. Dans la légèreté de ces moments gît la vérité ultime de la vie.

Nous sommes à peine entrés dans la villa qu'il se met à pleuvoir. Les tasses à expresso restées sur la terrasse se remplissent d'eau. Ici, le ciel déverse toute sa pluie d'un coup.

Plus tard au cours de la même semaine, nous avons avancé nos chaises sur le pavement, je propose de discuter d'un sujet particulier. Tu protèges ton visage avec *Réception céleste*. Le soleil menace partout ta pâleur et ton activité professionnelle.

Certaines personnes ont plus de difficulté que d'autres à faire des rêves, dis-je. Certaines personnes fuient les images mentales, tandis que d'autres, indépendamment de tout, s'y attardent.

Pendant que je remplis une bouteille d'eau à la cuisine, je contemple la colline et la mer. Je regarde le bateau privé sur lequel je ne suis pas né. Un mal-être règne souvent dans l'intervalle entre les projets de la journée. Au milieu des paysages les plus beaux qui soient, comme ici, on ne peut se promener sans étouffer.

Je me faufile près de ta chaise longue et renverse de l'eau sur toi. Rien n'a le pouvoir de te surprendre lorsque tu passes une journée de repos après de longues séances photo.

Je ne voudrais pas avoir à prouver que je suis un bon choix. Je voudrais être oisif, presque indifférent en ta compagnie. Que penseraient les autres de moi en me voyant tapoter sur mon téléphone en compagnie de Vittoria Ceretti à la terrasse d'un musée ? Je fumerais une cigarette et je gratterais un fragment de nourriture collé à ma manche. Vittoria Ceretti mangerait une salade et m'observerait. Elle me regarderait pendant mon sommeil. Contemplerait le souci se dessiner sur mon visage quand je dormirais. Supporterais-tu aussi mes soucis parfois ou aurais-tu déjà assez avec les tiens ?

Je suis réveillé par le cri d'un homme. Je regarde par la fenêtre, tu te disputes au portail avec un bellâtre, assis sur son vélo. Il a un short et une veste en lin.

Ma surface sans bavardages est un miroir dans lequel tu

peux te voir. Les gens les plus agréables sont ceux qui se laissent refléter à la surface et ne troublent pas l'amitié par eux-mêmes. Je souhaite, après tout ce temps passé à me taire, entendre Vittoria parler de moi en bien à ses amis, mais aujourd'hui encore elle ne partage que ses soucis.

Les soucis de son monde paraissent fort précieux. Il faut immédiatement y remédier. Je ne comprends pas leur valeur. Je ne vois pas si ce serait une grosse perte de les laisser tomber. Je marche à petits pas amortis jusqu'à la plage. Je m'assois sur le parapet de pierre et plonge mes pieds dans l'eau. L'eau emporterait-elle mes pieds si je m'attardais ? Est-ce que tu accourrais bientôt, mais mes pieds seraient partis ? Je fume une cigarette et laisse filer mes pieds.

TINO

p. 89

Le cœur de ma femme s'est brisé à cause d'un autre homme, et je ne sais toujours pas s'il est guéri. Mon cœur s'est brisé à cause d'une autre femme. Nous sommes ensemble jour après jour, nous allons déjeuner, nous passons à la librairie, nous nous aimons.

(la mesure de la pluie)

La vieille Erika fait une visite le temps de la pluie. Elle vagabonde par la ville et demande à entrer un instant, le temps de telle ou telle chose. Elle sait s'asseoir sans bruit à table et créer une ombre au-dessus d'elle. Les autres peuvent vaquer à leurs occupations. Voici que la pluie est finie, et il lui faut de nouveau s'en aller.

Je ne pense pas toujours à répondre aux paroles de la vieille Erika parce que j'oublie qu'elles émanent d'une autre, et non du plus profond de moi. Après coup vient le

remords. Ai-je fait preuve de rudesse envers cette enfant de Dieu ?
HELENE

Actuellement je mange des équipements électroniques sur YouTube, ce dont je retire des revenus confortables. Je vais bien à tous points de vue. Parmi mes sponsors, je pourrais citer iTapsa, une entreprise de dépannage de produits iPhone qui, dans une de ses campagnes, a promis de remettre en état un téléphone dont j'avais pris cinq bouchées. Mon début de carrière a été une époque fragile, mais en ce moment j'ai des dents invulnérables, comme 6ix9ine. Je tapisse mes intestins d'un gel spécial permettant que les objets pointus et acides effectuent la traversée de mon corps. En principe, je pourrais manger n'importe quoi, même toi. Mon rêve, c'est qu'avant ma mort une ville entière passe par mes intestins, tout ce qui appartient à sa totalité hétéroclite. Je me dis parfois qu'un roman comme ça, je pourrais le manger, et ce que j'ai en tête, ce n'est pas l'exercice facile consistant à broyer les pages et la couverture, mais tout ce qui est décrit dans le livre, tous les objets, les plantes, les arbres, les coins de rue, les carrefours, le sable et le briquet oublié. Je ne suis pas un gros lecteur.
PETTERI

p. 301
N'y aurait-il pas moyen que la vie ne vire pas à la tristesse en approchant de sa fin ? J'ai beau déployer tous mes efforts au service du contraire, je crois que, aux yeux de beaucoup, nous donnons déjà l'apparence d'une famille triste. Les familles à enfant unique sont tristes. Le silence qui naît de l'absence de frères et sœurs est le plus dense au

monde. L'enfant jouant avec ses frères et sœurs qui ne sont pas nés, dans sa chambre, les sons joyeux, les jouets qui s'entrechoquent. Je suis assis dans le canapé, avec mon gros ventre, j'ai le front en sueur et je regarde l'ordinateur posé sur mes genoux. La tristesse s'est déposée dans notre vie, en silence et inaperçue. Quand nous avons cessé d'employer quelqu'un pour le ménage, la poussière s'est déposée uniformément dans tout l'appartement en l'espace de quelques mois. L'haleine du chien devient chaque jour plus dégoûtante. La chatte clopine jusqu'à son écuelle. Ma femme a toujours voulu avoir un deuxième enfant, mais je m'y suis opposé. Je disais que j'étais incapable d'assumer les obligations qu'un enfant apporte à son arrivée. J'étais épuisé rien qu'à y penser. Je disais que je ne voulais pas travailler pour gagner de l'argent, mais écrire. Je disais que toutes les familles de ma connaissance ayant plusieurs enfants étaient malheureuses. Ma femme est la personne la plus clémente que je connaisse, mais cela, elle ne me l'a jamais pardonné. J'ai, à l'intérieur de moi, de mauvais choix, sources de malheur et de tristesse, qu'il me faudrait confesser. Avant toute chose, je devrais écouter les autres et croire ce que j'entends.

(le croisement de la rue Merikanto)
À onze heures du soir, je ressors promener Lennu. Au feu de la rue Merikanto se tient cet écrivain familier, avec son chien. Curieuse coïncidence que j'aie justement cité son ouvrage à nos invités allemands. Lennu est manifestement intimidée par le cabot gueulard de l'écrivain. Pourquoi aboie-t-il ?

Je me rends compte que je me tiens du mauvais côté au passage piéton, à gauche, alors qu'on est censé circuler à

droite. Il m'incombe sans doute d'être un citoyen modèle et de ne pas perturber les routines destinées à simplifier la vie de la communauté. L'écrivain traverse avec son animal récalcitrant, en nous contournant à une distance exagérée. Il est manifestement agacé par mon erreur de positionnement. Ou bien c'est moi qui l'interprète ainsi. Il n'y a pas de quoi se réjouir du temps non plus. On ne trouve pas un seul promeneur sur ce boulevard côtier. La mer hérisse ses crêtes, le vent passe, large et puissant, sur le paysage. J'ignore si l'écrivain nous a reconnus. Lennu a de nombreux camarades ici. Beaucoup veulent être son ami.
SAULI

De quels thèmes traite donc le livre ? Au minimum de l'idée qu'il vaut mieux jouir de la réalité à distance, par l'intermédiaire d'appareils ; quand on en jouit autrement elle est laide et méchante (superficielle et ennuyeuse).
AATOS

(l'énergie phrastique)
Une seule phrase harmonisée par un prosateur doué emmagasine une énergie supérieure à trois doubles pages de Murakami. J'ai du mal avec les écrivains dont la langue n'engrange pas un bon quantum d'énergie en continu mais vous fait la promesse d'éruptions structurelles massives aux points culminants de l'intrigue. Il n'est à ma connaissance pas possible de provoquer d'éruptions véritables si la langue n'a pas activement accumulé d'énergie en cours de route.
LE CALEPIN DE MIRVA

p. 74
Quel poème écrirais-tu pour ton enfant défunte ?

Écris ce livre comme si tu l'écrivais pour ton enfant défunte.

À la réception du Park Hotel à Turku, Holm inscrit sur le registre, par inadvertance, leurs véritables noms, à lui et sa maîtresse. Quand ils consultent le reçu dans le train, on dirait un document tombé d'un monde parallèle ou du firmament.
TIA

(le désir nostalgique)
Tout a été dit sur la nostalgie désirante. Tout le monde l'éprouve de la même manière et elle est décrite à l'identique dans toutes les œuvres de fiction. Le sentiment de ce désir ne se partage pas cependant. À l'évocation de ce désir, l'auditeur s'ennuie rapidement. On dit qu'on s'en défait avec le temps. Un jour, tu te rends compte que tu l'éprouves moins.

Le livre que je suis en train de lire le compare à une maladie. Un seul baiser ivre peut suffire à vous transmettre l'agent infectieux. Je connais une personne qui, en cinq ans, ne s'est pas défaite de l'espoir infondé qu'a fait naître en elle un baiser échangé dans l'ivresse.

Peu de gens savent que ce désir peut avoir plus de réalité que les lois de la nature même. Dans une scène, Jan Holm reconnaît la voix de son amour perdu, écho d'une île toute proche. Il entend une guitare, des chants et des rires. Un feu flamboie au milieu des arbres. Cette chanson familière, sa maîtresse la chantait à la table d'un Airbnb en s'accompagnant d'une guitare trouvée dans un placard. Jan Holm entre dans l'eau, qui commence par lui monter aux chevilles, puis se met à le porter. Il marche sur l'eau en direction de cette chanson qu'il a si souvent écoutée sur son téléphone. Il croit comprendre que tout n'était en fait qu'une préparation à cet instant. Tout va s'achever de manière sensationnelle.

Mais lorsqu'il atteint le rivage, cette chanson n'est plus la même et la chanteuse prend une voix étrangère.

Le voici alors seul sur l'île, espionnant des inconnus au milieu des arbres. Il pourrait aussi bien retourner dans l'eau pour s'y noyer.

Il se donne du courage malgré tout et s'approche. Il s'installe autour du feu de camp et raconte qu'il est venu jusqu'à eux en passant sur l'eau. Le couple de jeunes amoureux enveloppés dans une couverture écoute son histoire, les yeux flamboyants, et croit vrai chacun de ses mots.

VEERA

Instant magnifique que celui où l'on comprend qu'il n'y a rien à faire.

KLAUS

Pour moi, les rendez-vous avec les gens sont des adieux. Non que j'aie peur de mourir ou un truc de ce genre. Les gens sont juste tellement épuisants, égocentriques, collants, manipulateurs, profiteurs. J'écoute, je bois une lichée de café, je continue d'écouter, je me dis que je ne les reverrai plus jamais. Ma vie prend une nouvelle direction où aucun d'eux n'a rien à faire. Je suis en partance. Quand je prends le taxi, je joue à être un astronaute qui partira en mission la semaine suivante. Je fais mes adieux. Je boucle mes affaires. Je clos mes comptes, je résilie mes contrats. Je vais bientôt partir d'ici.

MINTTU

Nous sommes tellement privilégiés que nous n'allons plus montrer nos têtes dans les fêtes : on y croise trop d'emmerdeurs. Nous gagnons autant que n'importe quels travailleurs indépendants diplômés du supérieur alors que, jour après jour, nous faisons de l'art. Nous avons mis les outils de production dans notre camp. Tout le monde veut nous aider à la création. Nous récompenser. Quand nous aurons tout obtenu du système, nous subviendrons à nos besoins en faisant des publicités et des investissements à risques.

Nous buvons et nous nous prenons le bec chez nous de préférence. Les femmes jeunes, sympas, sont les bienvenues, elles ont de bonnes visions. Les gars, nous n'avons besoin de rien venant de leur part. Leurs visions ne nous intéressent pas.

TERO

(vers une prose naturelle)

Leur maniérisme, autrement dit leurs erreurs et étourderies les plus tenaces, distingue les écrivains les uns des autres. Rares sont ceux capables d'écrire une prose de bon aloi et naturelle qui ne soit pas hérissée de bizarreries et ne serre pas aux entournures.

Jan Holm a, lui aussi, son maniérisme. La densité de sa prose varie. Cela trahit certes un défaut de peaufinage, mais je l'inscris au registre du maniérisme. Les essais de Ken Rouvali sont exemplaires d'une prose à la densité standardisée. La pondération des phrases de Rouvali est l'effet, en sus du style, de réflexions pondérées qui n'aspirent pas à une singularité à tout crin. Sa prose et les pensées qui y sont brodées s'équilibrent d'une manière apaisante. La densité d'Holm varie, quant à elle, considérablement et ses phrases sont par endroits tiraillées par les frictions et les crispations. On ne s'étonnera pas que leur contenu aussi comporte plus de tensions et de tâtonnements que chez Rouvali.

S'il entend devenir un maître, Holm devra tailler dans la fibrosité de sa prose. Rouvali ne pourra cependant constituer son idéal, Holm ayant davantage de ressource pour une pensée plus spécifique. Il se peut, bien sûr, que la prose optimiste d'Holm ne soit en définitive que le paravent d'une pensée manquant de clarté, qu'il ne s'agira pas tant de clarifier que de reconduire à d'ordinaires cogitations.

VESA

(la ceinture)

J'ignore d'où l'idée m'est venue, mais je viens de découvrir qu'une ceinture munie d'une boucle massive ferait un excellent moyen d'autodéfense, une fois celle-ci aiguisée comme une hachette ou un couteau japonais. Avec un peu d'entraînement, il suffira de quelques secondes pour la retirer et la transformer en une arme destructrice.

MINTTU

« Cultive tous les plaisirs que tu peux retirer d'une voiture. Ne réfléchis ni aux causes ni aux raisons. Certaines choses réjouissent notre être, d'autres non » (p. 202).

RAUNO

p. 278

La vieille Toyota du metteur en scène était une anomalie au milieu de la circulation, on l'aurait dite sortie d'une autre époque ou d'une autre esthétique. L'habitacle était rempli d'une fumée au milieu de laquelle on pouvait, non sans mal, distinguer le metteur en scène grisonnant tirant sur sa cibiche. Arrivé au niveau de la pizzeria Mamma Rosa, il s'arrêta et me fit signe de monter. Je m'allumai une cigarette aussitôt, même s'il n'y avait pas long jusqu'à Pasila et que je venais déjà de m'en griller une. On racontait que le metteur en scène disposait, il y a encore peu, de sa propre baraque dans la cour intérieure du complexe médiatique d'Yle, la radio-télévision nationale. Si sa voiture venait d'un autre monde, tel était aussi le cas de son bureau, à ce que j'avais ouï dire. Certains d'entre nous s'adaptent au monde, d'autres se querellent avec lui, mais les plus géniaux y transportent leur attirail. L'échange de politesses fut réduit au strict minimum. On se mit immédiatement à bosser sur le script. Ce qui voulait dire : fini de parler. Les idées se développaient dans le silence, dans l'au-delà des mots.

De temps à autre, nous travaillions à Rytmi. Il était agréable de rester sans rien dire au milieu des gens. Nous buvions des bières à la bouteille et du brandy Jaloviina. Nous réfléchissions. Un jour, le serveur crut que le metteur en scène voulait commander un *latte*. Le metteur en scène n'avait jamais entendu parler d'une boisson pareille. Nous fumions devant l'entrée du bar, sous les flocons de neige fondue. Le film sur les porteurs de cercueils resta lettre morte. On avait peut-être fait juste ce qui suffisait. La pièce radiophonique aboutit et marcha bien. Je l'avais écrite avec une idée simple en tête : les bonnes situations suffisent.

Quand je note une citation, je me dis rarement que j'aimerais me renseigner davantage sur ce point, mais plutôt : tant mieux qu'une histoire ou un monde comme ça soient bien à leur place, déjà tout écrits et loin de moi.

SEIJA

(le film finlandais le plus sanglant)
Mon film sur l'histoire de la chirurgie cardiaque raconte l'histoire sanglante d'hommes obstinés. Il est rempli d'enfants et d'animaux morts.

L'inventeur du cathétérisme cardiaque faisait entrer en fraude à l'hôpital des chiens qu'il avait préalablement drogués à la morphine, par sacs entiers, pour procéder à des actes médicaux sur eux. Il réalisa le tout premier cathétérisme sur lui-même, en introduisant un cathéter le long d'une artère jusqu'aux cavités cardiaques. Son geste fut considéré comme une tentative de suicide.

L'inventeur de la machine cœur-poumon perdit la foi dans son appareil après des décennies d'efforts de conception. La dernière goutte, ce furent quatre petits enfants que la machine tua successivement.

Ces actes étaient graphiques, brillants en termes dramatiques, il y était toujours question de vie et de mort, et de l'avenir de l'humanité. Ainsi, bien sûr, que de gloire et d'honneur.

Mon film est, haut la main, le meilleur jamais réalisé en Finlande. Si belle est la couleur du sang, si amère la mort des enfants et si grande la passion des protagonistes.
ELIAS

L'écriture de scénarios est tellement basée sur les allusions qu'il est parfaitement oiseux de considérer les films dramatiques comme des œuvres d'art distinctes les unes des autres.
JUAN

La Rolex est, en tant qu'objet poétique, inégalée. On ne s'y fait jamais. Année après année, on n'en revient pas de la voir à son poignet, on est médusé, on en jouit, on en a *honte*. C'est une réserve d'énergie inépuisable. Il ne s'y associe que des connotations imbéciles, mais c'est l'unique montre raisonnablement chère qu'on peut, sans inquiétude, faire figurer au bilan de son entreprise.

La Rolex n'est pas un objet de consommation conforme au groupe social de référence d'Holm. Son surplus d'argent devrait lui servir à voyager. Des personnes qui possèdent des maisons, des chalets à la campagne, des voitures et prennent l'avion plusieurs fois par an viennent exprimer leur indignation morale devant la Rolex d'Holm. Il n'obtient pas une once de compréhension supplémentaire en leur expliquant qu'il n'a pas pris l'avion pendant trois ans, qu'il a économisé pour se l'acheter. Rien n'y fait, Holm aura beau leur dire qu'il l'a acquise d'occasion et que cette même montre sera au poignet de quelqu'un dans cent ans encore. Peine perdue, de souligner que sa montre est, en fait, une épargne : sa valeur augmente de 10 % par an.

La Rolex, comme la poésie, est une trahison à l'égard de la banalité, luxueuse et écologique. Son assemblage prend une année entière. Son fabricant est une fondation qui fait don de tous ses bénéfices à des personnes dans le besoin.

On ne voit pas de Rolex aux poètes finlandais. Devenir poète est une activité si chronophage que vous n'avez plus le temps de chercher des fonds pour une Rolex. Sinon, les poètes, précisément, s'en achèteraient.

VEIKKA

Sur le vidéoclip, un officiel interroge un jeune qui vient de commettre la tuerie scolaire la plus meurtrière des États-Unis. Je n'ai jamais vu quelqu'un d'aussi agité. Chaque gueule de bois trouve une issue dans le repentir et la pénitence, mais lui, l'univers lui a fermé toutes les issues. Il se tuerait sur-le-champ s'il le pouvait, mais ce serait pour se réveiller aussitôt dans cette même pièce blanche. Il est impossible d'échapper à certains actes. Le jeune a été habillé avec des vêtements d'hôpital blancs. Il se trouve dans le lieu le plus sûr du monde parce qu'il vient de faire de son établissement scolaire le lieu le moins sûr du monde. Le silence des couloirs de l'école se ramifie en cauchemars partout sur la planète. Certains s'arrêtent avec leur poussette au milieu d'un paysage enneigé. Ils n'en peuvent plus.

Enfin, c'est ce que je fantasme en regardant ce long interrogatoire filmé. On pose au jeune des questions techniques simples, un expert de l'esprit humain appartenant à l'élite mondiale observe ses mécanismes de défense et prononce des paroles fondées sur des connaissances issues de la recherche. Le professionnel appartenant à l'élite mondiale s'est mis en extériorité par rapport à la situation. Au fin fond du tréfonds de lui-même, il doute sûrement autant que moi : est-il bon que je sois à proximité de cet individu, que je prenne part à cet événement, que je passe du temps dans cette ambiance frénétique ? Tous les autres sont ailleurs, tous sauf moi. Mes limites sont-elles suffisamment étanches et suffisamment poreuses, mon cœur est-il assez engourdi ou assez ce qu'il est censé être ? Tout, dans ma vie, ne se fonde-t-il pas précisément sur une séparation d'avec ce genre d'énergie ? Pourquoi ai-je décidé de m'exposer à l'ordure ? Est-ce que je crois que je vais m'en sortir avec les honneurs ? Qu'on écoutera ce que j'aurai à dire au déjeuner du dimanche, qu'on respectera mon silence, que mon sourire parviendra à destination ?

PIELA

Le sarcophage de ses bonnes actions.

(rencontre inopinée avec un écrivain)
J'ai vu Jan Holm en train d'écrire à la pâtisserie Fazer de la rue Topelius, aujourd'hui. Je ne sais pas si cette péripétie me plaît. Ce serait bien que les personnages restent dans les pages des livres. En plus de quoi, toutes mes rencontres avec des artistes ont été des déceptions.

Jan Holm engloutissait un café géant, l'air sévère, quasi en colère, et sa jambe gauche tressautait. Ses sourcils étaient noirs et vifs, ils frémissaient et se fronçaient sous les mouvements des mots qu'il scrutait sur son téléphone. J'ai eu l'impression qu'une conversation avec lui tarirait en une seconde, et que je ne trouverais rien pour la relancer.

Malade du cœur, non, il n'en avait pas l'air. Son visage montrait peut-être une certaine pâleur, les traits tirés par le manque de sommeil. Son sweat bleu foncé Kenzo avec un tigre était usé et légèrement trop petit.
MINTTU

($3^{1/2}$)
J'adore les trois heures et demie. Il y a encore trois heures et demie avant l'arrivée des invités. Dans trois heures et demie j'irai chercher les jumelles à leurs activités extrascolaires. J'ai écrit pendant trois heures et demie aujourd'hui. J'ai trois heures et demie à passer avec toi. J'entame mes trois heures et demie de solitude, je m'allonge, je mets les *Sonates et partitas pour violon* de Bach. En chemin pour le wagon-restaurant, je calcule qu'il reste trois heures et demie de voyage.
SIRI

« La pluie non plus ne se partage pas, qui fait tambouriner ses premières gouttes sur le toit de ma cabane » (p. 37).

La bonne vieille notion de corrélat objectif n'irait-elle pas ici ? La littérature se produit en un point qui est commun à l'auteur et au lecteur.

Le fait que le souvenir de sa propre cabane ne se transmet pas comme tel n'est aucunement un défaut, mais une des propriétés les plus magnifiques de la littérature : cette cabane, on la construit ensemble.

EVELIINA

(deux convalescences)

Il y a deux manières de se remettre d'une opération du cœur.

La rapidité avec laquelle le patient se retrouve sur pied après avoir eu le sternum scié et le cœur incisé ne laisse pas d'étonner. Le jour même, le voilà assis au rebord de son lit de réanimation en train d'effectuer des exercices de respiration, on le fait souffler dans une bouteille d'eau avec un tuyau, tousser dans un coussin. Le lendemain, il va prendre sa douche par ses propres moyens.

La seconde convalescence prend du temps. Une opération cardiaque est une attaque d'ensemble qui maltraite tout l'organisme, à laquelle les médicaments mettent la dernière touche. Le patient se découvre de nouveaux symptômes, atteintes et motifs d'inquiétude des années après encore.

Jan Holm perd la vision d'un œil au beau milieu d'une pause café. Là où se trouvaient la pièce et les gens, il n'y a plus qu'une tache gris foncé.

Il est tout de même réjouissant que le cœur soit toujours plus fort et capable de porter le corps au sein de ce spectacle merveilleux où tout peut arriver à chaque instant.

PERTELL

Sois toujours obligeant, car ton énergie restera éternellement ici.

« Adolescent, je détestais toute la musique commerciale, et je ne peux toujours pas écouter sérieusement U2 ou Nirvana. Pour moi, il était important que Bowie soit Lester Bowie et, parmi les Taylor, je choisissais Cecil sans me poser de questions » (p. 129).

Je dirais pour ma part que tous les succès commerciaux ne sont pas le résultat des manigances de gros pleins de sous. Il existe aussi un art si important que le monde entier s'en empare sans peine.
KASMIR

p. 324
Quatrième nuit après l'opération. J'ai enfin atteint un état dans lequel j'ai égaré les derniers restes de moi-même. Dans ma tête déferlent des pensées et des souvenirs auxquels je ne me fie pas. Ce sont les souvenirs de pensées ou de rêves antérieurs que je n'arrête pas de refaire parce que je suis à peine réveillé. Pour l'heure, j'ai quitté mon lit. J'ai peur de la psychose. J'ai laissé la porte coulissante de la salle de bains ouverte, le néon donne une faible lumière. Le jaune turbide déversé par les fenêtres provient des lampadaires de la rue Pacius, qui se reflètent sur le sol emboué de neige. Je contemple ce brouillard d'hiver et me dis que je pourrai demander de l'aide en appuyant sur le bouton dès que je le voudrai. Voilà l'impression qu'on a dans un vaisseau spatial, de s'éloigner toujours plus de la Terre et du Système solaire. La folie est une planche de salut. On compatit avec une personne en détresse, mais on se souvient plus rarement qu'une personne en détresse se trouve dans un état

de confusion ou de sidération. La majorité des patients de cardiologie ont un syndrome confusionnel. C'est un état caractéristique des vieillards. Comment pourraient-ils tenir le choc en effet, alors que, même moi, je suis d'une telle fragilité. On m'administre un fort traitement à base d'oxycodone. J'ai des hallucinations, mais mes pensées délirantes sont encore pires. L'infirmière de garde cette nuit déteste les gens malades. Les soignants sont, en majorité, formidables. Je n'oublierai jamais leur amour. L'un d'eux m'a arrêté dans la rue et dit qu'il pensait à moi. Il ne s'était occupé de moi qu'une seule soirée, il y a longtemps. Cette pensée est pleine de chaleur et d'humanité. J'ai bien peur que la situation ne change maintenant.

Les soignants s'avançaient à l'arrière des fenêtres, leurs tasses de café à la main, bavardant ensemble.

Les soignants s'avançaient en arrière des fenêtres, leurs tasses de café à la main, bavardant ensemble.

Les soignants s'avançaient par-derrière les fenêtres, leurs tasses de café à la main, bavardant ensemble.

Les soignants s'avançaient par l'arrière des fenêtres, leurs tasses de café à la main, bavardant ensemble.

etc.

etc.

etc.

JOONAS

À l'hôpital, Jan Holm subit la première dépression de sa vie. Le médecin suppose que c'est un effet de l'oxycodone. Tout, absolument tout, lui paraît soudain frivole et factice. Comme ce fauteuil d'hôpital est mal dessiné, et quelle bassesse dans ce faux plafond. Il réalise à quel point

la musique de Bach est bête et flagorneuse. Tout ce qu'il pense lui donne envie de vomir. Chaque pensée est une arnaque complète.
SANNI

J'avais une petite amie que j'ai jetée parce qu'elle était méchante avec moi et me frappait. Je l'ai revue aujourd'hui, sept ans après. Elle avait le même air incrédule et les mêmes habits que quand je l'avais quittée. Ses boucles d'oreilles en bois aussi étaient les mêmes. Sept ans, le temps que les filles mettent à ressembler à leurs mères, ce n'est qu'un jour, en réalité.

Je me suis demandé : et si je l'embrassais, maintenant, et si je reconnaissais m'être mal comportée avec elle, l'avoir torturée pour rien ?

La vie est affreuse. Si tu es ouverte à l'amour, tu laisseras probablement derrière toi des cadavres et des morts-vivants, des saletés que le vent emportera et que tu te prendras dans l'œil au moment où tu t'y attendras le moins.
MINTTU

p. 238
Alors que la sonnerie du réveil retentit sur mon téléphone, je prends pour la première fois conscience que le livre va vraiment être lu par des gens. L'information va revenir aussi aux oreilles de l'actrice par un biais ou un autre : il existe un roman auquel elle est mêlée.

Je prépare ma défense, étayée sur l'idée qu'aucun lecteur ne pourra faire la part du vrai et de l'invention dans ce que je raconte. Je me prépare à dire que je ne le peux pas toujours moi-même car le travail d'écriture a embrouillé les choses dans mon esprit.

Mon agitation ne se dissipe pas.

Je teste mes arguments en préparant le café : si aucune honte n'était associée au texte, celui-ci n'aurait sans doute pas grande valeur. Seul ce qui demande du courage peut avoir de la valeur. (Ai-je même été courageux ?) Quand on se sent mal à l'aise, c'est le signe que le livre recèle de l'énergie. D'ailleurs, en général, le malaise est bénéfique.

Si le livre est bon, comme je l'envisage, ce pourrait même être un honneur de compter parmi ses personnages. Est-ce que je le penserais moi-même ? Possiblement. Probablement. Beaucoup de gens souhaitent laisser une trace dans le verbe imprimé, mais il y en a aussi qui espèrent que le vent effacera tout sur son passage. Ce serait du déni, de croire qu'être mêlé à un bouquin poussiéreux et défraîchi empilé dans un vide-greniers constitue une trace enviable. Une tache, peut-être.

Lorsque le café est prêt, je me dis : je lui fais peut-être bien trop d'honneur. Au moment où j'écris, pas un seul sentiment en rapport avec elle n'est actif. Elle a en outre montré sa fourberie envers notre amitié. En définitive, il s'agirait bien plutôt que j'aie décidé d'écrire sur une période donnée et qu'elle se trouve en faire partie. Ou alors, c'est de tout autre chose qu'il est question.

Un bon écrivain sait aussi soigner les sentiers de la mécompréhension.
JOEL

Quel ouvrage singulier. Une soirée constituée d'insinuations. Une soirée prolongée en racontars le lendemain. Des personnages s'échafaudant sur des rumeurs.

p. 223

Une vidéo sur laquelle des croyants inquiets écoutent *Stairway to Heaven* à l'envers – passée à l'envers. Qu'aimerais-tu qu'on mette à l'envers : la chanson ou le monde autour d'elle ?

J'ai vécu mon enfance et ma prime jeunesse dans un monde où vivait aussi Satan en chair et en os.

Ma voiture a besoin d'une recharge d'électricité ou d'essence. Nous prenons à gauche dans Mäkelänkatu et rejoignons la station Shell du quartier de Käpylä.

La boutique sent le hot dog. Les chauffeurs professionnels boivent un café à une table de bar, leurs paquets de cigarettes devant eux. Une vie qui n'a pas changé depuis des décennies, à laquelle je n'ai pas accès. Une alimentation à haute densité énergétique. Les constats laconiques, lancés comme des boutades. Les jeux à gratter. Un quotidien dicté par un destin prédéterminé, la tranquillité face aux bouleversements du monde. La sympathie pour les petits phénomènes de la vie. Le décès d'origine cardiaque qui vous attend demain.

Et si j'arrêtais cette activité de taxi qui ne rime à rien et allais plutôt prendre le café à Tin Tin Tango comme le font les veuves ? L'équivalent de leurs petites sociétés ne doit pas exister ici-bas pour les veufs de mon espèce, et on n'entre pas comme ça dans la compagnie des veuves. Leurs conversations n'en sont pas moins agréables à écouter. Elles donnent parfois l'impression de n'avoir commencé de vivre qu'à partir de leur veuvage. Concerts, dîners, clubs de lecture.

Les veufs sont des raretés, des êtres bizarres qui attendent la mort à l'endroit même où ils ont joui de la vie.

RAUNO

(les maîtres silencieux)
Comment se défendre contre un maître, s'il n'existe pas d'enregistrements des interprétations dudit maître ? On compare mes performances aux plus éblouissantes du maître, que chacun peut s'imaginer encore et encore, toujours plus grandioses.

Les œuvres de Kristian Smeds datant des années 90 restent gravées dans les mémoires comme des chefs-d'œuvre. La dent du temps n'y mord pas, contrairement à la littérature elles sont sempiternellement neuves et capables de se renouveler, elles n'ont de cesse de sauver le théâtre finlandais.

En ce qui concerne les écrivains, leur pertinence se vérifie en les feuilletant. Chaque jour, *le temps* défait un nouvel écrivain. Les seuls chanceux sont les manuscrits perdus ou les auteurs qui se sont tiré une balle assez tôt.
VESA

J'affirme que *Réception céleste* n'aurait pas été écrit si la culture littéraire était dominante. Les fétichistes de l'espèce d'Holm gravitent toujours dans les marges. Si le verbe était plus puissant que les jeux et les séries, Holm n'aurait sans doute pas trouvé la voix pour ses ressentis intimes dans la littérature. Les sentiments isolés exigent un média isolé, marginalisé.

Il est important de conserver la littérature dans les marges car la littérature la plus importante naît toujours dans les marges. Plus la passion de lire se répand, plus les choses se détériorent.
TARU

(l'amour)
Deux anges cyborgs soignent Jan Holm en réanimation.

« Ce n'est pas une métaphore. L'un était chauve, l'autre avait les cheveux qui ondulaient comme les ailes d'un ange et en était au dernier stade de la grossesse. Tous deux arboraient un sourire béat et aimaient tout ce que j'étais. »

Holm raconte qu'ils lui donnent profusion de médicaments, fentanyl, oxycodone, morphine.

« Quand on m'a retiré les drains, c'était comme si on m'essuyait le ventre avec une serviette chaude. J'étais entouré d'amour comme un soldat blessé transporté depuis la constellation de la Grande Ourse ou des entrailles d'internet. »

« Autrement, la réanimation était un endroit effrayant. Les gens fonçaient, me passaient devant à la vitesse centuple, on se querellait bruyamment quelque part, j'avais peur que ça ne dégénère en violence sans que je puisse me défendre. Le service était sombre, même noir, les patients étaient séparés les uns des autres par des rideaux, comme dans un ghetto dystopique. »

« La seule chose que je pouvais mendier était de l'eau. La pénurie était atroce. J'avais le droit de sucer un glaçon à la fois et dès que j'en avais terminé un, j'en mendiais un autre » (p. 202-203).

JEMINA FROM WOLT

On m'a demandé sur quelles bases je modérais les contributions. Certains ont eu l'impression d'être traités de manière injuste, il y en a même qui parlent de censure. Je fais une réponse rapide.

La raison principale de supprimer des contributions est qu'une contribution identique ou presque a déjà été postée.

Pour les citations, mes décisions sont plus subtiles. Le passage cité doit fonctionner comme un texte indépendant. Il doit avoir un poids en idée, en image ou en syntaxe. Il doit se rapporter aux autres citations de manière intéressante. Pour rappel, dans le cas où une œuvre ne parvient pas elle-même à communiquer in extenso, ça laisse au modérateur une responsabilité énorme. En plus de cette responsabilité, je porte celle de la promesse que j'ai faite de prioriser la réception dans la construction de la réalité fictive.

J'ai essayé, quand j'ai trouvé le temps, de réduire autant que possible le nombre de contributions mentionnant les personnes par leurs vrais noms, que ce soient des célébrités ou M. et Mme Tout-le-Monde. Mon idée pour le moment, c'est que je ne veux pas mettre l'accent sur cette dimension, mais plutôt sur les idées et le sujet.

Mais avant tout je veux quand même me concentrer sur tout ce qui est de l'ordre de l'automatisation, donc sur les contenus qui se propagent dans l'œuvre sans qu'on s'en aperçoive. Sur tous les biais d'opinion que véhiculent e.a. la grammaire, les conventions de la prose traditionnelle ou expérimentale, etc. Tu ne peux pas apporter un galet sur une table de cuisine sans rapporter de la terre, des microorganismes et toutes sortes de propositions acrobatiques.

Un truc de ce genre, ce serait qu'une personne connue soit par principe plus intéressante qu'une personne ordinaire, ou qu'un texte chargé de tension soit en tension, ou que le fait de dire une chose au sujet d'un personnage élimine la possibilité d'en dire une autre. Maintenir l'intérêt global est ma responsabilité la plus importante. La manière dont ça arrive est le résultat d'un échange qui demande une sensibilité linguistico-littéraire. La répétitivité par exemple n'est pas en elle-même un élément qui accroît ou réduit l'intérêt. Pareil pour l'identité contenancielle. Les niveaux de résistance et d'approbation de la réception bougent en fonction de l'heure, du jour et du mois. Il faut sentir les tendances. Il faut savoir ventiler et concentrer, on peut détruire les contenus aussi bien en ventilant qu'en concentrant.

LA MODÉRATRICE

(la gueule)

Je prie Dieu qu'Il me tue maintenant tout de suite. Je prie Dieu qu'Il tue tous les êtres qui me sont chers là tout de suite. Je prie le Tout-Puissant qu'Il utilise ce qu'il faut de Sa toute-puissance pour arrêter mon cœur. Maintenant.

Rien ne se passe. Rien ne se passe. Puis le soleil décline.

Au matin, j'ouvre les rideaux. Le chariot électrique du facteur est dans la rue. Il se peut donc que le facteur se trouve de l'autre côté de ma porte, derrière moi. Là tout de suite. Le facteur est derrière moi. Maintenant. J'écoute sa respiration haletante. Je reste immobile jusqu'à ce que je l'entende repartir, le voie sortir par la porte de notre cage d'escalier et pousser son chariot. Je me dis que les lettres sont ce qu'elles sont, on ne peut pas les changer. J'ai juste à espérer que la vilaine lettre, la lettre de refus, la fausse lettre d'acceptation tombe non par le bon clapet de boîte aux lettres mais dans l'escalier où les filles la ramasseront et, l'ayant ouverte, la brûleront avec leur briquet. Je n'ai pas de nouvelles des filles. Je leur ai préparé des hameçons affûtés chimiquement. Je jure que ma boîte aux lettres fait plus mal que la gueule d'un chien ou un traitement du canal radiculaire.

VESA

Le dimanche, j'ai pris l'habitude d'écouter du Stockhausen. Quelle solitude, être en avance sur son temps en 1951. Un temps qui n'est toujours pas arrivé. Sa musique est la même aujourd'hui qu'à l'époque, il y a soixante-dix ans. Elle n'a ni vieilli ni rajeuni.

En l'an 2400, aucun participant à un sondage de rue ne s'enthousiasmera pour Stockhausen. L'attente se poursuivra.

Stockhausen a souvent fait référence à Sirius. Peut-être qu'on découvrirait sur Sirius un antique compositeur dont le grand œuvre du futur concorderait parfaitement avec notre temps.

TEUVO

Seuls les gens moyens appartiennent à une génération. Les personnes intelligentes ont toujours eu, à travers l'histoire, des difficultés à s'emballer pour les trucs communs, et donc les meilleurs trucs ne sont jamais des trucs générationnels. Pas une seule des œuvres d'art majeures ne représente son époque.

JOHANNES

Grandeur de Jeff Porcaro. Écris à son sujet, un jour. Dramaturgie de la ligne de batterie.

p. 55

J'appris ultérieurement qu'on m'avait fait une échographie en salle d'opération, en passant par l'œsophage. J'ignorais que c'était une procédure de routine.

Je ne parviens pas à me défaire de l'image de moi gisant, sans défense, on vient de me suturer le thorax, on introduit une sonde dans ma gorge.

Ai-je jamais été aussi impuissant qu'en cet instant? Comment cela a-t-il pu m'arriver? Je repense à moi en train de jouer de la batterie dans le sous-sol de mes parents. J'ai trimballé cette idée partout avec moi.

On croit souvent que les choses s'améliorent, deviennent plus faciles lorsqu'on en parle ou qu'on écrit à leur propos. Je me suis rendu compte que les images qui nous marquent le plus ne sont jamais soumises à examen. Elles cumulent seulement de nouvelles strates interprétatives, des points de vue qui les renforcent et leur confèrent davantage de réalité; rien ne les dépossède de leur fraîcheur et de leur prééminence. Maija avait moins de trente ans lorsqu'elle eut une liaison cachée. Il est encore des nuits où je sursaute sous le choc des images qui éclatent dans mon esprit. Je me rappelle en même temps que j'ai ma part dans les souffrances équivalentes d'autres gens. Comment se fait-il que je ne compatisse pas? D'où me vient cette facilité à me dire que les sentiments d'autrui sont différents?

Le passage où l'écrivain évoque sa convalescence privilégiée m'a fait réfléchir à la peur de l'anéantissement. Si la peur de tout perdre, la peur de la destruction totale susceptible de tomber à tout moment dans votre boîte aux lettres n'existait pas, toute personne privilégiée serait plus libérale avec un malade du cœur qui prend des drogues en intraveineuse, condamné à une convalescence solitaire. Pour moi, c'est une banalité de penser que, si je donne vingt euros, tout sera désormais conditionné par cette somme. Je ne rembourserai pas mes dettes, je perdrai ma maison et je me retrouverai à la rue. C'est pour cette raison que les gens ne commandent que pour eux-mêmes dans les bars. Ils savent qu'un seul petit malheur suffit à amorcer le cercle vicieux, que les choses les plus minimes prennent imperceptiblement des proportions chaotiques et que la seule différence entre les gens, c'est la nature du cercle, vicieux ou vertueux, qui régente leur vie.

Il faut disposer d'une fortune transgénérationnelle, d'une richesse investie dans des fondations, de l'attestation d'une Grâce divine millénaire pour effacer la peur de l'anéantissement.

VALPURI

L'argumentation n'est plus le cœur battant des conversations. Cela peut être dur à avaler si on a voué toute sa vie à découvrir les zones partagées de la pensée et cultivé des idéaux de cohérence. En lieu et place de l'argumentation, c'est le sentiment personnel, la sainte apparition qui se passe de mots et balaie sur son passage, tel le vent atomique, tout ce qu'il y avait avant.

Quelle beauté de voir le sentiment l'emporter !

MIKE

p. 66

Après l'opération, je fus transféré, à la suite d'une brève réanimation, dans l'unité de chirurgie cardiaque numéro 10. J'avais ma propre chambre. Tandis que j'effectuais, dans le cadre des exercices de marche de ces derniers jours, mes allers et retours dans le long couloir du service (cent soixante-dix-huit pas), j'eus l'occasion à trois reprises, quatre maximum, de voir dans les autres chambres. Des vieillards sans couleurs y étaient couchés. Je venais de passer six jours dans un rêve oxycodoné, observant le mouvement d'avant en arrière du détecteur de fumée fixé au faux plafond blanc où, au cœur de la blancheur, le joint des plaques bougeait aussi.

Le détecteur ne se déplaçait que de quelques millimètres dans ses moments de faiblesse, mais il lui arrivait de passer rapidement au négatif.

Six jours durant, des visiteurs s'étaient succédé auprès de moi. Dès le lendemain de l'opération, dans ma chambre individuelle, j'écoutais une longue conversation entre mes parents. J'étais endormi mais j'écoutais. Ils parlaient d'aller faire les courses, de rapporter une paire de bottes au grand magasin Stockmann, de trouver une place de parking. Avant la collation du soir, servie à huit heures, un loup vint me voir. Je sais maintenant pourquoi le loup est un animal si inaccessible. Il vit précisément dans ce genre de zones frontières.

DANIEL HALE WILLIAMS. Premier chirurgien à avoir pratiqué une opération à cœur ouvert réussie et documentée. Il recousit un cœur en mouvement avec le sens du rythme d'un musicien de croisière. Le patient était un homme à l'agonie, qui avait reçu un coup de couteau au cours d'une rixe dans un bar. C'était en l'an 1893. L'homme vécut des décennies après l'opération mais mourut d'un coup de couteau.

Remarque qui n'est pas dénuée d'intérêt, la personne ayant réalisé la première chirurgie cardiaque de l'histoire appartenait à la minorité afro-américaine.

Il écrit au sujet de Matti Tiisala, de Kalevi Seilonen, de Sirkka Turkka. Quel sens ça a d'écrire de manière autobiographique quand on n'a pas rencontré de personnages réellement importants? Que vaudrait la biographie de Loiri s'il n'y énumérait que des nobodys?
PERTTI

Je ne pratique plus la littérature, pour tout dire, que par l'intermédiaire des critiques de Julia Valakiri.

De la lecture d'un livre médiocre (et je n'ai rien lu d'autre ces derniers temps) je ne retirerai que la médiocrité mais, à travers une critique de Valakari, même cet ouvrage éclairera des recoins de notre monde laissés dans l'ombre, car il aura été promu à une nouvelle mission : servir d'inspiration littéraire.

Les ouvrages les plus rébarbatifs font écrire ses meilleurs papiers à Valakari, la lumière de ses textes illumine les ouvrages soumis à son jugement.

Y aurait-il meilleure manière de rédiger une critique que de comprendre les faiblesses de l'écrivain, de corriger ses erreurs et de rédimer ses chutes ?

SEBASTIAN

Tout en cet être est encore en devenir.

Supprime une par une de ton écriture toutes les limitations de la créativité, qu'elles soient liées au sujet, aux motifs, à l'époque, au lieu, aux personnages, à l'historicité, aux faits, à la morale ou aux sexes.

C'est seulement une fois que ton manuscrit acceptera tout ton texte à chaque journée d'écriture, toutes tes pensées dans toutes les ambiances, c'est alors seulement que tu trouveras la forme de ton livre.

LE CALEPIN DE MIRVA

(la messe de nuit)

En cours de nuit, un homme en sang, victime d'un traumatisme crânien, se présenta à notre campement, il tenait des propos décousus sur le marché des dérivés et l'hygiène dentaire, mais après avoir discuté avec lui un bon moment, nous finîmes par comprendre qu'il avait eu un accident en camionnette, s'était ensuite égaré dans la forêt en courant et était tombé par hasard sur notre campement. Il y a quarante kilomètres jusqu'à la route la plus proche, dit Jantunen, ce gars vient de se faire l'équivalent d'un marathon dans les marais et les fourrés. Voutilainen s'était mis quasiment tout de suite à recouper des branches afin de construire un brancard pour le malheureux. Tout le monde avait un vêtement à donner, avec lesquels Voutilainen confectionna une civière solide. Nous partîmes avec Rahkonen dans la direction indiquée par son portable, nous échangions toutes les demi-heures de côté pour le portage. L'homme somnolait mais il se mit à chanter des chansons bizarres dans le noir. Les grands, c'est ceux qui ont le plus peur, dit Rahkonen, sinon ils n'auraient pas voulu devenir aussi grands. Les chansons commençaient à être de plus en plus troublantes. Elles contenaient des informations tellement personnelles sur la vie de Vartiainen que Vartiainen se mit à vociférer pour couvrir la chanson, c'était le meilleur moyen d'annoncer à tous ceux qui traînaient dans le coin qu'ils n'avaient qu'à venir par ici ! Ça se termina dans les larmes, mais l'homme continuait de chanter, il célébrait sa messe de la forêt obscure. Au moment où l'homme commença à aborder des points sensibles de la vie de Voutilainen dans ses chansons, Voutilainen déclara qu'il pourrait aussi bien mettre le coup de poing final à ce crincrin cassé de malheur. Il dit qu'il avait déjà cogné sur un crâne pour en extraire des informations et qu'il était prêt à le refaire si on menaçait son intégrité. Pour finir, Voutilainen se résigna à son tour. Durant les dernières heures d'obscurité précédant le lever du soleil, ce fut un cortège résigné à son destin qui transporta l'homme qui chantait. La bonne parole du chanteur avait atteint, il y avait déjà un bon moment, le degré ultime de l'épouvante. Il pointa un arbre sur une crête en annonçant qu'il allait tomber, et l'arbre tomba. L'odeur douceâtre de la mort qui émanait de l'homme se répandait partout dans la forêt.

Au crépuscule du matin, nous montâmes sur la route. Au beau milieu de la chaussée, un élan mâle couronné marchait à pas hautains, le long de la ligne continue. Quand il disparut au niveau d'un virage, nous en vîmes un autre arriver. À ce moment-là, nous n'étions plus capables de faire quoi que ce soit. Un automobiliste finirait bien par nous retrouver.

H

Vendredi avant la mi-journée, une croix de la mort est apparue sur le graphique de l'index S&P 500 Futures.

(les recoins sombres derrière les appareils
pour les yeux)

En vérité je vous le déclare, chaque fois que vous l'avez fait à un de ces plus petits qui sont mes frères, c'est à moi que vous l'avez fait.

Je rumine ma vengeance. La semaine dernière, j'ai passé un examen ophtalmologique. J'étais angoissée. Je craignais qu'il n'y ait encore plus de vaisseaux morts par manque d'oxygène dans la zone d'acuité visuelle. J'y voyais mal car j'avais les pupilles dilatées par le collyre. En plein milieu de l'examen, le médecin a quitté la pièce pour consulter un collègue sur ce qu'il avait trouvé (un vaisseau épaissi dans la zone d'acuité visuelle) et je suis restée seule, assise dans l'obscurité, devant l'« appareil pour les yeux ». L'événement suivant, qui peut paraître minime, est la raison de mes ruminations vengeresses : une jeune femme entre dans le cabinet, elle aussi ophtalmologue, elle va à l'ordinateur sans me saluer, moi, la personne assise dans la pénombre. Elle tape sur le clavier dans cette petite pièce en faisant comme si je n'étais pas là ou comme si elle ne m'avait pas vue. Pour m'assurer qu'elle fait bien semblant, je bouge. Elle ne réagit pas. Elle s'occupe d'une chose importante, il s'agit de la santé ophtalmique de quelqu'un et la situation exige toute son attention. Elle ne se rend toutefois pas compte que ces recoins sombres sont justement de ceux qu'il faudrait observer avec la plus grande attention.

Quelqu'un de plus désespéré que moi aurait déjà cherché les coordonnées de cette ophtalmo et l'aurait descendue dans sa maison toute de blanc décorée. Moi, je suis plus raisonnable, même si pas un jour ne passe sans que je ne repense à son dédain. Qu'y a-t-il d'autre qu'elle écarte ainsi dans sa vie ? Je lui souhaite de devenir aveugle. Elle n'a pas besoin de ses yeux puisqu'elle ne veut pas voir avec. En apparence, elle était mignonne et pimpante, elle avait l'air d'un être humain dont on penserait difficilement du mal, à moins de savoir à quoi ressemblent les méchants.

MINTTU

À l'hôpital, je me fourvoie parfois à penser que les soignants sont faits pour moi, que c'est à moi qu'ils sourient lorsqu'ils sourient. Personne, couché dans un lit médical, ne veut se demander combien de patients l'ont précédé dans cette chambre. Combien de cas identiques viendront après lui. La semaine prochaine, je vais être remplacée par une autre et ce sourire qui m'est adressé, c'est un autre qui le

recevra. Si je croise dans le bus l'infirmière que je connais le mieux, elle ne me reconnaîtra pas. Et elle n'aimerait pas que la maladie empiète sur son temps libre. De même, il lui est impossible de s'imaginer dans ce lit à ma place. Elle n'a pas l'intention de tomber aussi bas. Nul n'est plus loin de la maladie et de la mort qu'un membre du personnel soignant. Pour eux, les malades et les mourants sont comme une autre espèce humaine.
SUVI

p. 89
À un moment de la nuit, au milieu de mon sommeil oxycodoné, me mettant debout sur mes jambes dans ma chambre, je compris un fait majeur. Nous ne sommes pas en partance pour quelque part, mais de retour de quelque part. La question n'est donc pas d'embrasser la nouveauté mais de nous remémorer le passé. Nous faisons retour.

L'amour de Dieu est tangible sur une vidéo YouTube où des sourds entendent pour la première fois. Un petit enfant, une adolescente, des hommes et des femmes adultes sont successivement reçus dans le cabinet d'un médecin utilisant une machine révolutionnaire.

Mais de même que toutes les expériences émotionnelles directes, qu'il s'agisse d'opinions politiques ou d'art, celle-ci aussi est une falsification.

Les plaisirs authentiques sont les plaisirs distants, à peine perceptibles ou demandant de s'y roder.
HELENA

p. 276
Les gens dont on déconnecte le pacemaker externe en tirant sur les sondes implantées dans le muscle cardiaque par l'intermédiaire des points d'entrée des drains percés sur leur abdomen, ces gens se font une bonne idée de ce qu'est la pêche. Parfois il faut procéder comme pour un lavaret de deux kilos qu'on sort par un trou dans la glace. Le cœur s'agite dans tous les sens et s'allonge. À la fin, quand on tire un bon coup, la sonde se décroche du muscle. Dans mon cas une seule sur les deux. L'autre ne s'est pas détachée, malgré tous les efforts. On l'a laissée à l'intérieur pour l'éternité.

Lorsque mes troubles de la vision m'ont plus tard conduit aux urgences neurologiques, je n'ai pas pu passer d'IRM cérébrale à cause de ce bout de métal resté en moi. De temps en temps, quand je fais ma gymnastique, je sens la sonde me piquer.

Je n'ai pas d'humeur à partager, je me contente d'exister. Je ne rencontre pas volontiers les autres, sinon je serais obligée de m'inventer une humeur et des opinions pour eux. Seule, je peux les laisser telles quelles. Jan Holm a enseigné qu'un personnage de roman gagnerait à avoir *une situation minimum depuis laquelle il observe le monde.* J'essaie d'inventer à la femme maigre de mon texte un petit ami qui ne rentre pas à la maison. Le texte ne prend pas. J'invente que le petit ami de la femme maigre est à l'hôpital et que la femme attend un appel l'informant de l'état de son très cher. Je n'arrive pas à trouver l'impression que cela ferait. Dans *Réception céleste* il y a un père qui téléphone à sa fille pour la trentième fois, celle-ci n'a plus donné de nouvelles après l'école. Il s'endort son appareil à la main contre la cuisinière en vitrocéramique. La plaque lui brûle le visage et les cheveux.

Ma situation minimum à moi, ce pourrait être que, il y a très longtemps, quelqu'un n'est pas venu chez moi alors qu'il avait promis de venir. Je l'attends sans doute encore, même si je me suis trouvé d'autres occupations au fil des ans. Je fais un somme, je lis un truc, je fume une clope. Je vais aux cours de l'Académie critique. Avec le temps, le manque change. L'absence de l'autre, ce n'est plus qu'un truc extrêmement pourri.

MINTTU

TINTED GLASSES. Lunettes teintées. Maniérisme d'hommes riches, célèbres et vieillissants, qui n'a pas ruisselé sur les couches sociales inférieures. Vous pourrez apercevoir dans le paysage des rues le sac qu'affectionnent les ultrariches, mais pas leurs lunettes teintées.

Les lunettes teintées sont passablement plus coûteuses que les transparentes. Sur le coup, ce ne semble pas être une raison suffisante de les utiliser, mais en y réfléchissant de plus près, peut-être bien que si. Avec les objets de consommation, on achoppe rapidement sur le prix : ce qui coûte plus cher est difficile à obtenir. Les verres teintés sont ce qu'il y a de plus onéreux.

La classe moyenne, quant à elle, veut économiser sur les lunettes, justement. Inutile de chercher des verres teintés chez un opticien discount.

« Robert Downey Jr., Tinted Glasses.

« Bono, Tinted Glasses.

« Johnny Depp, Tinted Glasses.

« Tim Burton, Tinted Glasses.

« Flavio Briatore, Tinted Glasses.

« Elton John, Tinted Glasses.
« Jeff Goldblum, Tinted Glasses.
« Damien Hirst, Tinted Glasses.
« Markus Selin, Tinted Glasses.
« Mickey Rourke, Tinted Glasses.
« Brad Pitt, Tinted Glasses.
« Mikko Alatalo, Tinted Glasses.
« Ozzy Osbourne, Tinted Glasses.

« Pour ces hommes solitaires, le monde est en permanence orange ou indigo. Seuls des lieux triés sur le volet, exclusifs, auront l'honneur de se teinter aux couleurs de ces verres hors de prix. Seules des personnes triées sur le volet auront l'honneur d'être orange ou indigo. Aujourd'hui mon ciel privé est orange. Aujourd'hui ma mer privée est indigo » (p. 79).

Chaque matin je fais la prière d'obtenir plus d'information. Parlez-moi davantage du monde. Plus vite. Le problème n'est jamais l'excès d'information, c'est toujours la monotonie.

Réception modeste

p. 302
J'ai décidé d'écrire sur le cœur parce qu'il nous est commun à tous. Je ne veux pas dire qu'un même organe se déchaîne dans toutes nos cages thoraciques, je parle de la maladie, de la mort et de sa menace liée au cœur. Qui s'y serait dérobé ?

En néonatalogie on a découvert des trous dans le cœur de notre enfant. Jamais le froid de la mort ne s'est insinué au tréfonds de moi comme à ce moment-là. J'obtins un petit avant-goût de ce que le monde a à offrir quand il veut. À côté de cela, ma cardiopathie est presque une joie.

Le cardiologue de la Clinique des enfants nous a dit un jour, comme en passant, que les trous n'étaient plus là, ils s'étaient rebouchés. Sur le chemin du retour, rue Stenbäck, j'y pensais comme à un miracle divin. Je songeais aux gens dévoués, aux poussettes, à la protection, à la vie dans la paume de Dieu.

Je crois que c'est lors de cette journée caniculaire, précisément, que Mirva a eu l'idée des herbes et des tiques. Nous étions couchées sur la pelouse brûlée de Varsapuistikko, le parc du Poulain, et attendions de voir qui de nous trois serait la première à avoir le cœur arrêté par la chaleur. Ma glycémie était élevée et toutes sortes de fourmis, sangsues et coléoptères trouvaient le chemin de ma peau. Les guêpes ne posaient heureusement pas de problème. Le soleil incandescent les dézinguait une par une.

Mirva avait à la main des feuillets froissés, récupérés dans la corbeille à papiers de l'Académie critique. La liasse comptait aussi des esquisses du roman d'Holm. C'était cocasse de se rendre compte que, dans leurs premières versions, bon nombre de textes familiers étaient complètement idiots. L'actrice suédoise avec qui Holm entretient une liaison dans le roman était dans ce premier jet une autrice-compositrice finlandaise, connue de tout le monde, mais parfaitement dénuée de talent et très peu séduisante. La lecture d'un certain feuillet chargé de corrections permettait en revanche de conclure qu'Holm rôdait alors en fantôme dans son livre.

La question de la paix intérieure est tellement tangible à Varsapuistikko, où pourtant la circulation bruyante vous cerne de toutes parts et à une proximité inégalée, que ceux qui viennent s'y allonger courent toujours le risque de s'endormir. Les arthropodes maintenaient notre vigilance en éveil. Ils trottaient de mes jambes sucrées et velues vers Linnea et retour. Linnea a dit qu'elle adorait les nuages de beau temps, elle adorait voir les martinets et les insectes filer dans le ciel en formant une seule et même nuée. Quant à moi, j'ai énoncé le constat, une fois encore, que la météo est un phénomène ô combien superficiel. Je me suis ensuite relevée pour prendre mon matériel de fumette dans mon sac. Mirva avait jeté les feuillets aux quatre vents. Ils faisaient des voltes acrobatiques au milieu des autocars, portés par les courants d'air artificiels, toujours plus loin.

MINTTU

Les jumeaux DP n'étaient pas de vrais jumeaux, même s'ils se ressemblaient considérablement. Tous deux avaient une silhouette longiligne, de la couleur du cuir de vachette tanné. Les cheveux savamment coiffés. Leurs dents avaient la blancheur de dragées de chewing-gum. Beaucoup les auraient habillés en Fendi, mais ils étaient le plus souvent vêtus de vrai Balenciaga, de costumes luxueux et lâches à tous points de vue, qui flottaient dans toutes les directions. Aux pieds, si leurs pantalons laissaient voir quelque chose, ils portaient des boots munies d'étriers.

Tout ce cirque autour des DP avait commencé comme une sorte d'accident. Une chose menant à une autre, comme on dit ; les expressions hypothétiques chuchotées à la faveur de la nuit deviennent parfois contraignantes.

Combien de femmes savent ce qu'est la dualité quand celle-ci se manifeste réellement ? Ce n'était pas une amitié de cœur, c'était plus une unicité, un état sans confessions. Un coin d'où était absente l'ordinaire jalousie comparatrice, dans lequel tout apparaissait dans un soleil sans ombre.

Les jumeaux DP avaient bien entendu le sourire large, du genre à déclencher les radars à *bullshit*, mais ceux qui n'étaient pas équipés fondaient comme de la graisse d'oie. Et en général d'ailleurs, qui a les moyens de se payer un radar en ce moment? Les vingtenaires du sud d'Helsinki? C'était chez les baby-boomers que les jumeaux DP avaient de l'influence, sur l'unique scène où l'extravagance et l'envie d'essayer des trucs étaient encore possibles.

On croisait les jumeaux DP à Teatteri au moins, parfois aussi à Tiger. Ils entraient en discothèque une demi-heure avant le coup de cloche final, en pleine forme. Ils s'avançaient jusqu'au bar dans leurs oripeaux susmentionnés et se commandaient des anges bleus sans vodka. Les barmen reconnaissaient les jumeaux DP et les saluaient de loin, ils leur montraient un truc sur leurs téléphones, et tout le monde se marrait. Les jumeaux DP avaient toujours de la MDA, de la MDPV et de la BZP sur eux, et le personnel s'éclipsait à haute fréquence avec le duo DP dans les espaces les plus cruciaux du club. Parfois le personnel avait du tout prêt à proposer aux jumeaux DP. À ce moment-là, le duo DP restait bien relax sur la piste jusqu'à la fermeture, le prêt à consommer leur était alors apporté sur place. Tout, à partir de cet instant, était très tendre. Antimanipulateur, sans hurlements, sacral.

« Les jumeaux DP, c'est l'homme d'aujourd'hui, me dit le portier de Teatteri. Deux personnes identiques dans une personne identique. »

De nombreuses femmes à l'époque étaient, au moins en théorie, intéressées par la vision du monde mécaniste que représentait le duo DP. Celle-ci contenait une dureté qui donnait une bonne baffe aux conventions de la rupture et du rejet. C'était un monde crédible à partager avec ses collègues de travail et le top du top de la vente.

À l'arrivée, si on s'était embarqué avec le duo DP, ils mettaient sur leur platine Goldmund l'album que tout le monde écoutait, *Loop-Finding-Jazz-Records* de Jan Jelinek.

Qui a lu *Les Tueurs* d'Hemingway ou connaît le film *Funny Games* d'Haneke pense maintenant à ces œuvres. Les jumeaux DP étaient des tueurs, oui, mais les tueurs de tout ce qu'il y avait d'ancien, les géniteurs d'une vie nouvelle, les géniteurs de géniteurs.

Rares sont ceux qui savent ce que ça fait d'être rempli à la manière dont l'entendent les jumeaux DP. Il est difficile de ne pas combler à nouveau les espaces qui se sont vidés : avec de la culpabilité, avec une nostalgie radicale.

C'est bien connu aussi, cette image littéraire, le moment où la Silver Shadow blanche s'efface devant un Uber dans la rue Merikanto, où elle se range derrière une vieille Mercedes comme il se doit sur une route étroite. Les jumeaux DP trouvent ça marrant. Tout est marrant si on est sur son trente-et-un, qu'on a démissionné et qu'on est au milieu d'un projet littéraire.

Le petit déjeuner pris sous la hotte de la cuisinière. Le duo DP en pantalon en lin YSL chipote avec ses omelettes. Une JPS se consume au bord d'une tasse de café. La lumière totale s'engouffrant du dehors est une lumière totale s'engouffrant du dehors.

Et, bien connu aussi, ce moment rare où on réalise, au milieu de sa semaine, en prenant l'ascenseur d'un complexe de bureaux : pas de peines de cœur.

LE CALEPIN DE MIRVA

(l'auteur remercie)
L'ouvrage semble avoir été écrit avec le soutien de la Fondation culturelle finlandaise, qui est le plus gros actionnaire de l'entreprise d'emballage Huhtamäki. Le plus gros client de Huhtamäki est McDonald's, apôtre de tout ce que le monde compte de bon et de beau. S'il se trouve que, pour une raison ou une autre, vous n'êtes pas fan de McDo, il y a à l'évidence de quoi finir par avoir un problème avec ce genre de bourses artistiques.
RIKU

Dans le roman de Jan Holm, l'hôpital est un havre de miséricorde et le berceau d'une vie nouvelle. Quand le sang se remet à circuler dans le bon sens à travers le cœur du protagoniste, sa pensée s'éclaircit et le potentiel du monde se dévoile. Les figures du personnel hospitalier mises en exergue semblent tirer leur vie d'un charme magique. Pour eux, la vie est riche de sens.

Dans le service de cardiologie les hommes sont bavards. Il y règne une atmosphère de premier jour, et la reconnaissance. Quand on vient chercher Jan Holm pour son opération, ses camarades de chambre rechignent à le laisser partir. Il y a encore tant à se dire et à faire. De nouveaux business, de nouvelles expériences, de nouvelles amours.

La langue surdéterminée de Jan Holm excelle dans la description de ce monde enrichi. Elle est tout en nuances et ces nuances elles-mêmes saturées de nuances.
HELSINGIN SANOMAT

En tant que passionné de maquettes en modèles réduits, je suis fasciné par le niveau de détails du roman. Par les précisions minuscules, travaillées d'arrache-pied, qui restent dans

l'ombre. Les sentiers qui font le tour par-derrière. Les trains qui sont éternellement en partance. En tant que passionné de maquettes en modèles réduits, je sais que, derrière les recoins, c'est mort en général : peu de gens se donnent la peine de construire aux endroits qui échappent aux regards.
PANU

p. 129
Chaque année, à la fête de la maison d'édition, le directeur général s'étale sur les histoires, rien que les histoires, les nouvelles histoires et les histoires anciennes, les histoires dont nous avons tous besoin, les histoires que vous, les écrivains, créez, les histoires pour lesquelles nous sommes ici, sans lesquelles il n'y aurait rien, les histoires dont nous aurons toujours besoin, merci pour vos histoires, sans histoires nous ne comprendrions rien à rien.

Assister chaque année à ce même éloge des histoires quand on est poète et ami de la prose non linéaire, aller discrètement se faire servir un gin tonic. En boire vingt.

Les premiers dîners ne furent pas un succès, en ce qui me concerne. J'avais, par méprise, cassé la main d'un éditeur qui me parlait de ma « poigne nonchalante ». Je déteste les poignées de main molles, mais j'ignorais que ce fût à ce point. Je suis encore désolé pour les os dudit éditeur et pour toutes les pertes et souffrances consécutives à mes égarements. Pour tous ces débuts d'histoire qui n'ont jamais vraiment abouti à quoi que ce soit. Ou se sont prolongés, mais c'était moi qui n'arrivais plus à les suivre.

Je préférerais me faire menacer directement de violence plutôt que quelqu'un me soumette au cours d'une situation sociale où je serais incapable de réagir.

Soumettre autrui, c'est toujours quelque chose qu'on fait inconsciemment, c'est pour ça qu'il est difficile d'en reparler après coup. Les gens déchaînés et joyeux, qui sont à tu et à toi avec le monde, piétinent les autres sans s'en rendre compte.

MINTTU

(s'échapper)

Je dois être mort, en fait. Sinon les jours me donneraient une autre impression, non? On ne me tient plus la porte, on se raconte des secrets dans l'ascenseur alors que je peux tout entendre. Un duo d'hommes s'assoit d'autorité à ma table sans demander.

Je me souviens du cinéma Orion dans Eerikinkatu, nous y allions souvent avec Satu. *Un condamné à mort s'est échappé* de Bresson cite ces mots de la Bible : *Le vent souffle où il veut.*

Je ne suis plus au centre de la ville. Tout ce qui m'était important a été démoli. Le vent de mer qui souffle dans Sofiankatu souffle à travers mon cœur. Je savais que cela arriverait, mais je ne savais pas que cela me ferait cette impression. Vivre c'est renoncer, comme dit le dicton, mais le moment de renoncer est encore à part.

Nous roulons dans Pohjolankatu, à Käpylä, nous retournons du nord vers le centre-ville. Dans ce quartier, tout est comme avant. La voiture a remonté la température d'un demi-degré. Elle prend des décisions pleines de sollicitude pour mon client.

RAUNO

(le livre des chagrins)
Existe-t-il une œuvre dramatique qui ne se consacrerait pas pour l'essentiel à la vaine déploration de conséquences fatales ? Le chagrin du moment présent est généralement plus dur que le chagrin de la veille. C'est hier qu'il aurait fallu profiter de sa vie.

Du *Livre des chagrins*, je dirais que, pour un neurasthénique approchant la cinquantaine, cela commence à faire. À chaque jour son tracas et, si ce tracas bénéficie des secours d'une imagination éduquée, voilà garantis souci et souffrance sans discontinuation.

PAOLO

(au loin)
Plus le sujet est dramatique, plus la description doit se faire à distance. Un auteur débutant succombera aux gros plans bourrés d'émotions mais invraisemblables : le protagoniste est assis dans la salle d'attente d'une clinique vétérinaire et un gros chien le tue. La nouvelle se termine à l'enterrement. Dans les bons textes, les événements de cet acabit sont toujours présentés comme un savoir de deuxième ou troisième main. On se remémore une anecdote avec un chien de son enfance, mais on n'est pas certain de ce qui s'est passé. Les événements dramatiques, il faut les écrire à part ou dans la profondeur des structures. Avec ça à l'esprit, aucun sujet n'est trop grand. Le style, c'est la distance.

HEIDI

p. 104
Alors que je la tenais pour quelqu'un de très égocentrique, elle m'a envoyé un nombre plutôt élevé de messages, en

définitive, dans les mille cinq cents. Pourquoi, cette fois encore, je ne le comprends que maintenant ?

p. 156
Après cela, il me montra ses feuillets, il y en avait quatre cents. Je les lus en piochant ici et là. Pas une seule phrase n'allait jusqu'au bout. Il lui fallait encore écrire cette langue jusqu'à la rendre aussi solide que la coque d'un bateau. Que ce soit une langue avec laquelle naviguer, une langue qui supporterait l'eau et les traversées sur les mers.

Pourquoi ce serait un livre important ?

C'est un livre important parce qu'il parle des oiseaux avec une telle beauté et une telle inexpertise.

C'est un livre dense de sens, un ouvrage d'une longueur inédite tricoté une maille à la fois. Je ne vois pas à quoi ce tricot pourrait servir, à moins que je ne trouve un moyen pour que les gens le brandissent pendant un match de football.

C'est caractéristique de ceux qui font du crochet non pour répondre à un besoin pratique mais pour surmonter un traumatisme : ils se retrouvent avec leur traumatisme sur les bras. Un ami s'est rendu compte qu'il avait ainsi fabriqué un seau de vomi. Si un écrivain se contente d'écrire sans contrôler le travail qui prend forme, il ne pourra s'éviter d'écrire un ouvrage ayant la forme de son traumatisme. Il faut prévenir l'écrivain contre cette éventualité. Ledit traumatisme peut s'avérer monstrueux. Dévorer la tête du lecteur. S'échapper du laboratoire de l'éditeur et bouffer les têtes du service communication. Il faut procéder à un travail éditorial approfondi permettant d'expurger la forme traumatique du livre. Un livre important, un bon livre est une cage faite de mots d'où le traumatisme ne pourra s'échapper, mais où il gronde et menace avec des regards furieux.

C'est un livre important parce qu'il est impossible à citer. Tout y est bizarrement mis dans tout. Tout y est aussi bien protégé que le portefeuille d'actions d'une canaille en costume à rayures qui roule sur l'or.

C'est un livre important parce qu'il représente pour moi un gros travail et une consolation. De la maintenance, du soin. Il faut prendre soin des livres importants. Il faut comprendre leur brusquerie. Supporter leurs mauvais matins. Il faut, le cas échéant, laisser leurs anecdotes immatures vous entrer par un œil et ressortir par l'autre. Ils reviendront ensuite vous servir le petit déjeuner au lit. Café, jus de fruits frais, médicaments du jour.

Merde à l'important. Ce sont les chefs qui disent « important ». La rencontre avec l'écrivain était importante. Ces instants, depuis, sont importants. Important *my ass.* De mon cul aussi, quand il a bien retenu (lire ici : traité, mitonné, processé, interprété, lu de près), il sort un excrément important. Tout mon cercle intime se réjouit et jubile. Mon réseau social privé se remplit d'émojis caca.

Cet ouvrage est un pas en avant important dans la carrière de son auteur.

La dimension personnelle ajoute encore à l'importance de l'ouvrage.

La dimension autopubliée n'ajouterait pas à l'importance de l'ouvrage.

Afin d'avoir une importance pour chacun, un ouvrage doit être pluriel et vaste.

Je serais ravie d'avoir davantage d'importance pour toi.

PAULIINA

Ce livre aussi est dédié aux illusions.
PETRUS

p. 321
Première éjaculation dans les toilettes non verrouillées avec le boîtier autour du cou. Expérience bizarre. Comme si mon corps s'était vu attribuer une tâche qu'il ne savait pas exécuter. Sensation de pression diffuse dans tout le corps, peur que quelque chose se casse. Comme si on relançait un système de pompage compliqué après l'hiver sans qu'il y ait de liquide à pomper. Le plaisir se mélange à l'effroi. À l'instant de l'orgasme il faut se livrer à la Miséricorde, jouir de la mort si c'est elle qui se présente.

Aux États-Unis, la religion génère 1 159 milliards de dollars par an. Denise Coates, directrice générale de la société de paris Bet365, gagne un million chaque jour de l'année. Ryan Kaji, huit ans, auteur de vidéos d'unboxing, gagne plus de vingt millions de dollars par an grâce à sa chaîne YouTube. En 2015, Elvis était le deuxième défunt à gagner le plus d'argent avec des revenus de cinquante-cinq millions de dollars sur l'année.
KLEIO

p. 226
Je ne peux pas dire qu'elle me manque, mais que me manque celui que je devenais en sa compagnie. Je n'ai plus revu cet homme. Tous les gens contiennent une certaine version de moi.

p. 44
On laissa le cheval choisir entre la nourriture et la compagnie de l'autre cheval, et il choisit la compagnie de l'autre cheval.

Après l'opération, je suis revenu aux choix les plus naturels de tous. J'ai annulé sept boulots déjà convenus afin de pouvoir passer mes journées auprès des êtres qui me sont chers.

(le bonheur)
Il est clair que l'écrivain Jan Holm se suicide à la fin. Une fois qu'il s'est remis de l'opération, il est plus heureux que jamais et se tue sur un coup de tête. Ai-je mal interprété ? C'est une belle journée. Depuis la passerelle ferroviaire de Linnunlaulu on voit la ville éblouissante de soleil.

« Quand le soleil brille enfin dans le ciel haut, il n'illumine pas seulement tout ce qui est beau, mais aussi le laid et l'imparfait. Le bonheur, c'est que votre mauvaise humeur vous empêche de voir la véritable misère de la vie » (p. 366).
ANNA

Ne me montre rien de bien écrit qui soit le monologue d'une personne renfermée. Tant de textes enclins à la postmodernité sont des monologues de personnes renfermées. Je n'en peux plus. Montre-moi un texte opérant dans le monde et s'ouvrant au monde, exceptionnellement bien écrit. Qui ne soit pas le monologue d'une personne renfermée.
TIMO

(empreintes dans le sable)
Une anecdote célèbre rapporte que Robert Bresson fit venir des animaux sauvages sur un tournage, rendant un regain d'enthousiasme à son producteur jusque-là inquiet : on allait enfin avoir de l'ambiance ! Mais Bresson utilisa les animaux à la seule fin qu'ils laissent leurs empreintes dans le sable. Les bêtes elles-mêmes ne furent pas filmées.

À l'intérieur de la grosse machinerie symphonique de Mahler, on entend jouer une musique de chambre ténue, un violon solitaire dont les centaines de musiciens qui l'entourent écoutent la mélodie. Pour moi, tout Mahler est résumé dans cette idée. Dans ces ressources qu'on n'utilise pas.

Je ne veux pas d'animaux sauvages qu'on envoie courir au milieu des hurlements d'un orchestre gigantesque. Pas davantage d'un roman foisonnant. Je veux les empreintes dans le sable.

MELODY

Il ne faut pas s'étonner que les gens désertent les mourants. Même l'âme la plus aimante reçoit sa force de la vie, pas de la mort. De multiples agents pathogènes sont véhiculés par ceux qui ont visité un lit de mort. Un mourant n'est pas fiable. Il exagère ou minimise. Il prétend connaître la mort, alors qu'il est encore en vie. Ses conceptions sont obsolètes. Ses enseignements trop abstraits, trop synthétiques. « Vis », lui arrivera-t-il de dire. Il a trop de temps, et il dérange le monde avec ses appels téléphoniques. On l'écoute trop. Lui n'écoute personne parce que les récits des vivants ne s'appliquent pas à la réalité d'un lit de mort. Pourquoi faudrait-il être gentil envers le mourant ? Pourquoi surveillons-nous nos paroles ? Il n'emportera pas ses vexations bien loin, puisqu'il va bientôt mourir. Le mourant est là, à dévorer le temps des vivants. À détruire les significations fragiles du monde ici-bas. À brutaliser. À sensualiser. À exotiser. À sublimer. Remplacer son surplus de temps sans qualité par une existence de qualité. Le mourant me fait penser à tous ceux qui nous volent notre énergie et nous amenuisent, à tous ces gens qui vivent de la bonté d'autrui.

Chacun songe probablement à sa mort comme à un événement considérable, à de grands adieux faits à la vie. Personne ne veut voir que partir d'ici, ce n'est pas grand-chose. Pourquoi le dernier jour serait tout d'un coup différent des autres ? Des hommes vigoureux emporteront le corps. Un prêtre prononcera les mots dont il a pu constater il y a des années qu'ils étaient les bons. L'hôpital ne connaît pas les grands finals. Sur son lit de mort, on n'a plus la force d'aimer comme on le voudrait. Le sommeil vous ferme les yeux alors qu'on aimerait encore une dernière embrassade.

TIMO

Voici le parc sélectionné pour y installer des arbres du passé. Aménager des allées et des haltes empruntées à nos années florissantes.

PIIA

Je n'ai jamais considéré Mirva comme une vraie personne avant aujourd'hui, maintenant qu'elle est hors d'atteinte. Je la voyais comme quelque chose d'immense en train de se former, et je pensais que j'avais une chance incroyable : participer à ce prélude grandiose, à ces premiers motifs vagabonds.

Mirva ne s'intéressait guère à elle-même. Elle n'avait

pas d'opinions ou, si elle en avait, celles-ci changeaient. Elle n'avait pas d'apparence. En compagnie, elle pouvait se mélanger aux autres ou rester une complète étrangère. Quand elle les quittait, elle prenait chaque fois la forme d'une personne différente. Tantôt elle marchait courbée, tantôt droite, elle était parfois robuste, parfois svelte. On pouvait la voir dominer toutes les têtes ou faire des grands gestes, masquée par l'écran des dos. Elle était si enchanteresse, des fois, que j'aurais pu lui planter ma langue dans la bouche.

Son texte était affranchi des passions banales comme les rapports de pouvoir, se trouver/trouver sa place, surmonter les défis, les questions d'amour, vaincre ses peurs, l'état d'urgence, la proximité de la mort.

Personne n'avait de pouvoir sur elle, et elle n'exerçait de pouvoir sur personne. Elle chérissait le vacillement des significations.

J'écris comme si elle était morte, alors qu'elle vient juste de commencer de vivre. À en juger d'après ses publications sur Insta, elle est entourée d'amour. Sur une photo, elle fait sourire sa grand-mère. Sur une autre, un homme massif, à l'air timide, s'appuie contre le mur de sa chambre d'hôpital. Sur la table près du lit j'aperçois un Moleskine vert menthe.

MINTTU

(siltasairaala)
Je ne suis pas là pour construire un hôpital mais pour faire quelque chose. Je construis parce que je hais la souffrance. Je veux aider de mes mains autant que je peux. J'accroche des cloisons préfabriquées à une grue et la grue les porte jusqu'en haut. Des trucs simples du monde visible.

Les hôpitaux sont les églises de notre temps. Nous croyons dans les machines et les médecins plus qu'aux sacrements et aux prêtres. Le toit de cet hôpital de cancérologie aussi, il faudrait le voûter. Les meilleurs peintres de fresques devraient être appelés pour couvrir ses murs de leurs visions.

Mon travail est pénible. Le soir, je lis un livre qui raconte la vie d'un écrivain malade du cœur. Sa chambre au neuvième étage se voit depuis mon chantier. Moi, on me voit jusque dans sa chambre.

PAVEL, OUVRIER DE L'HÔPITAL SILTASAIRAALA

Je cherche la scène « Mika Waltari » au milieu de la foule compacte. Les gens favorisés qui fréquentent les foires du livre ont une façon d'être mal élevés différente des personnes moins favorisées qui fréquentent les matchs de hockey. Ces deux groupes vous bousculent et vous barrent le passage pour leurs propres raisons. La rencontre avec Holm commence dans deux minutes. Écoutant le brouhaha d'annonces publicitaires et observant les gens qui se trimballent avec leurs sachets de réglisse vendue au mètre, j'en viens à douter de la possibilité même de trouver Holm dans un endroit pareil. Je suis le héros d'un film de science-fiction parti en quête de l'être cher dans un monde apocalyptique, dégénéré. La foire du livre est l'ennemi le plus caractérisé de la littérature. Sa dévaluation totale, la liquidation de son honneur au profit du marché et des partenariats commerciaux. On voit ici ce que les éditeurs estiment vraiment. C'est en vain qu'on cherchera la photo des meilleurs écrivains sur les affiches et les bannières suspendues partout.

Un auteur de littérature humilié attend son heure au

comptoir des dédicaces, une pile de son nouveau roman près de lui, et personne ne vient lui demander de signer. Personne de la maison d'édition n'est là pour aplanir son chemin, il n'aura qu'à endurer son calvaire tout seul. Il a commis l'erreur fatale de sortir de chez lui. Qui eût cru que cette foire atroce commencerait dès le pas de la porte ?

Je finis par trouver une scène, ce n'est pas celle baptisée du nom de Mika Waltari, mais d'Aleksis Kivi. Une volée de femmes juvéniles est en train d'y grimper, suivie par une sorte d'agent de production équipé d'un casque-micro. L'individu tente de leur faire accélérer la cadence avec des gestes de la main. Je l'entends crier des horaires vers le bord de scène. Au moment où les participantes gagnent leurs fauteuils, je réalise que l'une d'elles est Linnea. Je ne l'avais pas reconnue car elle s'est natté les cheveux. Je sursaute au moment où elle me fait signe à l'improviste et me décoche son plus beau sourire. Je ne me souviens pas d'avoir un jour croisé un sourire aux dents si belles et, parmi ces centaines de gens, c'est sur moi et moi seule qu'il est dirigé. Je lui renvoie son sourire, en me gardant de montrer mes dents. Il est tout simplement impossible d'échapper au cercle magique du sourire de Linnea. Je me laisse tomber sur une chaise près d'une femme serrant un sac publicitaire dans ses bras.

MINTTU

(les grands haut-parleurs imaginés par
l'intermédiaire des petits)

Un soir tardif de mai, Holm envoie à l'actrice une photo d'un système audio hi-fi Goldmund, qu'il a trouvée sur internet. En légende, il évoque son nouveau passe-temps : écouter des systèmes hi-fi de niveau audiophile sur les haut-parleurs de son ordinateur. Pour une raison inconnue, les audiophiles streament le son de leurs équipements sur YouTube. Dans les commentaires, ils analysent la qualité de la reproduction audio dans ses moindres nuances en se querellant sur la supériorité de câbles en argent pur qui valent des dizaines de milliers d'euros. Les néophytes sont les seuls à signaler que tout cela est restitué par le haut-parleur merdique d'un ordinateur. Pas une seule particule audio ne provient d'ailleurs.

À mon sens, cela résume parfaitement l'audiophilie. La croyance et l'imagination jouent un rôle prépondérant. Plutôt que de jouir de la perfection, les audiophiles partagent ce qu'ils s'en imaginent. Ce qui me ravirait, et j'y songe de plus en plus, c'est que les livres aussi nous proposent, plutôt que leur complétude charnelle, le fantasme qu'on s'en fait.

JULIAN

Le moment où tu es dehors depuis super longtemps en train de crapahuter sur des rochers et des sentiers forestiers, et que tu as une soif monstrueuse, et que tu rentres chez toi, et que tu bois. Direct au robinet.

VESA

Avec Satu, nous prenions toujours du café ensemble. Plus tard, nous sommes passés au thé, quand le café a commencé à nous donner la nausée. Nous avons progressé dans le monde du thé jusqu'aux galettes de pu-erh les plus raffinées, que j'achetais aux enchères. Nos corps fonctionnaient en simultané. Nous aimions toujours les mêmes choses et les mêmes choses nous donnaient mal au cœur. Une tradition partagée pendant une décennie pouvait s'interrompre d'un seul coup, à la même minute. Un jour, Satu n'a pas terminé sa banane, l'a reposée sur la table et a déclaré qu'elle n'aimait plus les bananes. Moi non plus, je ne les ai plus appréciées après cela. Tout était synchrone. Sauf quand elle est morte, et que je suis resté en vie.

RAUNO

p. 322

Nous vîmes le chirurgien une dernière fois. Il dit que, s'il se passait quelque chose, je pouvais l'appeler à n'importe quel moment. J'avais l'impression d'être dans un hôpital privé pour gens riches. Le chirurgien était un peu embêté que la cicatrice de la sternotomie ne soit pas tout à fait droite. Vous avez le thorax en entonnoir, dit-il. Chez certains le creux est si prononcé que leur cœur est collé au sternum.

En guise d'ultime recommandation, ou d'ordre, en réalité, le chirurgien dit qu'il ne fallait pas que je tombe. Au moment où j'empoignai négligemment mon sac de linge, il s'exclama : votre femme va le porter ! Il était d'une fierté pointilleuse quant à son travail, il n'était pas question que je vienne tout gâcher. Nous repartîmes dans un taxi spacieux. Un bouquet de fleurs envoyé par mes collègues écrivains m'attendait chez nous. Ma femme et mon enfant avaient fait le ménage et décoré la maison, comme pour une fête. Nous commandâmes par Wolt, mais je n'eus pas la force de manger. Je m'étendis sur le canapé du salon. C'est là que je passerais les deux mois suivants à me reposer. J'inscrivis mes premières phrases dans *Réception céleste.*

LE MENSONGE se manifeste en art par l'approximation et une propension à s'émouvoir de soi-même.

p. 101
Les interventions de chirurgie valvulaire concernent typiquement les usagers de drogues par voie intraveineuse. Les aiguilles souillées entraînent des myocardites. Je me demande ce que c'est de vivre tout cela en situation d'exclusion.

Je suis, quant à moi, pris en charge dans le cocon ouaté d'une multitude de soutiens, tant économiques que sociaux. Je peux effectuer ma convalescence en toute tranquillité, prendre autant de temps que je veux. Je fais mes exercices de marche à petits pas posés dans Museokatu. Je regarde à travers la vitrine d'un café. Une autre fois je me hasarderai à l'autre bout de la rue, où j'achèterai le cadeau de Noël de Maija, une carte-cadeau pour un massage.

Je dispose d'un accès prioritaire à l'expertise des meilleurs spécialistes en cardiologie de Finlande, toutes sortes de joies et d'amours se sont accumulées dans ma vie, et les voilà ici, maintenant, auprès de moi qui suis allongé sur le canapé en train de faire mes exercices de rééducation devant une série télé. Quand je me réveille le matin, je dois appeler Maija pour qu'elle m'aide à me lever.

Le pire de mes soucis, ce doit être la peur que mon bien-être ne fasse fuir les lecteurs de mon livre.

La mort subite ou la noyade. Voilà deux manières dont un malade atteint d'insuffisance cardiaque quitte ce monde. On ne peut jamais savoir ce qui va déclencher l'arythmie mortelle causant l'arrêt du cœur. On se gardera de répéter ses flexions de biceps jusqu'à l'échec, on sera avisé de ne pas commander ce septième old fashioned, on aura tout intérêt à cantonner ses séances de baise dans les limites du raisonnable. La mort subite rôde partout. C'est le portier silencieux qui m'escorte toujours, elle éteindra la lumière au moment de partir.

Ou alors la mort par asphyxie. Le cœur est tellement affaibli qu'il n'a plus la force de pomper et que les poumons s'emplissent d'eau. Le niveau ne cesse de monter et noie le cœur. L'inondation le fera traverser de l'autre côté.

RISTO

p. 241

Je revenais si souvent, jeune garçon, à cette idée de vengeance : quand j'aurai le prix Nobel, les profs seront bien étonnés, et ils regretteront.

Je comprends maintenant que pas un seul enseignant dont j'ai été l'élève il y a des décennies ne se souvient de moi. Quelle hubris, de m'imaginer que je leur serais resté en tête. Est-ce que je me rappelle moi-même mes élèves ? Nulle autre présence humaine que la mienne ne revisite mes souvenirs de cours d'école ou des forêts voisines depuis des lustres. Nos enfances sont vides et silencieuses, destinées à nous seuls. Nul autre n'y passe plus.

(assez bien)

Au café Esplanad, je me retrouve sous le feu discret des regards d'un homme, beau mais un peu maigre. Je ne suis plus partante pour baiser. Ni avec un maigrichon beau ni avec un rondouillard laid. Je ne veux pas d'une belle âme qui fermera les yeux pendant qu'il me baisera par-derrière (les miroirs !). Si je ne suis pas assez bien pour l'amour, je ne prétends pas que j'aurais des droits à cet égard. Moi, j'aime les fleurs, les livres, les drogues, les fruits et les photos de

gens beaux. Pour eux, je suis assez bien, et mes journées sont magnifiques.
MINTTU

En se marginalisant, la littérature, à la différence des formes de narration contemporaines que sont les jeux et les séries en streaming, expose le public aux maladies cardiaques : l'inaccoutumance à traiter les quantités d'énergie emmagasinées par la littérature débouche sur des incidents émotionnels d'une dimension nouvelle.

Bien que les séries télévisées donnent accès à des unités temporelles plus longues que les romans, la littérature mobilise chez le lecteur d'autres ressources que ne le fait la narration en images. Les motifs inconscients y occupent une position clé parce que le vécu littéraire, à la différence de ce qui se passe quand on met en image une réalité visible, est plus personnel, créé à partir des images de son propre esprit. Dans un roman, le lecteur a du mal à différencier le monde fictif de sa réalité intime, et ses mouvements sont donc plus dangereux.
ELSA

(préface possible, brouillon)
Tu peux entrer dans le roman à l'endroit de ton choix et en lire la quantité que tu voudras. Son organisation actuelle se fonde sur la vision des événements propre à un seul éditeur. En le feuilletant moitié moins de temps que ne prend d'ordinaire la lecture d'un roman, tu t'en feras une image parfaite. Mais si tu n'aimes pas l'atmosphère de l'ouvrage, tu pourras considérer l'avoir lu même après un bref survol. Là non plus, ce ne sera pas comme si tu l'avais abandonné au milieu. La simple connaissance de l'existence d'un livre

suffit parfois à en communiquer ce qui suffit. Il arrive que le monde des lecteurs de livres perçoive un signe annonçant la naissance d'un ouvrage considérable au moment où celui-ci est encore en phase préparatoire. Voici comment un certain écrivain évoque la genèse de son œuvre :

« Lorsque je compris dans mon bureau que j'avais trouvé la forme de mon livre, mon entourage se rendit lui aussi compte qu'un événement considérable se tramait. Mes vieux amis reprirent contact, les journaux voulaient publier un papier sur moi alors que je n'avais pas la moindre actualité, on me témoignait de l'amour et de la sympathie partout où j'allais. Je reçus toutes sortes de remerciements pour des mots que je n'avais encore fait lire à personne. Et ce genre de choses n'a rien d'insolite dans notre monde. »

LE CALEPIN DE MIRVA

(l'appli memento mori)

Nos sensations corporelles ont pour tâche de nous rappeler la mort. Une personne en bonne santé, dont le cœur ne fait pas des siennes et qui n'a pas mal à la tête ou au ventre pourra programmer un rappel de douleur et de mort sur son téléphone.

EZEKIEL

Je suis convaincu que devenir le propriétaire d'un chronomètre sorti fait main des ateliers F. P. Journe me rendra enfin heureux. Où que j'aille, je serai au plus près d'un artisanat unique, de l'idylle villageoise suisse, d'une discrétion et d'un service attentifs, de bienfaits de la Providence qui traverseront le temps.

Tant que je n'aurai pas de Journe, je serai perdu.

PETRUS

p. 77
La F1 et la vie de luxe, le casino de Monte-Carlo. Les chronographes Heuer. Universal Genève et Nina Rindt.

On oublie qu'une voiture de course est un équipement brutal et mortel, une boîte de fer-blanc aux explosions incontrôlées, qui peut vous tuer à chaque seconde. Quand vous éteignez le moteur, un verre de martini dans votre main devrait rester stable, l'olive ne pas bouger.

C'est de la même manière qu'on mérite son après-ski à Aspen, en passant des instants solitaires sur les arêtes et dans les descentes gelées de ravins terrifiants dévalant vers une mort certaine.

À cinq heures j'ai chargé une jeune femme au niveau de Konepaja pour une brève course jusqu'à Fredrikinkatu. Je lui ai présenté mon client et dit qu'il ne fallait pas déranger son sommeil. Elle était enchantée par sa présence et a annoncé qu'elle chuchoterait pendant tout le voyage. Elle m'a demandé où j'avais l'intention de l'emmener, ce qu'il y avait au bout de l'autoroute du sommeil et si j'étais au fait de l'endroit où lui pouvait se trouver à chaque moment.

Elle s'est extasiée de ma voiture, elle avait regardé sur YouTube des vidéos où des chauffeurs Uber surprenaient leurs clients en arrivant en Pagani Zonda. Je lui ai répondu que je n'étais jamais allé sur YouTube. Tu devrais, m'a-t-elle dit. On y trouve la réponse à toutes ses questions et la satisfaction de tous ses besoins. Les services de streaming avaient réduit l'offre de l'époque des DVD et des CD, mais YouTube l'avait rétablie. Je lui ai demandé, d'un air sceptique, si *Views from 6 Windows* de Derek Bailey y était. Bien sûr. Ensuite elle a parlé des vidéos d'ambiance nocturne auxquelles elle était devenue accro. L'idée était simple. Les habitants de grandes villes laissent leur fenêtre ouverte pendant la nuit et diffusent en direct sur YouTube l'image auditive de la métropole. Ton taxi aussi est probablement un son qui se perd dans le stream d'un utilisateur écouté partout dans le monde.

Alors que nous parvenions à l'angle du Forum, la jeune femme m'a demandé si je pouvais la conduire à Koskela. J'ai répondu que je la laisserais à Freda, comme prévu. Ma rigidité n'a pas paru la troubler. Elle a doucement repoussé la porte en partant. Dans le rétroviseur, je l'ai vue se faufiler par l'entrée d'une librairie. Il s'est mis à pleuvoir. Le sommeil de mon client se poursuivait quoi qu'il se passe, il n'avait pas changé de position depuis des heures.

RAUNO

La plage est, après la forêt, le meilleur lieu qu'on puisse envisager pour une fiction. Si *Réception céleste* se passait dans l'un ou l'autre, ce serait un chef-d'œuvre.

PAULETTA

(le timbre d'un mécanisme)

Jan Holm se réveille dans son lit d'hôpital quand sa Rolex cal. 3136 se met à chanter sur la table de nuit. Le son du mécanisme qui se propage dans son rêve nous est décrit. Il ressemble à un alto amplifié. Peu de gens connaissent cette particularité des mécanismes Rolex : ils produisent des sonorités vraiment musicales si on les place comme il faut sur une surface résonante.

Je trouve méritoire que cette information, précisément, ait été notée.

SIMO

(à la campagne)
Nous avons fait aujourd'hui une excursion à Töölö où se trouve la villa de nos amis. Ces journées à la campagne sont chaque fois semblables. Dans les intervalles du programme commun, la compagnie se sépare et chacun se consacre à ses loisirs. Je me suis, pour ma part, installée au bord de l'eau afin de lire. Près de moi, les filles ont monté leurs cannes à pêche.

Les journées d'été sont si rares qu'en elles coïncident le bonheur de leur arrivée et la mélancolie de leur renonciation. Dans l'odeur vaseuse de l'eau de mer, que j'inspire de tout mon souffle, ces deux pensées se confondent. Il est bien difficile de ne pas être épuisée par le transitoire, même si tout est beau. Cette journée d'été donne l'impression de se réduire à une seule pièce de la maison, la suivante étant aussitôt sombre et froide. La porte exhale sa froidure dans la pièce d'été. Personne ne veut s'en souvenir, encore moins l'ouvrir, mais l'oubli est impossible.

Le plus magnifique est tout de même que j'aie pu reprendre le livre dont la lecture est sans cesse interrompue par les tâches domestiques. J'ai été surprise que l'ouvrage soit lui-même fort discontinu. Au moment où je viens de me figurer quelque chose, le voilà qui change déjà de sujet. Sans doute l'esprit humain fonctionne-t-il ainsi, y compris en ces jours fériés où sa direction fluctue tantôt vers les cris lancés depuis le large, tantôt vers l'abeille venue se promener sur ma page et menacer mes yeux.

Mon mari fait quelques pas en compagnie de ses amis au coin de la villa. Ils scrutent les structures de la toiture. Un architecte, de même qu'un médecin, doit partager le secret de sa connaissance même en villégiature.

L'abeille abandonne le livre. Je l'observe qui voyage au milieu des roseaux à massettes et disparaît vers le large.
HELENE

Là où les uns s'efforcent d'avoir du style, les autres ne font que mettre en œuvre leurs besoins.
JEREMIAS

Le soir approchant, mon client s'est mis à parler, peu, mais à phrases distinctes. Il évoque un portail doré qu'il a découvert au cœur de la forêt, dans l'arrière-pays de son rêve. Je demande par jeu où je pourrais le trouver, et mon client me répond.
RAUNO

(les rapports sexuels)
Le roman comporte cent quarante-deux rapports sexuels en tout. Ce qui, vu le nombre de pages, fait beaucoup. La majorité, ce sont des descriptions de porno sur internet. Mentionnons, à titre d'exemple, qu'il contient les ébauches d'ekphrasis de l'intégralité des cent treize rapports filmés d'Alain Deloin, et que ces textes ont été introduits tels quels dans l'œuvre. Les descriptions sont caractérisées par une émotivité non pornographique qui s'enracine dans la relation rêveuse qu'entretient, avec l'interprète des vidéos, l'auteur desdites ekphrasis, un défenseur de l'équipe d'Itä-Hakkila. On trouve peu de renseignements à propos d'Alain Deloin sur internet, encore moins dans la littérature. L'évocation de sa vie dans les groupes de discussions est connotée de manière exclusivement sexuelle, ce qui est caractéristique de sa profession. Il est inconnu des utilisateurs d'internet actuels. Les forums où ses performances ont été analysées

dans des temps immémoriaux sont en majorité fermés. Le dernier résultat Google le concernant remonte à neuf ans. Le précédent à quatre ans plus tôt.

Au présent de la narration, il ne se produit aucun rapport sexuel. Que les rapports soient situés dans un passé qui s'éloigne est révélateur de la thématique du roman. Le protagoniste, un écrivain malade du cœur, pense que les plaisirs sexuels, du moins ceux portés sur l'expérimentation, sont derrière lui. Tout cela confère au roman un caractère de rêverie mélancolique qui, selon chaque lecteur, pourra passer pour charmant ou ennuyeux.

JENS

Soldats inconnus se diffractait dans son esprit en centaines de fragments qui s'appliquaient aux habits de pluie des enfants, aux défauts des « informations clés pour l'investisseur » publié par le fonds, au temps qu'il ferait à Milan la semaine suivante. Le véritable *Soldats inconnus* était en ces milliers de reflets, comme la brillance à la surface de l'eau. Le fait que le livre réunissait les perceptions éclatées de ses sens.

OLOF

(propofol)

Le premier contact de Jan Holm avec le propofol eut lieu deux semaines après l'opération, lorsque le rythme de son cœur dérapa hors du rythme sinusal jusqu'à la fibrillation atriale et qu'il fallut pratiquer une cardioversion. Le propofol était contenu dans une seringue en plastique d'un blanc laiteux que l'anesthésiste vida dans la canule posée sur une veine de son bras gauche. Jan Holm en tomba aussitôt amoureux.

Michael Jackson tomba amoureux du propofol chez le dentiste et en voulut chaque nuit après cela. Il refusa de partir en tournée mondiale sans médecin pour lui administrer du propofol. Avant le début de la tournée, il mourut d'un mauvais dosage de la substance. Le propofol demande des compétences professionnelles et de la précision. Les seringues à moitié vides disparaissent des services dans les profondeurs des poches des blouses blanches. Un certain anesthésiste prenait du propofol une quinzaine de fois par jour, selon une enquête finlandaise. Il était devenu accro aux résidus des seringues. Inutile de mentionner l'héroïne ou la cocaïne si on ne connaît pas le propofol. Toute personne qui a pu y goûter sait dans quel merveilleux berceau vous vous retrouvez.

PAULIINA

Certains de mes amis se trimballent de si grandes tragédies que tout, absolument tout ralentit à leur arrivée. Je me retrouve coincée, d'une manière bizarre, dans les interstices entre les mots. Mes souffrances sont minimisées. Ma légèreté se transforme en fardeau.

Je ne comprends pas ce qu'ils font encore là. Qu'est-ce qu'ils n'ont pas encore résolu ? La mort les a rattrapés, ils pourraient reprendre leur route, à la fin.

SUVI

(27375 jours)

Dans l'esprit de ses modèles répétitifs, Jan Holm ébauche un brouillon de roman qui traiterait chaque journée d'une vie humaine d'une durée de soixante-quinze ans. Parce qu'il ne faudrait pas que le livre soit d'une longueur excessive, il restera très peu d'espace pour une seule journée. 75 × 365 = 27375.

Si une journée comptait vingt mots (quelques phrases), l'ouvrage compterait 547 500 mots, ce qui serait plus de dix fois la mesure d'un roman ordinaire.

Cinq mots par jour, cela ferait deux romans et demi. 136 875 mots.

Si j'écris chaque jour

27375 ÷ 20 = 1 368,75

27375 ÷ 40 = 684,375

= deux ans.

Âge de zéro an.

(1) La lumière à pleins poumons.
(2) Cette ambition, choquante pour tous.
(3) Maman communique.
(4) Là on écrit.
(5) Et là aussi.
(6) Aujourd'hui est une épingle fraîche.
(7) Je dors, dors et redors.
(8) Maman me serre contre elle, désolée.
(9) Le monde : inexplicable, lumineux, bruyant.
(10) Unanime, liquide, mon sourire, tous.
(11) Les jours, tous partis ?
(12) Le ciel à trente centimètres.
(13) Ces mots ne sont miens.
(14)

VELI-MATTI

(la grande salope)

L'espèce humaine rare (qui n'est donc pas davantage homme que femme) que j'appelle la grande salope ne se vide jamais de son sex-appeal. Après l'orgasme, le mystère persiste et il faut à nouveau jouir tout de suite. Rencontrer une grande salope sur internet change toute votre journée. C'est un sentiment qui ressemble à celui qu'on éprouve en tombant amoureux, mais en plus grand. Il vous faut retourner auprès de la grande salope le plus vite possible. Vous avez l'entrejambe en permanence mouillé, l'impression que vous allez tomber malade. La région du cœur vous chatouille. La grande salope est si rare que, selon toute vraisemblance, c'est dans le porno d'antan qu'on aura une chance de la trouver. À ce moment-là, savoir que la grande salope n'existe plus en tant que telle intensifie encore le manque. Tout ce qui reste, c'est un enregistrement techniquement obsolète témoignant de sa splendeur passée.

Souvenez-vous de la grande salope quand vous songerez que le monde n'a plus rien à offrir. Vous n'êtes peut-être pas encore tombées sur elle.

MINTTU

(la ferme)

La description de la ferme de minage dans les monts Oural est captivante. La ferme d'Ethereum du roman se distingue d'une ferme de cryptomonnaie conventionnelle en ce qu'elle n'est pas refroidie par air, mais les machines sont protégées de la surchauffe au moyen d'immenses piscines et de la tuyauterie qui y est raccordée. L'eau réchauffée par les machines est mise à profit. Les bassins font office d'aquariums géants dans lesquels le propriétaire de la ferme élève des poulpes.

Le thème du poulpe traverse la structure de l'ouvrage. Le poulpe est une espèce étrangère provenant de l'hyperespace, sa constitution et son ADN en particulier font exception parmi tous les êtres vivant sur Terre. Il a montré des capacités cognitives hors du commun (il se libère d'une bouteille fermée par un bouchon à vis). Le fondateur de la ferme a un plan en ce qui concerne les poulpes.

JONI

Toute cette passion pour la sophistication démolit votre confiance en autrui. Lorsque quelqu'un me présente son équipement stéréo neuf, me sert son vin ou m'exhibe sa montre, je me tais, je ne trouve rien à dire, parce que ma propre passion pour la sophistication a aboli mon sens des proportions. Je ne peux plus me dire qu'il est possible de considérer ces choses aussi comme assez bien. Tout ce qui est sans qualité me donne un goût de mort en bouche. J'ai envie de m'enfuir et de boire à en perdre le sens. Ma solitude croît. J'emploie mes soirées à la maison à accumuler des connaissances.

Si je pouvais recommencer du début, je ne m'initierais à rien, pas une seule chose. Il n'y a pas de raison d'approfondir, mais il faut viser une couverture superficielle. Il serait judicieux d'étendre la zone des discussions légères et de la peupler de personnes agréables. De lire un livre merveilleusement ordinaire et relax de temps en temps. Ce sera comme si régnait à nouveau une connexion entre les gens, après toute cette merde arrogante et excentrique qui cherche à attirer l'attention.

Ce sentiment disparaît avant le soir et je ressors mes livres sur les montres. Ma passion pour les connaissances futiles a franchi un palier.

PIETAS

Quand je lis Paavo Haavikko de mon œil gauche, endommagé par mon mauvais équilibre glycémique, le texte s'inscrit, compréhensible, dans ma conscience, alors même que je le distingue à peine au milieu de tout le bazar qui occupe mon globe oculaire.

Quand je ferme mon œil et que je concentre mon esprit, je suis capable de m'imaginer un état dans lequel je me fiche de ma vue médiocre et arrive à me réjouir du texte. Ou est-ce que les artefacts, les distorsions et les voiles de nuages se sont plus généralement interposés entre Paavo Haavikko et l'œil qui lit? Cela, je ne saurais peut-être pas m'en défaire par l'imagination.

MINTTU

Une semaine s'est écoulée, et voilà que je retombe sur lui. Comment peut-il transpirer autant? Il est assis dans le tramway à une place où je ne me mets jamais, sur la banquette disposée en longueur derrière le chauffeur. Le wagon quitte la rue Runeberg pour prendre Arkadiankatu. Je l'observe, va-t-il lever les yeux vers l'ancien bâtiment de Gummerus, son précédent éditeur? Non. Il s'empare de son téléphone. C'est un gros iPhone XR couleur corail. Il prend une photo de lui, de biais vers le bas. Son tee-shirt blanc est trempé au niveau de la poitrine, sec ailleurs. Ses cheveux sont mouillés sur le devant et il a un petit tas de serviettes en papier déchirées dans une main. Sinon, il est svelte et bien fait, seul son ventre donne l'impression qu'une lubie idiote lui a fait cacher un ballon de basket sous son tee-shirt. Je ne crois pas qu'il soit gros, mais plutôt rempli de gaz. Il mange sûrement du pain dès qu'il peut, ou des pommes, du jus de pomme, quand même pas des haricots? J'espère qu'il n'a pas un cancer de l'estomac.

Ce serait scandaleux, mais banal. Les maladies cherchent à se regrouper. Elles n'aiment pas être seules, elles non plus. Mais son opération du cœur a quand même réussi, non? Peut-être que dans son livre il ment, et qu'il est mourant, en fait. Je sais qu'il se rend souvent au centre commercial de Kamppi pour faire ses courses et prendre un café. Il adore les centres commerciaux et les grands magasins. Mais il laisse passer l'arrêt du Musée d'histoire naturelle et continue en direction du centre. Il va peut-être descendre à Lasipalatsi. Le café Lasipalatsi est un des lieux où il écrit. Il a ouvert son sac à dos, maintenant, il fouille dedans. Ce pourrait tout aussi bien être une fouille placebo. Son livre m'a appris que c'est le genre de choses qu'il fait. Il sort un grand livre de son sac : *A Man & His Watch* et essuie à nouveau sa transpiration. Je quitte le tramway avant lui. Sa destination restera une énigme. Peut-être qu'il a loupé son arrêt. Après une opération du cœur, les gens deviennent émotifs, et les gens émotifs loupent leurs arrêts de tramway.
MINTTU

Ces sept cent mille signes uniquement afin d'obtenir un fond naturel pour ce seul brin de myosotis amoureux.
TYTTI

(la fragmentarité de la vie de famille)
Nous avons décidé de lire le soir, avant de prendre notre collation, durant quinze minutes. Nous ne croyons pas qu'à ce rythme nous parviendrons un jour au bout du livre, mais nous nous ferons une image suffisante des péripéties et du style.

Nous lisons de préférence des livres composés de courts chapitres car la vie de famille aussi est composée de brefs morceaux. La querelle ou l'inspiration interrompent la lecture à intervalles de quatre minutes trente.

Les éditeurs d'aujourd'hui savent calibrer les histoires en portions qui font exactement la bonne longueur en ayant les gens comme nous présents à l'esprit. L'unité de base de la vie de famille est la durée comprise entre deux interruptions. Quel ensemble aurons-nous le temps de recevoir dans cet intervalle ? Quel plaisir sexuel pourrons-nous recevoir dans cet intervalle ? Quelle expérience religieuse ? Si vous voulez mon avis : complète et aboutie. Ma prière dure quatre minutes trente. Heureusement, la réception céleste de Dieu est toujours ouverte et je peux communiquer ce que j'ai à dire dans cet intervalle. J'ai développé une méthode d'entraînement des muscles abdominaux d'une efficacité redoutable, qui prend elle aussi quatre minutes trente. Vous devriez voir ma silhouette aujourd'hui. Les muscles de mon plancher pelvien sont, de même, dans une forme olympique, ce qui en tout cas ne complique pas la tâche de mon mari dans les travaux d'amour. Pour la sieste, ces mêmes quatre minutes trente suffisent.

Ce n'est pas que les enfants soient incapables de se concentrer, comme on le pense souvent, ils sont juste rapides.

FAMILLE KOSKINEN

(l'acné)

Nous avons une passion partagée avec Holm : l'acné. J'ai toujours chéri les boutons rougissant au visage des jeunes filles. Holm se remémore la jeune vendeuse de Tuomas Grilli, sis rue Iso Roobertinkatu, dans les années 90, une jeune fille blonde et gironde qui avait de fabuleux boutons sur le visage. En elle se conjuguaient les deux qualités les plus aimables au monde : la religiosité et les boutons d'acné.

La honte et l'incertitude enjolivent un visage mieux que toutes les pensées certaines.

MINTTU

Ce que la jeunesse avait promis n'est pas ici.

PÄR

p. 234

Au matin, tout était couvert de tels voiles que je décidai de me rendormir, et dans mon rêve je me rendormis une fois encore. Pourtant, lorsque je rouvris mes yeux démultipliés, le brouillard, les ombres, les nuages gris filant devant mes yeux étaient inchangés.

Les morts aussi ont leurs mauvais jours, d'une médiocrité certes différente de ceux des vivants.

(une grosse voiture verte modèle break)

Je découvre une photo dans mon téléphone. Je suis assise sur un canapé dans un after à Jätkäsaari. Près de moi, des gens que je ne me rappelle pas avoir vus. Au-dessus du canapé, une photo sans cadre où une grosse voiture verte modèle break roule au cœur d'une forêt en feu.

« L'image a télescopé une image et c'est une fenêtre sur une réalité plus réelle » (p. 161).

Je discute avec Linnea à Cafe Talo. Elle dit que les manuscrits foisonnent d'accidents littéraires, de photos de forêts en feu au milieu desquelles roule une voiture verte. Il est impossible de remonter la trace de la personne qui est allée les y accrocher.

MINTTU

Je représente le point le plus éloigné. Même dans cette structure aux mille facettes, je suis à part. J'apprends qu'on défend mon existence. Ma raison d'être est d'exprimer l'envergure des terres inhabitées. Je symbolise les terres sauvages. Le vent stérile. Mirages aussi vieillots que les publicités d'antan. J'entends dire : de chez elle jusqu'à l'orée des terres sauvages la distance est multipliée par cent, par mille.

Ce n'est pas juste de m'enorgueillir de cette position. Je suis esseulée. J'ai trop chaud la journée, trop froid la nuit. Je n'attends personne ici. Il n'est pas de trajet plus monotone que celui qui mène à moi. C'est une bêtise confite dans les rêveries que de croire qu'on trouvera des bonnes histoires ou de la chaleur auprès de moi. Toutes les destinations dont on franchit les étapes se sont changées en paysages. Au bout du trajet il y a le même trajet.

ELSA

p. 222

Ma vie ne comporte sans doute aucun moment significatif que je n'aurais pas ruiné par mes discours. Au milieu d'un baiser, je me mets à parler de ce qu'est embrasser. J'arrête de faire l'amour en pleine action pour raconter une anecdote complètement futile. Et dire que j'ai un tel mépris pour les hommes qui regardent fixement le feu, pour le silence qu'ils apportent.

À ce point de ma vie, j'aimerais être l'un de ces deux hommes assis en silence : Dries Van Noten et son ami cueillent des fleurs dans un jardin, en manteaux chics et bottes en caoutchouc. Ils les disposent pour agrémenter leur dîner quotidien.

Une fois encore, laissant mes pensées me mener, je rêve d'instants heureux sur les plages de la ville, en train de pêcher ou de lire, de méditer au milieu d'un parc, jusqu'au moment où je me rappelle la haine et le dégoût dont je suis l'objet. Même les petits enfants ont essayé de me tuer.

VEERA

(à mon petit ami, à celui qui me rejette)
Je te demande pardon de regarder mon téléphone au milieu d'un truc que tu me racontes. J'essaierai de moins le faire à l'avenir.

Je te demande pardon de ne pas toujours penser à faire l'éloge de ta nourriture, pour laquelle tu t'es démené pendant que j'étais hors de la maison. Elle est tellement bonne que je ne pense pas toujours à le dire.

Je te demande pardon de ne pas toujours m'enthousiasmer pour le sexe au moment précis où tu le proposes. Je regarde trop de porno. Je t'aime et je te désire toujours et pour toujours.

Je te demande pardon de ne pas toujours piger toutes les poétiques neuves que tu veux me présenter. Je ne suis pas indifférente mais parfois je ne comprends juste pas. D'ailleurs le disque de 070 Shake est carrément ultime maintenant que je l'ai écouté toute seule en faisant mon footing.

Je te demande pardon de me mettre facilement en colère quand nous parlons de ta mère. J'ai beaucoup d'amour envers ta mère mais je ne supporte pas toujours ton amour envers elle.

Je te demande pardon de te taper. Je sais que ça te fait mal et que ça t'angoisse. Je ne te taperais toutefois jamais d'une manière dangereuse. Je me dis que tu es mon protecteur et que je peux me frapper le front contre ton pectoral.

Je te demande pardon d'avoir écrit dans un message, qui n'était pas destiné à tes yeux, que tu es par moments d'une absence de virilité exaspérante et que j'aurais besoin de me mettre avec un homme dégrossi. C'était moche de dire ça. Je ne le pense évidemment pas. Les amis parlent entre eux de choses qui ne sont pas vraies.

Je te demande pardon de ne pas toujours pouvoir être aussi pluraliste et sereine que tu le voudrais. Je ne peux rien à mes coups de colère.

Je te demande pardon d'être aussi bordélique. Je ne sais pas remettre les choses tout de suite à leur place. Le fromage à tartiner reste trop longtemps sur la table. Comme tu le dis, les poissons peuvent devenir toxiques à température ambiante.

Je te demande pardon de faire des blagues à tes dépens quand nous avons des invités. Je n'aime pas non plus celle que je deviens en compagnie des autres.

Je te demande pardon de ramener parfois des invités avec moi sans l'avoir annoncé à l'avance. Je sais que tu apprécies la tranquillité et que toi, tu ne retrouves tes amis que dans des lieux publics.

Je te demande pardon de ne pas toujours avoir fait le ménage quand tu rentres d'une tournée de concerts. Je ne sais pas trop bien organiser mon temps. J'espère que tu m'aimes quand même.

Je te demande pardon de ne pas pouvoir écouter tes sentiments sans aussitôt mettre les miens sur le tapis.

Je te demande pardon de ne pas savoir respecter ton silence. Tes jours de silence. Moi, je vis de parole, de parole et de parole.

Je te demande pardon de ne plus te sucer même si je t'ai sucé sous le coup de mon enthousiasme de bar. Il est plus difficile de se libérer avec quelqu'un qu'on connaît bien qu'avec un inconnu. Je te promets de te sucer dès que le bon moment sera venu.

Je te demande pardon de mentir. J'ai peur de toi par moments et je n'ose pas dire la vérité. Mon journal, je ne lui mens jamais. Tu peux le lire si tu veux.

MINTTU

J'ai l'intention de porter cette nostalgie avec moi tant que je vivrai. Je la transformerai en une partie de ma vie et je ne ferai rien pour la réduire.

MATIAS

p. 366

Peu après ma sortie de l'hôpital, j'invite mon frère à dîner à Elite. Le champagne a un drôle de goût, beaucoup plus fort en alcool que dans mon souvenir. La première gorgée fait perdre toute couleur à mon visage. Mon taux d'hémoglobine est encore bas. Mais nous ne parlons pas de maladies cardiaques, on a déjà eu tout le temps de le faire. C'est merveilleux de retrouver Töölö, mes rues, mais quelque chose a changé dans les couleurs, l'intensité, le tempo des gens. On dirait que tout le monde fait le show pour moi. Le bref trajet depuis le coin des rues Oksanen et Apollon est pour moi un véritable périple. Je suis fier de le parcourir comme le font les autres. Je me remémore en même temps qu'il y a toujours dans la rue une personne qui marche lentement, qui claudique, une personne grise qui s'arrête pour reprendre son souffle. Rien n'a changé. Cette personne, c'est moi, maintenant.

Le plus sinistre dans l'œuvre d'Holm est pourtant que, pour cracher ses observations anormales, son appareil poétique n'a pas matériellement besoin de l'hôpital ni de la maladie cardiaque : il pourrait imprimer des livres équivalents aussi bien au sujet de la communauté des amateurs de cricket que des pratiquantes de cheval à deux pattes.
SAMPSA

J'ai fait un cauchemar dans lequel j'avais un assistant. Ce serait terrible, en plus de cette vie émotionnelle affreuse, que j'éprouve la culpabilité d'avoir un subalterne, qui serait un être humain comme moi, mais à mon service, à la merci de mes lubies. Qu'est-ce que ça me ferait de m'habiller chaque matin pour incarner l'éminence exigée d'un supérieur? Quelles incantations sataniques me faudrait-il lire pour me faire croire à moi-même qu'il devrait écouter mes idées, précisément? Comment pourrais-je le convier à faire quoi que ce soit sans convoquer les esprits malins par la même occasion? Je ne supporte pas la conviction vertueuse du subalterne, sa fierté, ses yeux méprisants qui détruisent tout ce qu'il y a de bon en moi. Aucun avantage tiré d'un subalterne ne pourra réparer toute la dévastation qui découlerait de cette situation.
TAAVI

(un morceau à la mode)
Le vent d'automne emporte mes pensées, sauf celles que les autres m'ont mises dans la tête.
SAMPO

(le poisson sur la table)
Quand je pense à mon fils mort, je comprends que le manque ne change pas au cours du temps. Il est plus éternel que toute autre chose en nous. Je puis embrasser une mère qui pleure son enfant par-delà les générations, nos larmes se mêleront sur nos joues.

Le roman que je lis est triste, intérieur, sobre. Le chagrin est une robe que je mets en premier le matin. Ma tenue officielle. Un vêtement léger pour une promenade en été. Une chaude pelisse pour traverser l'hiver. Une fois que j'ai commencé, absolument tout me cause du chagrin.

Un poisson gît sur la table. Il est pareil à une montre qui tourne. L'éclat terne de ses yeux indique le passage du temps, il ne va pas tarder à sentir. Le temps se répandra dans les pièces voisines, et voici que notre heure à nous aussi sera venue. Je vais voir ma fille, endormie sur un fauteuil au salon. Je palpe son poignet où je trouve aussitôt la pulsation de son cœur. Lui aussi, il est comme ce poisson ou l'une des roses de mon mari.
HARRIET

Un mois s'est écoulé depuis l'opération de Jan Holm, il est devant le miroir de sa salle de bains et regarde le haut de son corps. Ses pectoraux ont perdu l'élasticité que leur avaient conférée les pompes, et ils ont glissé, des suites de la sternotomie, plus près des aisselles. Ses seins pendent comme ceux d'un homme âgé. Il me rappelle ces directeurs d'entreprise membres de la Société de sauna dont la confiance en soi n'est pas ébranlée par les petites imperfections physiques.

La cicatrice de la sternotomie, Jan Holm considère qu'il peut encore vivre avec, mais les trois trous laissés par les drains dans le haut de son abdomen sont d'une symétrie répugnante. Quand ils étaient encore béants, il était possible d'observer les couches de graisse de son ventre. La femme d'Holm changeait les compresses quotidiennement et ne pouvait s'empêcher de détourner le regard.

Jan Holm observe le haut de son corps ravagé et se demande ce qu'il pourra y faire. Deux ans et demi devront s'écouler avant qu'il ne puisse se remettre aux pompes. S'il tombait amoureux, ou si sa femme le quittait, aurait-il ce qu'il faut pour aimer une autre personne ? Aimer dépend toujours de ce que l'on est soi-même. Quand quelqu'un se voit beau, il s'éprend des autres.

SUSANNA

La pluie est décrite une fois dans le livre. Jan Holm a passé toute une journée de canicule à l'intérieur, son ordinateur sur les genoux. Cela fait déjà des heures qu'il est épuisé par tout ce qu'internet peut offrir. Facebook, les commentaires d'une discussion sur Morrissey, les commentaires sur une nouvelle publication de sa maîtresse sur Instagram, Gmail, Nordnet, Shareville, le *Helsingin Sanomat*, les commentaires récents dans une discussion relative au tennis sur le site du *Helsingin Sanomat*, YouTube, Viaplay, Miniclip et la recherche Google : S&P 500. Et puis un nouveau tour depuis le début.

Jusqu'à ce qu'une goutte de pluie s'écrase sur la fenêtre.

MIRANDA

La littérature n'est pas une conversation partagée sur des choses importantes qu'on a tues. Cette conception est universellement reçue et parfaitement fausse. La bonne littérature

ne vise jamais à produire un effet sur la réalité des gens. La bonne littérature est le miracle de l'existence.
MARJAANA

(interruption de pensée)
Une fois sorti de l'hôpital, Jan Holm continuait à prendre du Tenox pour s'endormir. À la frontière du sommeil et de la veille, il s'est frappé les jambes. Les durs coups de poing ont meurtri ses cuisses et ses mollets. Ses jambes lui ont obéi et se sont calmées.

On dit que l'usage à long terme de benzodiazépine expose aux risques non seulement de violence mais aussi de vols. Deux activités qui se produisent durant les interruptions de pensée causées par la substance active. Il se peut qu'au matin on découvre sur le sol un cadavre ou de l'électronique encore dans sa boîte. Il est curieux que les vols à l'étalage soient en grande part des actions effectuées en état d'inconscience. Une gentille mère de famille se venge du monde en rajoutant une mandarine dans son sachet après la pesée. L'effet de la mandarine est total, elle répare instantanément toutes les injustices du monde. Mais si une compagnie de big data pouvait exclure des pertes des magasins les mandarines volées par les mères de famille, l'ordre social s'effondrerait, tous les puissants mourraient et on les remplacerait.
JAAKKO

(à l'heure de Noël)
J'aimerais pouvoir lire un jour une scène dans laquelle, en plein milieu des courses de Noël, dans Aleksanterinkatu, deux personnes se donneraient l'accolade et l'une dirait à l'autre : pardonne-moi. Les tramways passeraient en brinque-

balant, mais ces deux-là resteraient embrassés dans leur petite chambre à eux.

Car l'être humain est le plus beau qui soit dans ces deux situations : quand il se repent sincèrement et quand il pardonne.

FRIDA

SUBSTITUTION SYMPTOMATIQUE. Quand on procède au remplacement réussi d'un cœur, par exemple, les symptômes qu'il occasionnait, telle la dyspnée, s'améliorent.

Dans la substitution symptomatique, un nouvel ensemble de symptômes naît à la place de ceux qui ont disparu, son lien avec le remplacement des précédents étant net mais difficile à authentifier. On peut considérer les substitutions symptomatiques suivantes comme des réussites médicales : la substitution d'un ensemble symptomatique pénible par un ensemble moins pénible, la substitution d'un ensemble symptomatique certainement délétère par un ensemble incertain, la substitution d'un ensemble symptomatique qui constitue une menace vitale par un ensemble mystérieux, la substitution d'un ensemble symptomatique mystérieux par un ensemble mystérieux qui menace moins votre aptitude au travail, etc.

(le club de lecture)
De manière générale, le livre a été apprécié. Chacun connaissait quelqu'un ayant des problèmes cardiaques. Parmi les membres du club eux-mêmes, quatre suivent un traitement médicamenteux ou autre pour des troubles cardiaques. C'était pourtant différent de lire les expériences d'une personne plus jeune ayant subi une opération cardiaque, une expérience généralement très brumeuse pour les vieillards et

qui leur laisse peu de souvenirs. De l'avis de Marjatta, tout ce qui avait rapport à l'hôpital était décrit de façon réaliste et le livre lui avait remis en mémoire de nombreux détails oubliés. Plus d'un a partagé son ressenti que le reste de la vie du protagoniste était traité de manière un peu confuse et approximative. En plus de quoi, la partie consacrée au sexe dans la voiture semblait exagérée.
CLUB DE LECTURE SENIOR DE KERTTULA

Sur Instagram Cara Delevingne a une part de pizza qui lui couvre le pubis. En commentaire : *It's one of those days and that time of the month.*

Cette idée complètement faussée que les mannequins se font des réseaux...

C'est écœurant de platitude intellectuelle et politique de penser qu'il faudrait rappeler expressément au public que les top models aussi ont leurs règles. #raslachattedeces-conneries
LE CALEPIN DE MIRVA

J'avoue que je me sens vexée quand je lis les descriptions de femmes séduisantes présentes dans *Réception céleste*. Impossible de ne pas déprimer à l'idée que, si j'avais fini au pieu avec l'auteur, je serais devenue l'objet de ces mêmes observations. C'est pour cette raison que je sélectionne toujours comme partenaires sexuels des hommes guidés par leurs hormones. La majeure partie des hommes avec qui on baise, il leur suffit que l'autre partie soit une femme, les exigences plus précises sont des fioritures. La virilité a toujours eu à voir avec l'absence de sélectivité – ce que les hommes contemporains semblent avoir oublié.

Pour les boucs, je suis une femme, avec mes défauts et mes larmes. J'ose être à proximité d'eux.
MARI

p. 308
Les troubles de la vision sont une pure terreur. Et ce sentiment n'est pas atténué par le fait que le corps médical croit à peine à leur existence. Les forums de discussion sont remplis d'opérés du cœur qui se plaignent de troubles de la vision. Est en cause, selon toute vraisemblance, l'irrigation sanguine du cerveau que le recours à la machine cœur-poumon a perturbée. Ou bien autre chose, possiblement la musculature. À un an de l'opération, une zone gris foncé apparaît au plafond, je suis en train de prendre ma douche, un de mes yeux devient entièrement aveugle, un nuage opaque se traîne à travers mon champ de vision. En pleine lecture mes yeux se brouillent, tout m'apparaît en double, nettement, mais en double. Je trottine dans l'appartement, je roule la nuque, je m'étire, je me secoue, je prie pour ne pas mourir ou devenir infirme. Aux urgences neurologiques, ils n'ont pas d'explication. Livré à la solitude institutionnelle, j'attends les prochaines apparitions.

Il y a une menace de pluie dans l'air. Un nuage numérique fait une apparition rapide sur le pare-brise, accompagné d'une goutte en chute à l'aspect graphique satisfaisant.

Une masse nuageuse grise s'est amoncelée au-dessus du complexe de la gare de Pasila. La nouvelle allure de ce quartier hérissé de gratte-ciel m'instille une sensation optimiste dans la poitrine. Les capteurs de la voiture y réagissent. Mon dynamisme augmente. Nous empruntons le tunnel qui passe sous le complexe. Un rêve de science-fiction, où nous

nous retrouverons un jour, où nous nous prendrons encore dans les bras. Les banquettes usées du cinéma Orion. Une table en désordre et une tasse à café crasseuse dans *Solaris*, qui est le premier film qu'Holm a montré à sa femme. Les êtres humains qui filent à toute vitesse. Ce qu'il éprouvera ensuite dans le service de réanimation. C'est de l'amour, la croyance que les lois de la physique nous sont inconnues et que, dans le futur, nous nous retrouverons.
RAUNO

p. 284
Aussi loin que remontent mes souvenirs, j'ai toujours pensé que mes sentiments étaient mensongers. Je crains qu'ils ne soient engendrés par des motivations fausses, que mon engouement ne soit pas de l'engouement véritable et mon amour pas du véritable amour. Ma haine aussi est autre chose que de la haine. Tout se double d'une conspiration si habile que je ne la comprends pas moi-même.

Je suis quelquefois surpris que quelqu'un se souvienne d'un événement passé de la même façon que moi. Ce n'était donc pas mon mensonge ? Une production ultérieure de mon esprit manipulateur ?

Si je rencontrais maintenant l'actrice suédoise, que se rappellerait-elle de nous ? Se souviendrait-elle que nous nous sommes rencontrés ? Que nous étions dans un train ? Que nous nous sommes embrassés dans la foule de la gare de Tampere ? Il est parfaitement possible que nous ne nous soyons jamais rencontrés, en tout cas en aucun sens où je l'ai prétendu dans mes textes.

Écrire, c'est avant tout éliminer les souvenirs difficiles. Le plus efficace est de viser à la véracité. Rien ne s'est jamais passé comme on l'écrit.

p. 327
Je suis tombé amoureux du thé à l'hôpital. J'ai appris à faire infuser un Sencha si léger que la boisson ne se distingue pas d'une tasse d'eau chaude. Je voulais que les choses que j'aime proviennent de toujours plus loin. Je n'écoutais *Le Clavier bien tempéré* que joué par Fischer parce qu'il n'existe pas d'enregistrement sur disque plus ancien. L'argent, je n'en avais qu'un usage théorique, en chiffres sur l'aperçu de mon compte de titres en ligne.

Un soir, je voulus montrer à Maija et à notre enfant comment gagner l'équivalent du dîner le temps de déguster notre collation. J'achetai pour quelques milliers d'euros d'actions Snowflakes qui avaient été mises en vente à la Bourse de New York quelques minutes plus tôt. Je plaçai un stop loss pour protéger le capital et décidai d'un stop win. Au bout de cinq minutes, la valeur de l'action avait augmenté de 5 %, bientôt de 10 %. L'argent du dîner était gagné. Au cours de la journée l'action monta de 120 %, mais nous n'avions pas besoin d'autant pour le dîner. Mon frère m'a fixé un quota de vin : six doses dans la soirée. Mes perspectives d'ivresse se font elles aussi plus lointaines.

(un homme dans le jardin)
Une fois que j'eus vérifié que tout était en ordre à la cuisine et donné un baiser à ma fille, je pris l'escalier pour monter à l'étage où mon mari dormait déjà. Je décidai de lire un moment et ouvris mon volume, je cherchai des yeux la dernière phrase que j'avais lue, mais un sentiment inquiet me fit refermer l'ouvrage et regagner la cuisine. Au rez-de-chaussée il faisait aussi noir que dehors. La nuit n'avait cure des obstacles construits de main humaine, elle

était égale partout et se renforçait de notre absence. On eût dit que je n'aurais pas dû me trouver ici, au centre de cette cuisine. J'appartenais aux bruits que la nuit avait chassés. Dans la serre, un homme était assis. Était-ce possible ? J'appuyai mon front contre la vitre et tentai de m'en assurer. Qui donc se trouvait au milieu des fleurs de mon mari ? Scrupuleux en matière de parfums, celui-ci avait laissé dans la cabane de jardin des espèces odorant aussi la nuit. Étaient-ce elles qui avaient attiré des fantômes ? Il ne restait plus guère de nuit, quelques heures. L'homme était plongé dans ses pensées, endormi, qui sait. Son monde s'était peut-être tant réduit qu'il n'en subsistait plus que notre cabane et son banc. Je regagnai la chambre à coucher. Le livre reposait sur la table. À l'intérieur de la respiration profonde, rauque de mon mari résonnait une chanson comme on entend quelqu'un crier par fort vent. Je rouvris le volume et décidai de lire quelques pages. Les pensées en étaient si lourdes qu'elles traversaient aisément et en leur entièreté le fond qui, cette nuit-là, me tenait lieu de limite. Heureusement, voici le matin.
HELENE

« L'unique condition posée à l'écriture de *Réception céleste* est qu'il soit plus étendu que *L'Encyclopédie*. Ses points les plus périphériques devront être plus distants les uns des autres que dans *L'Encyclopédie*. Sa variation lexicale, thématique et stylistique, plus grande que celle de *L'Encyclopédie*. Thématiquement plus concentré, il lui faudra être moins discursif.

« *L'Encyclopédie* est une œuvre éminemment discursive. Sa poétique est si close qu'il semblait par moments impossible d'y faire entrer quoi que ce soit. C'est sur ce paradoxe que se déploie la tension de l'œuvre. En apparence elle parle de tout, mais sa discipline poétique est presque hostile.

« *Réception céleste* n'aura pas à être cinglant. Ses phrases ne requerront pas le même modelé moderniste poli et définitif. Ses sujets pourront être réellement frivoles. Il lui faudra être suffisamment lâche pour embrasser même des idées éthiquement appropriées, et son cœur profond n'aura pas, comme *L'Encyclopédie*, besoin d'être étayé par l'ambition de faire sursauter le lecteur propre à la tradition romanesque française. Il pourra être sincère, tendre et bourgeonnant. Il aura le droit de comporter des sentiments ordinaires. L'ironie n'aura pas à être au centre de sa vision du monde. L'humour en général ne sera pas son point de mire. Le livre pourrait aspirer à être précis sans que le rire ou le sourire soient inclus dans la reconnaissance.

« Au lieu du rire, des yeux qui regardent loin. »

LUMOOJA, REVUE DE POÉSIE

(la cartier tank)

À l'émission télé du matin, Holm a une Cartier Tank au poignet. Nous pouvons lire dans son ouvrage le compte rendu de deux photos de la Tank qui l'ont inspiré, auxquelles il revient régulièrement, l'une de Warren Beatty et l'autre d'Yves Saint Laurent. La plus célèbre de toutes est celle d'Andy Warhol. L'artiste dérive dans la solitude d'une fête new-yorkaise. Personne ne veut lui parler, ou n'est en train de le faire en tout cas. Sa Tank, comme on le sait, n'indique pas la bonne heure. Pour le dire avec les mots de Warhol : l'idée n'est pas de montrer le temps mais la Tank en elle-même.

Les autres propriétaires de Tank connus sont la princesse Diana, Ralph Lauren, Jeff Goldblum, Truman Capote,

Giorgio Armani, Igor Stravinski, Steve McQueen, Muhammad Ali, Jackie et John Kennedy.

« Les gens qui soupirent après leurs idoles porteuses de montres Cartier s'offusquent de voir ce même objet à mon poignet. Je ne sais l'interpréter autrement qu'ainsi : on sera autorisé à en porter une si on le vaut bien. Les gens me montrent inconsciemment quelle est ma place. Il faudrait, pourtant, que mes livres soient hauts de gamme et surprenants » (p. 226).

« Quelques jours après mon achat, on me dit que le diurétique que je prends, la spironolactone, entraîne une diminution des hormones masculines. Je lis aussi que la spironolactone est un médicament standard dans le parcours médical des personnes transgenres qui passent d'homme biologique à femme. Je comprends maintenant pourquoi mes seins sont ramollis et gonflés. Je regarde ma montre d'un autre œil » (p. 227).

PHILIP

Avec un réflexe de classe moyenne proprement irritant, Jan Holm relativise son travail littéraire. Il lui arrive de déclarer que, comparé à telle ou telle catastrophe, son travail n'est pas important. Comme si la littérature était une sorte de passe-temps qui ne prend de sens que lorsqu'on a réglé les choses plus importantes.

Il n'y a rien de plus important que la littérature.

MINTTU

Dans une petite librairie de Fredrikinkatu, ou était-ce Annankatu, l'écrivain déclare (j'ai noté ça dans la mémoire de mon téléphone) qu'il y a peu d'activités où les gens montrent autant d'hostilité envers ce que tu fais que quand tu écris des livres. Même si l'édition d'un ouvrage est relativement peu onéreuse, on réagit à la publication d'un mauvais livre comme à un crime environnemental. Dans le cinéma, où tout se fait avec l'argent des contribuables et où un film médiocre empêche d'en faire un bon, cette attitude hypercritique peut s'entendre. Cette hostilité injustifiée fait de l'écriture une occupation triste, presque nocive, constate l'écrivain.

À la fin de la rencontre, il signe des exemplaires pour une poignée de lectrices. Je connais vaguement l'une d'elles, une fille pâle en veste à franges, qui habite dans mon escalier rue Vaasankatu. Elle a un calepin vert menthe auquel elle s'agrippe des deux mains. Ce livre est important pour elle, mais les filles qui lui ressemblent peuvent s'attacher à n'importe quel truc frivole comme à leur plus grand trésor. J'attends qu'elles obtiennent leurs autographes et décampent, car j'aimerais demander à l'écrivain s'il accepterait de faire une visite à la clinique de traitement de la toxicomanie où je travaille, mais la fille pâle, dont c'est maintenant le tour, ne lâche pas l'écrivain embarrassé. Je l'entends évoquer une amie en commun qui aurait voulu venir mais n'a pas pu, ou un truc de ce genre. L'écrivain n'a pas l'air très intéressé. Il tamponne sa sueur avec un mouchoir en papier chiffonné et jette des regards vers l'arrière-salle. Il enfonce la charpie de papier dans une poche avant de son jean. La fille parle et parle et montre quelque chose dans son calepin. Par moments elle saisit l'écrivain par le bras et lui dit quelque chose de grave en le regardant dans les yeux. Je crains d'avoir à attendre mon tour longtemps. Je me promène dans les rayons, je regarde les livres posés sur les étagères et les tables. Énormément de livres. Comment peut-on proposer à la vente une telle quantité et une telle diversité d'un objet dont la consommation est aussi laborieuse? La sélection d'un disquaire, même s'ils ont disparu, je comprends son étendue dans une certaine mesure : un disque, ça s'écoute en une heure pendant qu'on fait autre chose, mais un livre mobilise tant de ressources qu'on peut difficilement se dire que les gens d'aujourd'hui en terminent ne serait-ce qu'un seul. Je n'essaierai sous aucun prétexte de me mettre à la lecture du nouvel opus de l'écrivain. Je n'oserai pas non plus essayer de le faire lire aux patients en toxicomanie. La vie les a déjà trop malmenés. Cela ne leur ferait aucun bien d'abandonner une fois encore un projet au milieu. J'espère quand même que l'écrivain sera notre invité. Il n'osera sans doute pas refuser ou exiger d'être payé comme le précédent. Mais les histoires de la fille pâle n'en finissent pas. Je prends le nouvel opus de l'écrivain sur une table. C'est un gros pavé à la couverture hyper minimaliste : des nuages au crayon gris entre lesquels tombent des rayons de lumière. Nuages et rayons sont dessinés de manière stylisée, le nom de l'auteur et le titre de l'ouvrage sont eux aussi tracés au crayon gris, mais en écriture cursive. Il n'y a pas la moindre couleur, hormis le nom de l'éditeur sur la quatrième, imprimé en rouge. Je feuillette l'ouvrage, composé de très courts paragraphes et lis un bout par-ci par-là. Ils semblent délibérément déconnectés les uns des autres, comme des poèmes ou des petites dédicaces. Je relève le regard, je ne vois plus l'écrivain ni la fille pâle nulle part. Je me précipite vers l'arrière-salle. Personne, là non plus. Une femme d'un certain âge, qui attendait manifestement son tour, ouvre maintenant la porte et sort dans la rue. Je n'arrive pas à me décider, vais-je lui courir après pour lui demander où l'écrivain a disparu tout d'un coup, ou mener des recherches plus approfondies dans la boutique? La femme a l'air maussade, je décide donc de passer à l'action. C'est alors qu'un homme grand sort de l'arrière-salle en traînant ses savates et annonce que la librairie est fermée. Je l'écarte d'un coup d'épaule et me rue vers le fond de la pièce. Les toilettes se trouvent derrière un ensemble de canapés usés. Près de la porte, une haute pile de cartons. Je tire un bon coup sur le battant : personne. Je fonce à la porte de derrière. Entrouverte. Je subodore que l'écrivain et la fille pâle au calepin se sont échappés par là. Je traverse la cour mouillée en courant vers le porche, j'ouvre un portillon lourd, et me voici dans la rue. Une longue rue, Fredrikinkatu ou Annankatu, je ne connais pas très bien les rues d'Helsinki, au bout de laquelle, très loin, à peine distinctes dans l'obscurité du soir, je vois deux personnes marcher. Je ne pourrais l'affirmer avec certitude, si ça se trouve je ne vois qu'une seule personne ou alors un groupe composé de deux petites personnes très serrées, mais si je me forçais à deviner, je dirais que je vois deux personnes, un homme et une femme, à peine.

PETRA

(extrait de mon journal)

« Tout s'est déjà produit il y a longtemps ou se produira plus tard. Le moment présent est calme, spacieux, occupé par des tâches de maintenance. Des phrases convenablement signifiantes, des sentiments modérés. J'attends le retour de Satu. J'ai mis le nécessaire pour le soir sur la table. Les gens se rassemblent à la plage en fin de journée pour admirer le coucher de soleil, nous nous mêlerons nous aussi à la foule. Il serait vain de décrire cette vie

en y cherchant une suite d'événements singulière dont on conterait le développement et la conclusion. Mieux vaut se concentrer sur le point où nous sommes et nos allers et retours, nous rendre aux mêmes endroits si souvent que tout se confond. Dormir mille nuits côte à côte avec les mêmes routines du soir, comme si la vie était un seul instant dilaté. »
RAUNO

p. 78
Le sommeil de notre chatte Sipuli devient plus profond à mesure qu'elle se rapproche chaque jour de la mort. Son sommeil de félin de dix-neuf ans, quand j'écris assis à son côté sur le canapé, fait venir au plus près ses distances intimes. La chatte est toujours ici, même à la plus grande distance qui soit. À la fin elle n'aura plus la patience de revenir. Alors, il faudra la laisser s'en aller.

(la météo de l'île-monastère)
On parle de la météo sur l'île-monastère : il bruine, le soleil ne gêne pas les mauvais yeux et l'espoir ne perturbe pas les routines de l'aigreur. En cas de tempête, l'eau déferle en cognant tout ce morceau de terre.

(le principe dramaturgique)
Mon ouvrage requerrait une idée structurelle/conceptuelle très simple, qui éclairerait tout ce que j'ai écrit jusqu'à présent, montrerait en quels points se trouve mon œuvre et où elle ne se trouve pas, un peu comme une radioscopie, et je pourrais supprimer l'excédent et ajouter l'essentiel, ou tout réécrire en changeant de principe, en remplaçant le mélange des voix narratives par le monologue d'un

personnage unique ou en transférant chaque unité narrative sous la responsabilité d'un narrateur chaque fois nouveau. Il faudrait une intelligence qui raconterait (par exemple) : tout ce livre est le monologue intérieur de ma grand-mère. Une veuve, Leila, prépare le thé dans son appartement de Kallio et pense à toutes ces choses tandis que l'eau bout. Ou bien : voici le récit de ce qu'un fœtus pensait être de l'autre côté du tissu utérin avant de se faire extirper par surprise par un corridor secret et propulser dans le monde. Voici la meilleure estimation qu'il pouvait donner du monde des êtres qui respirent par eux-mêmes, un monde vers lequel il n'a pas eu d'effort à faire pour se frayer un chemin.

Chaque ensemble (sans préciser davantage) comporte un principe dramaturgique qui peut être plus clair ou plus trouble. En se troublant, le principe peut s'éclaircir. En s'éclaircissant, il peut se troubler. Mais ce principe sera toujours susceptible d'être découvert. Il peut s'agir, si on m'accorde une comparaison pianistique, de la hauteur à laquelle on jouera l'œuvre. En élévation, même les ensembles étendus sont maîtrisables. Au niveau micro, les microensembles étendus sont au ras du sol et maîtrisables.

Le principe dramaturgique de ma vie est la littérature. Accessoirement je suis une linguisticienne du réel (je cherche des équivalents linguistiques pour des choses qui nous sont familières à tous mais que nous ne pouvons exprimer en mots) et je crée surtout une nouvelle réalité linguistique artificielle qui est la tâche de la littérature. L'écriture est avant toute chose un travail d'extension, et non d'explication ou d'interprétation, elle ne conçoit ni ne raconte quoi que ce soit, mais elle rend concevable et racontable.

Pour l'heure, je suis en train de créer une œuvre de telle façon que j'écris sur tout ce qui me vient en tête, en me reposant sur la croyance que les conditions extérieures à la matière traitée, ainsi le moment de l'écriture ou le fait qu'une seule et même personne écrive le livre donneront une cohésion suffisante à un matériau apparemment dispersé.

Je crois que je vais également vivre ma vie en suivant ce principe. Je vais faire les choses au petit bonheur, je vais viser la dispersion maximale dans mes choix et espérer que les courants sous-jacents liés à ma personnalité et à ma temporalité y créent une logique.

LE CALEPIN DE MIRVA

Ne fais pas confiance à une personne qui a le cœur brisé. N'accorde aucun crédit à ce qu'elle dit ou fait. Tous ses actes, à commencer par l'habillement et les loisirs, sont autre chose que ce dont ils ont l'air. Ils recèlent un message secret destiné à un bonheur perdu. Si le cœur brisé est celui d'un écrivain, ses romans ne sont plus des romans mais des écrits codés destinés à être lus par une seule personne. Les lire réellement de près, ce serait décoder cette langue cryptée. Un cœur brisé ne t'écoute pas et n'a pas besoin de ta compagnie, il s'endurcit au contact des mots tangents à sa tragédie et somnole dès qu'ils sont partis. Il est soulagé que tu t'en ailles avec tes histoires. Il écoute la musique qu'il économise, pendant un instant, il ne veut pas dilapider son pouvoir d'enchantement. Il vit sur la réserve, en hypoactivité, tout espoir étant perdu, ses deux derniers millions de battements.

PAULIINA

Absolument chaque chose nous transforme entièrement.

Une opération du cœur dont le pronostic est bon. Il faut un sujet suffisamment petit, une modeste graine, pour que les mots puissent pousser.
KAARLE

Le directeur général du Théâtre national définit l'art ainsi : l'art aide à se souvenir, tandis que le divertissement aide à oublier.

Je trouve sa définition saugrenue. Tout ce qui parle du monde humain, que ce soit pour l'oubli ou la mémoire, est du divertissement. L'art, quant à lui, est une luminescence céleste, issue d'un autre monde.
ANNA

On prend facilement de l'ascendant sur moi. La moindre supériorité me donne un sentiment d'insuffisance. Si quelqu'un a beaucoup de cartes Pokémon, je deviens toute timide devant lui, comme si c'était une star. Quand je suis avec un punk, j'ai l'impression d'être une trouillarde atone. Quand je suis avec des geeks, je me sens superficielle et stupide. Rien, même pas un défaut franchement visible chez un autre, ne remonte mon estime de moi.

Si on me fait des compliments, je tombe vite dans l'arrogance. La plus petite marque d'attention me propulse immédiatement au sommet. À ce moment-là, je suis capable de tout. Puis quelqu'un me retire mes forces, il suffit d'un seul mot, en général. Parfois d'un seul regard.
NINNI

LE CAKE AU CAFÉ n'est pas de la nourriture, mais une performance. On ne le confectionne pas davantage par amour de la nourriture que par amour des enfants. Personne ne vous oblige à en préparer un, mais vous le préparez comme si vous y étiez obligé, en faisant semblant d'être pressé. Vous en mangez un bout au passage, sans goûter vraiment, sans y prendre plaisir, entre deux obligations que vous vous êtes inventées. Vous faites semblant d'avoir à jouer les trouble-fête dans la chambre des enfants à ce moment précis. Vous en profitez pour avaler négligemment un bout de cake au café. On ne devrait pas mépriser les enfants en leur fourguant des friandises médiocres ni remplir sa vie en faisant des trucs absurdes. Les animaux de compagnie aussi savent reconnaître une saucisse de catégorie supérieure. Après s'être régalés de produits de qualité, ils se consacreront à leur précieux sommeil tout l'après-midi.

voir oisiveté animée, oisiveté méticuleuse, Bach de l'après-midi, chaos concentré, brasier délimité, paresse de la vibration à haute fréquence

p. 79
Le taxi ambulancier a raconté l'histoire d'une infirmière qui renonce aux drogues industrielles dont l'hôpital abonde, et commence à s'injecter du venin de serpent. On trouve absolument tout sur le navigateur Tor, y compris une gamme complète de sécrétions produites par les animaux les plus rares. Nous vivons une époque de microdosage, et presque n'importe quelle substance peut, en étant bien administrée, profiter à l'être humain. À l'hôpital, au contraire, les préparations se font toujours à la hausse. Les

cardiologues joutent à l'envi pour savoir qui prescrira les plus grosses doses.

Plus juste serait de ne pas être surpris par lui non plus.

(talenom)
Oublié dans la froideur automatisée du cabinet comptable, le livre embrassait tant de choses, avec tant de détails et une telle précision dans les nuances que je sentais qu'il me murmurait quelque chose à moi aussi. Un sentiment étrange, pas tout à fait étranger, mais rare.

Lorsqu'il y a une prodigalité de pensées peaufinées, l'unique prend toute sa valeur.

Puis mon client s'est présenté. Nous avons parcouru toujours plus loin le couloir insonorisé par la moquette, longeant les vitrages à isolation acoustique jusqu'à la salle de réunion climatisée, débarrassée de tous objets.

Le silence qui règne dans un cabinet comptable est dû à l'ambiguïté qui entoure le régime des sociétés à responsabilité limitée, à la peur généralisée de se faire accuser d'évitement fiscal. Mieux vaut ne pas réveiller le chat des impôts qui dort, ni la moindre bestiole.

Le rire et les grands airs, la vie joyeuse de manière générale, appartiennent au monde des choses univoques.
ESKO

(une nouvelle vie pour le critique)
Génération après génération, nous livrons notre destinée au critique, juste comme ça. Le critique n'est pas plus spécial que nous, et même de plus en plus souvent en deçà de nos aptitudes. Nous lisons pourtant avec terreur son arrêt

fatal dans le journal, et ne regagnons notre capacité d'agir qu'après des lustres, durablement blessés.

Si nous découvrons dans son écrit quelque phrase dont l'interprétation pourrait être positive, nous la partageons à tout le peuple des réseaux. L'éditeur la fera imprimer sur la quatrième de couverture de notre prochain ouvrage. On dégotera, même dans les pires recensions critiques, une phrase interprétable en notre faveur. On pourra l'isoler du reste comme si ce cauchemar n'existait pas. Si seulement l'écrivain pouvait avoir quelquefois autant de poids avec ses mots. Si seulement on lui accordait le peu d'effort d'interprétation auquel on consent à l'égard du critique.

Je fus moi-même critique avant de devenir un écrivain qui publie. J'ai écrit quelques recensions sévères dans les revues *Nuori Voima*, *Parnasso* et *Tuli & Savu* en échange de quelques dizaines d'euros. J'ai immédiatement compris que, peu importe le tarif, l'écrivain, lui, n'oubliera jamais : aucun dédommagement ne compensera la mauvaise impression qui me collera à la peau jusqu'à la fin de mes jours. J'ai compris que je ne voulais plus ajouter une seule goutte de mal dans ce monde incrédule. Certains pratiquent le boulot de critique selon leur libre vouloir en échange de maigres rémunérations. Ils adorent voir souffrir des innocents. Car un écrivain n'est pas mauvais par méchanceté mais parce qu'il cherche à bien faire, or avant longtemps il va métaboliser son mal-être en souffrance infligée à ses enfants. La littérature est un îlot de bonté au sein d'un monde malade. Qui voudrait la détruire ?

Pourquoi ne détrônerait-on donc pas dès aujourd'hui le

critique ? Nous avons déjà renoncé à partager ses mauvais mots, pourquoi ne pas en finir avec les bons aussi ?
VELI-PEKKA

Si une mauvaise critique ne faisait pas chier au plus haut point l'écrivain, il ne serait sans doute pas capable d'écrire avec précision. Il est impossible d'être précis dans certaines choses seulement et de mettre les autres de côté.
VEIKKO

« Mon rapport à la violence a évolué au fil des ans. Avant, je m'y opposais catégoriquement, cela s'entend. Je considère aujourd'hui qu'elle fait partie de ma panoplie, même si je n'en use pour ainsi dire pas. Plus je vieillis, plus l'honneur prend d'importance » (p. 191).

Je ne sais pas toujours quand Holm fait de la provocation et quand il est sérieux. Ses phrases partent d'un point légèrement différent chaque fois. Néanmoins, en vieillissant, c'est le contraire qui m'est arrivé, alors même que je n'ai jamais été violent. Je me fiche complètement de l'honneur. L'absence d'amour éveille en moi de la pitié. La présence d'amour, du bonheur.
MARTTI

Je n'ai jamais « rendu la pareille » à personne, car je ne suis jamais certain de l'unité de mesure. Ce qui m'a semblé être une offense n'était pas nécessairement pensé pour en être une. Il se peut que l'offenseur ait envisagé que l'intensité de sa pique n'était que moyenne, et pas mortelle. Peut-être qu'il s'est senti en infériorité par rapport à moi et s'en est prévalu pour décocher son attaque. C'est à cause d'obscurités de ce genre que j'ai ravalé mon exaspération.

La faiblesse de mon caractère a sans doute eu sa part dans l'affaire. Je redoute que tout ne s'écroule si je me saisis des forces du mal et ne me contente pas de les laisser s'écouler au-dehors par mon entremise. Je pense que les communautés sociales ont besoin de canaux tels que moi, de sortes d'égouts, afin que tout ne pourrisse pas sur place.
HEIKKI

(le représentant en partitas)
J'adore les personnages historiques secondaires. J'ai appris aujourd'hui dans *Réception céleste* que Georg Böhm officiait dans toute l'Allemagne du Nord comme agent commercial pour les impressions des partitas de Bach.
VESA

p. 207
Autre personnage secondaire ayant eu une influence sur l'histoire de la musique : Luc Havan, le videur qui a battu Jaco Pastorius à mort.

(les comiques qui ne font pas rire)
« Chaplin, Buster Keaton, Jim Carrey, Robin Williams. Quelle est cette absence de joie qui les unit ? » (p. 98).

J'ai regardé un film de Jim Carrey en étant sous l'influence d'amanites et j'ai passé toute l'heure et demie à pleurer. J'adore ce genre de désordre sentimental. Jim Carrey est un virtuose venu répandre la dépression sur terre. Le même constat vaut pour les autres membres de la liste.

Il n'y a pas d'endroit plus vide que celui d'où le rire est parti. Le taxi ambulancier, sous l'influence de la kétamine, fait un rêve dans lequel il accède au studio du jeu

télévisé Speden Spelit. Les temps changent et le rire va te quitter, déclare-t-on dans son rêve, et on poursuit : ne vis qu'avec ton cœur, à chaque instant et à chaque époque, les nonnes ne se démodent jamais.
MINTTU

Réception céleste serait à peu près négligeable n'était *La Fondation*, mais *La Fondation* ne serait pas de l'art romanesque sans *Réception céleste*. L'essentiel, c'est qu'un roman est un acte.
SOFIA

p. 229
Nous fumions un joint sur la balancelle de jardin du Park Hotel à Turku lorsqu'elle me confia qu'elle n'avait plus que six ans pour baiser, après quoi les hommes ne l'intéresseraient plus.

Je n'ai jamais pensé que nos vies s'articulent autour de retournements de situation ou de bifurcations nettes, mais en y repensant après coup il est manifeste que ma jeunesse attardée s'acheva à la fin de cette romance. Dès l'instant où nous convînmes d'y mettre un terme, ce fut le début de mon âge mûr. Je pris aussitôt dix kilos. Je me retrouvai seul avec mes textes publicitaires, qu'il me fallut rédiger pendant six mois encore, et je n'avais aucun chantier ambitieux en cours. Lors de l'année suivante, les jours de ma jeunesse s'éloignèrent d'au moins cinq ans. Les souvenirs récents me paraissaient si lointains que j'avais peine à croire que leur source même eût jamais existé. Apprendre que j'avais une maladie cardiaque et qu'une intervention chirurgicale se profilait fut un soulagement.

Il me fallait subir une mutilation rituelle pour parfaire ma transformation.

Après l'opération, je m'installais habituellement sur un banc de l'esplanade des Hespérides, et effectuais mes opérations boursières sur mon téléphone. J'achetais du Wärtsilä et du Berkshire Hathaway. Pas un seul passant, homme ou femme, ne me jetait un coup d'œil. Entre-temps je lisais un peu, non plus les chefs-d'œuvre expérimentaux de ma jeunesse mais des nouveautés que je m'étais payées avec mes propres deniers : du Rachel Cusk. Si j'entendais un morceau d'Arcade Fire passer à la radio, j'arrivais à peine à retenir mes larmes. Retournant à Rytmi pour la première fois, j'eus l'impression d'entrer dans une pièce que j'avais connue en rêve. J'observais avec chaleur les gens qui s'enivraient et j'épuisais mes amis avec mes logorrhées sur l'énergie magique qui régnait dans le bar et l'impression d'étrangeté que me faisait toute la vie.

Je n'ai jamais accordé un grand crédit à la fidélité aux époques, mais je compris alors que la jeunesse est l'unique âge dont on ne pratique pas les activités centrales aux autres périodes de sa vie. On reprend les hobbys de son enfance et de son adolescence une fois atteint l'âge mûr, un par un, mais la jeunesse reste délaissée.

Je ne vais plus m'asseoir sur l'esplanade des Hespérides, mais j'ai bien peur que mon livre de convalescence ne soit aussi fatigué, tarabusté et bouboule que je le suis devenu. Je ne suis pas sans savoir que mon bonheur actuel est trop vertueux et statique pour être vendu sous forme de livre. La jeunesse a aussi pour elle de mieux communiquer avec les lecteurs que les autres âges.

(les meilleurs titres de vidéos youtube de *réception céleste*)
— Gardening on Salvia
— Does owning a Jaeger-LeCoultre Reverso make you cool?
— Orgasmic sound of 4-rotor Mazda 787B
— Here is a Schizophrenic Dog
— Bas Rutten Street Defense – The Best Version
— UFC 4: Keith Hackney vs Joe Son – BRUTAL Groin Shots!
— Jesse Pynnönen Sukupizza haasteen kimpussa
— SinäTuubaPaska – Artturi-setä kiriolee xD
— Future Islands – "Seasons" @ Letterman 3/3/14
— drummer at the wrong gig
— World's Biggest Fart – The Hippo

SAMI

Il est rare que ces deux espèces de talent, l'intelligence et l'application, se rencontrent dans la même personne. Les gens très intelligents sont paresseux. Leur intelligence les empêche de s'engager dans de vains projets, et presque tout, n'est-ce pas, est vain. Mais dans les rares moments où le talent rencontre l'application, où l'intelligence trouve une raison d'agir, on assiste à la naissance d'un seigneur du monde, de la littérature ou des percussions.

SAUL

Quels genres de textes ou de mondes textuels te rendraient dingue ?

WILSON

Je suis aussi coupable qu'autrui de la misère de notre existence. Je suis indifférente à la détresse des autres, mais je me préoccupe de la mienne. Je traite mal mes proches. Si je ne leur crache pas dessus ou ne commets pas d'actes scandaleux, je suis glaciale, distante, je respire la mort.

Si seulement, au lieu de payer une fois de plus un thérapeute pour m'entendre dire à quel point les autres ont tort, je comprenais que tous les péchés jamais commis sont aussi les miens. Et que lorsque je demande à être pardonnée, la miséricorde que je reçois s'étend aussi à tous les autres êtres humains.

MINNA

(l'amertume)

Quel pire tort pourra faire à quelqu'un d'être traité de manière injuste? Démolir sa capacité introspective à juger de ses propres actes, de la rectitude de son être le plus profond. Tout s'orientera vers l'extérieur.

AHMED

Ce qui me reste du monde, ce sont les sentiers forestiers. Quand on me pose la question, je réponds que c'est en parcourant un sentier compacté par le passage, formé de terre et d'aiguilles, traversé de racines, que j'ai été la plus heureuse.

VERA

(la dépression fonctionnelle)

Pour ce qui est des incitations psychologiques, le livre évoque l'état de choc chronique qui s'impose dans la vie de l'écrivain quand sa chérie couche avec un autre homme. Tous les événements ultérieurs peuvent être déduits de cet événement initiateur remontant à une décennie. Des années après encore, l'écrivain ne peut pas concevoir que

sa chérie s'est véritablement retrouvée les parties dénudées devant un autre homme. Ces affres ajoutent une quantité importante d'imprudence et de suicidalité au comportement de l'écrivain. Il évoque la beauté de la mort lors des soirées littéraires. Le mouvement des organes génitaux de sa chérie et de l'inconnu, leur humidité et leur plaisir le poussent à renoncer absolument à sa vie. Ce renoncement le conduit à une indifférence et une absence de scrupules qui, quant à eux, lui ouvrent la voie du succès. Le succès, pour sa part, rend possibles de nombreux péchés qu'il n'aurait jamais connus autrement. Leur liste est haute en couleur et ridicule. La dépression fonctionnelle est le meilleur carburant pour gagner la maîtrise du monde.
RISTO

La nuit j'ai mal aux os.
AMANDA

(fleminginkatu)
L'homme n'était ni un fou ni un fauteur de troubles, il me regardait dans les yeux et souriait un peu, il m'a demandé : qu'est-ce qu'on t'a fait ? Je n'ai pas pu ignorer sa question et reprendre mon chemin. Toute la misère de mon existence s'est déployée devant mes yeux, toute cette part invisible à laquelle j'ai été subordonné toute ma vie. L'homme a pris le tramway. J'ai sorti mon téléphone de ma poche pour ne pas pleurer. Plus tard, j'ai revu ce même homme au centre-ville. Il arrêtait un homme vêtu d'une doudoune gonflée.

Il est écrit dans *Réception céleste* : « Qu'a consenti une personne qui ne voit pas chaque matin comme un miracle ? » (p. 102).
TANELI

Au contact de ces phrases poncées jusqu'au silence je ressens de la fureur et de l'effroi. Comme si je me promenais dans la chambre d'un nazi où le lit est bien fait, la lampe Kaiser sans un grain de poussière et l'atmosphère aérée. L'ordre, c'est *toujours* la haine.

PAUL

(la critique du helsingin sanomat)

Tout le monde partage la critique du roman de Linnea. Je ne savais pas que le livre avait déjà paru, et j'ignore comment je vais survivre à l'état dans lequel tout ça m'a plongée. J'adore Linnea, mais je ne supporte pas que sa photo soit dans le *Helsingin Sanomat* et qu'on qualifie son roman d'événement.

Je déteste ce monde. L'oppression, je la supporte encore, mais pas une merde pareille. Quand j'ouvre cette double page consternante à la bibliothèque, le constat est limpide : on ne fera pas l'équivalent à mon sujet, jamais. Même si mon livre s'avérait mille fois meilleur, Linnea a déjà pris ma place. Je ne voudrais rien retirer à mon amie, mais j'aimerais tellement être à sa place. Personne ne sait à quel point j'en ai envie. Quel effet ça ferait d'entrer au Cafe Talo après une telle double page ? Ce serait vraiment génial de passer commande au comptoir, de recevoir les gens qui viendront me féliciter, me dévisager et rigoler. Je serais quelque chose, je pourrais rester relax, être gentille avec tout le monde, soutenir les autres. Maintenant, tout ça m'a été enlevé, et je n'ai plus rien à donner à personne. J'ai déjà un peu scarifié une vieille veine sur mon bras gauche. Je vais laisser couler tout ça sur mon corps en épais filet rouge noir. Univers, je promets de donner cent euros par mois à

Greenpeace si tu fais de moi aussi une rédemptrice célèbre, si tu fais que les critiques remarquent mon livre, ce que je suis et ma capacité à aider. Être déprimée et amère serait beaucoup plus facile si j'étais une autrice connue. Mais être insignifiante, alors que je ne suis rien... Je n'écrirai plus jamais. Hors de question que je prolonge mon manuscrit d'une seule ligne. Je vais me venger sur moi-même, méthodiquement, impitoyablement, durablement. Je vois devant moi un sentier de douleur et de sang sur lequel je m'engage, sereine et prête.
MINTTU

Quelle connerie, que ces événements, précisément, aient cette importance dans ma vie.
PAULIINA

On dit que les bébés qui naissent maintenant ne mourront plus. C'est tellement déprimant d'appartenir aux dernières générations mortelles. Et l'éternité, il s'en est fallu de si peu. Les ultimes couchers de soleil de l'humanité sont à portée de main. Après cela, le soleil ne se couchera plus.
SUSAN

Il arracha l'enfant à sa mère et le fit tourner à une vitesse folle en le tenant par les pieds, jusqu'à ce que sa tête se fracasse contre un arbre.

Cela se produisit sur la Terre, qui a l'apparence d'une sphère bleue, sillonnée par les eaux.

Jan Holm se console avec des pensées suicidaires. Après son diagnostic cardiaque, son neuroticisme s'accroît. Il a peur pour sa fille et a déjà décidé de s'ôter la vie sans délai si elle mourait. « La façon la plus facile serait probablement de me jeter sous un train, mais cela aussi demanderait une préparation précise. Les médicaments sont aléatoires. Les modes de transport plus légers que le train ne font que blesser. Je demande pardon. Je ne pourrais pas me faire une chose pareille. Je suis terrifié par la lourdeur d'un camion de livraison qui passe à toute allure. Par mon squelette unique » (p. 265).

Il se souvient d'avoir écrit dans son livre précédent un passage dans lequel une mère saute du toit d'une église à la suite de sa fille et, plus lourde qu'elle, la rattrape avant que toutes deux ne s'écrasent dans la rue. La mère et la fille peuvent passer leurs derniers instants ensemble. Holm parle de la scène à sa maîtresse à Jyväskylä. L'actrice se met à pleurer et dit qu'elle aussi, elle sauterait. « Nous étions ivres, et elle a un fils qui lui manque. Le lendemain matin nous baisions pour la première fois » (p. 234).

Ma vie aussi est faite de douces pensées suicidaires. Chaque soir je m'endors en me laissant bercer par l'idée du sommeil éternel. Je sais que mon psychisme est si compliqué que personne ne peut m'aimer comme je suis. Il y a trop de facettes en moi. Quand on tombe amoureux de l'une, l'autre trompe cet amour. Je ne crois pas aux déclarations d'amour parce que je sais qu'elles n'engagent jamais qu'une partie de moi-même. Dans l'ensemble, je suis une personne antipathique, laide.

Je ne peux pas me représenter le goût du cidre sans me voir en train de le boire sur le trajet qui me conduit au lieu de mon suicide. Le monde des gens comme moi, ce sont les petits troquets près des voies ferrées. On vient y boire ses dernières bières, ce qui en fait des endroits de qualité, même s'ils donnent une tout autre impression.

Le suicide est la principale cause de décès chez les hommes de moins de cinquante ans. L'équivalent d'une bourgade est en train de partir d'ici en ce moment même, et cette ville-ci non plus n'a rien de séduisant, on n'aurait guère de mal à en prendre congé. Beaucoup de mes semblables regardent les nouvelles constructions de Keski-Pasila avec nostalgie : de nouvelles chutes. Les transports publics vont toujours plus vite. La cité d'or est toujours plus proche de cette ville, il suffira peut-être d'un seul pas.
MINTTU

Ceux qui ont leur nécessaire à suicide sur eux ne savent pas qu'après la mort nous nous réveillerons pour revenir à ce même instant.
JULIANA

Frederick Law Olmsted, dessinateur de paysages et de chutes d'eau. Central Park à New York. Les chutes du Niagara et de Yosemite.

p. 282
Le médecin des urgences dentaires de Ruskeasuo, une femme arabe dans la trentaine, se pencha sur moi, j'eus le visage recouvert par son aisselle charmante. La bouche et le nez occultés, je ne pus que respirer l'odeur aigre sécrétée par des heures d'un travail de précision. Cette senteur me resta présente dans l'esprit pendant des jours et me rappela qu'il existe un amour profane au-delà du régime des échanges.

J'ignorais aussi le rôle important qu'ont les dents pour la chirurgie cardiaque. L'endocardite est aussi redoutée parmi les dentistes que parmi les cardiologues. Cette peur s'explique par le fait que ces spécialités ne connaissent rien l'une de l'autre.

p. 322
Quand j'aurai achevé ce manuscrit, il ne me restera plus rien. Le chagrin et la faiblesse pourront commencer. Ce livre n'aurait pas été si long si je n'avais pas eu besoin de lui pour guérir, ou si je ne l'avais pas fait durer comme si la fin n'était pas inéluctable.

p. 131
L'œil scrutateur du chien s'assombrit, le blanc s'injecta de sang, l'œil finit par céder, divaguer, disparaître. Le chien s'était endormi en surveillant mon travail d'écriture. Ses pattes se mirent à courir. Il s'était peut-être réveillé dans son rêve, avait retrouvé sa vigilance. Il se poste souvent là près de moi, à sa place à lui. Nous accomplissons tous deux un travail mental, jour après jour. Moi, pour accéder à la sincérité qui lui est innée, lui pour enrichir la placidité de ses réactions émotionnelles.

Celles-ci sont de ces autres cerises.

Dieu, protège-nous des hautes flammes qui apparaissent à la fenêtre noire du train. Fais que le bras de maman reste autour de nous et, quand elle sera partie, que nous mourions vite.
SAKARI ET MARI

Après un chambardement, il faut du temps avant de pouvoir dire quoi que ce soit qui rassemble les morceaux. Il faudra donc, si l'on ne peut attendre, se contenter d'inscrire

des vérités transitoires. La fragmentarité n'a rien que de naturel lorsque l'analyse est impossible. Le plus souvent, elle est toutefois de l'ordre d'une conviction : la foi dans des explications unificatrices fait défaut.
KREETA

(au sujet des silences)
La tenue Ursus Ultra Light de Bearskin m'ouvre de nouvelles possibilités avec son tissu silencieux. J'ose me rendre dans l'entrée de chez moi, ramasser le courrier avant d'avoir entendu le facteur repartir. Rien n'est évidemment plus effrayant que de se déplacer sans faire de bruit.

Je me demande quel silence il restera de moi quand j'aurai arrêté d'écrire. Quelle importance devrait avoir un écrivain pour qu'on remarque qu'il s'est tu ? Au bout de sept ans quelqu'un se demandera : et elle alors, comment ça va ? En sept ans, on a le temps d'être loin.

Personne n'a besoin de nos mots. C'est pourquoi je n'écris que pour mon cœur, mon confident. Mais le silence né de l'absence de mon homme a l'épaisseur du brouillard aujourd'hui.
MINTTU

J'ai fini mes soirées dans au moins cinquante appartements de Kallio. Un de mes coups d'un soir avait décoré ses murs de vieilles affiches électorales. Rien ne vieillit plus connement qu'une affiche électorale. Dans les vieux journaux, on a plaisir à jeter un coup d'œil à la vie quotidienne de jadis, les publicités du passé sont adorables, mais une affiche électorale, c'est l'angoisse. Elle suinte la mort dès le lundi qui suit le scrutin. La même mort que sécrétait mon coup de la veille ce matin-là. Son caleçon American Apparel jaune citron à bandes blanches avait retrouvé son poste dès la fin du rapport. Mon coup de la veille avait aspiré ses dernières capsules de gaz hilarant et expliqué, au sujet de son caleçon, que le slip taché de pisse offrait un résumé de la première décennie des années 2000. Dov Charney photographiait des femmes en tenues hyper légères dans ses publicités, abusait d'elles autant qu'il pouvait et avait été, l'espace d'un moment, le héros de tout ce que le monde comptait de gens éthiquement conscients.

Ça m'a fait penser à Jan Holm qui raconte lui aussi qu'il portait des sous-vêtements American Apparel. Quand mon coup de la veille s'est mis à m'expliquer qu'il s'était branlé des dizaines de fois sur des publicités American Apparel, j'ai vidé mon fond de lavasse instantanée et je me suis tirée.

La ville est toujours déroutante de splendeur après ce genre de studios mal aérés. Je souhaite à tous ses habitants d'obtenir la même ration jubilatoire que moi de caleçons portés par des inconnus.

MINTTU

La vendeuse que je connais est de retour à la caisse de l'épicerie Alepa de la rue Runerberg, ma sainte et martyre. Tout montre qu'elle fut un jour d'une beauté remarquable et que cela lui a valu mille tortures. Qui pourrait calculer la somme de non-amour qui fut son lot ? Les paroles en rut des hommes, la dureté des femmes.

Elle a vieilli avant l'heure et, maintenant au bout de son martyre, elle trouve enfin la paix. Personne ne la remarque alors que les derniers rayons de soleil se devinent encore sur son visage. Elle peut scanner les emballages en toute tranquillité. On ne lui sourit pas, et elle n'a plus besoin de sourires. Elle ouvre elle-même sa porte. Dans sa parka couleur d'asphalte, elle entend la pluie s'embraser et marche son long chemin jusque chez elle où elle a prévu de lire toute la soirée.

VILJAMI

p. 366

Une grosseur de la taille d'une balle de ping-pong a poussé sur le front de la chatte. Sa gueule est sale et sa fourrure emmêlée.

Ma mère a quatre-vingt-quatre ans. Le chien grisonne et son haleine a des relents d'usine de poisson. Chaque jour, l'enfant devient trop grande pour ce qu'elle était la veille.

Tout nous délaisse. Je comprends ceux qui attendent le royaume des cieux.

p. 172

Lorsque mon enfant de neuf ans toute collante après son cours de danse me saute dans les bras, nous avons l'immortalité en partage.

p. 402

Dans la soirée, je relis mon journal de l'année 2018. Tout a commencé à fiche le camp après un seul post de blog. Le texte finissait par ces mots : « Jan Holm est déjà entré dans l'histoire de la littérature comme celui à qui Baba Lybeck a attribué le prix Finlandia. À l'avenir, on se souviendra peut-être d'Holm aussi comme celui qui a vendu son âme aux stations-service ABC. »

Selon mon journal, les symptômes cardiaques se sont déclenchés aussitôt. Je suis avec mon frère en terrasse du café Kappeli, nous buvons des Aperol Spritz, je me plains de difficultés à respirer. Je peine à finir mon verre. Tout le haut de mon corps me donne la sensation d'être mort, d'être une citerne d'eau. J'évite de parler de mon livre, mais je pleure dans le taxi qui me ramène chez moi. Les semaines et les mois suivants, je prends les plus grosses cuites de ma vie, encore et encore. Je quitte l'Académie critique et j'annonce à la radio-télévision nationale Yle que je n'arrive plus à écrire. Je ne trouve aucune échappatoire à ma honte. Après l'opération, j'ai une révélation : il me faut un nouveau livre qui réparera tout. J'écris chaque jour, pendant toute cette année et la suivante. Le bonheur revient phrase après phrase.

p. 79
Perturbant qu'il en soit réellement ainsi, que pas une de mes connaissances issues du monde littéraire n'ait jamais porté d'attaque contre moi ou mes ouvrages. En revanche, tous les râleurs sont des gens avec lesquels je n'ai pas eu le temps de faire connaissance. Quand on y songe, on ne s'étonne plus que les gens accordent une importance vitale à se constituer un réseau.

(chef-d'œuvre)
« Je ne sais pas si un artiste a intérêt à souhaiter un chef-d'œuvre. Quand on en obtient un, tout est différent. »

« Je relis mon chef-d'œuvre encore et encore, j'étudie ce qu'il a de si bon que je ne pourrais le surpasser. »

« Un chef-d'œuvre demeure insurpassable. Parce que tout le monde en parle, il n'a pas besoin de parler de lui-même. »

« J'ai peur que mon nouvel ouvrage essaie de prétendre qu'il mérite pour telle et telle raison plus d'attention qu'un chef-d'œuvre. »

« Tout simplement un chef-d'œuvre. Ni plus ni moins. »

« Un petit chef-d'œuvre. »

« La vie avant le chef-d'œuvre était une bonne vie. »

« Ne pourrait-il y avoir deux chefs-d'œuvre ? »

« Rappelle-toi qu'un chef-d'œuvre est tout de même ton œuvre. »

« Cela n'atteint pas le niveau de son roman précédent. Que l'on tient généralement pour un chef-d'œuvre. »

« Le voici, l'homme qui a un chef-d'œuvre remontant à des décennies. »

« Encore un livre de ce genre, et je vais considérer que son chef-d'œuvre était un accident. »

« Je peaufinais mon chef-d'œuvre à l'époque. »

« Ils le qualifient de chef-d'œuvre. Pour moi, c'est un livre parmi d'autres. »

« Un chef-d'œuvre naît quand toutes les pièces s'emboîtent à la perfection. Et pas seulement les pièces artistiques, mais aussi commerciales. Il faut que le moment soit juste. »

« Un chef-d'œuvre se trouve là-bas, quelque part. Si seulement je pouvais le voir. »

« Sont-ce les ingrédients d'un chef-d'œuvre ? Certes. C'est bien le hic. On ne peut jamais savoir. »

« Il est déjà clair que je suis en train de lire un chef-d'œuvre. »

« C'est l'œuvre d'un maître, mais ce n'est pas un chef-d'œuvre. C'est magistral, parfaitement maîtrisé, mais pas un chef-d'œuvre. »

« Après son chef-d'œuvre, il n'a plus fait que boire. »

« Qu'est-ce qui en fait un chef-d'œuvre ? »

« Les membres du groupe appelaient Juha Tapio "le chef d'œuvres". »

« Lui qui a réalisé un chef-d'œuvre se fait appeler le chef

d'œuvres. Il finit par accepter toutes les retombées positives personnelles dudit chef-d'œuvre. »

« Son chef-d'œuvre est né au moins partiellement pendant l'état d'urgence sanitaire. »

« L'éditeur fait imprimer "chef-d'œuvre" sur la couverture et prend la fuite. »

« Il vient juste de commencer à lire le chef-d'œuvre. Observe son visage. »

« C'est en octobre, au plus tard, qu'il sut qu'il était en train d'écrire un chef-d'œuvre. »

« Un chef-d'œuvre poussera même l'antagoniste aux larmes, comme dans le film *Amadeus*. »

« Il lui manque un chef-d'œuvre proprement dit. »

« Sa production manque du sous-bois qui précède typiquement le chef-d'œuvre. »

« Même la haute culture littéraire se limite souvent à la connaissance des chefs-d'œuvre. »

« Je me sens seul face à ce chef-d'œuvre. »

« Toutes les œuvres primées ne sont pas des chefs-d'œuvre, loin de là. »

« Elle entame son roman contemporain avec la maîtrise propre à un chef-d'œuvre, mais les signes d'essoufflement sont déjà perceptibles. »

« Les chefs-d'œuvre sont à mon goût trop souvent... »

« Un chef-d'œuvre oublié. »

« Ce qui réunit les chefs-d'œuvre, c'est leur caractère inépuisable. On ne pourra jamais les comprendre ni les maîtriser sans reste. Ils déploient sans cesse de nouveaux côtés d'eux-mêmes. Ils ne sont à aucun moment inintelligibles et à aucun parfaitement compréhensibles. »

« Dans un chef-d'œuvre, la part de l'inconscient de l'auteur est grande. La recherche en a fait son objet. »

« Rien ne réunit les chefs-d'œuvre. Les fiascos, en revanche, ont, à la pelle, des facteurs qui les rattachent les uns aux autres. »

« Cela vaut le coup de publier des poètes car à aucun moment on ne peut savoir s'ils ne publieront pas un chef-d'œuvre ultérieurement. »

« Il arrive plus rarement que le livre le plus vendu d'une production et le chef-d'œuvre soient des ouvrages différents. »

« Un écrivain prolifique pourra tout autant devenir l'auteur d'un chef-d'œuvre. »

« Une personne connue à la télé sera qualifiée, l'âge venant, de maître, même si l'individu en question n'a rien fait de magistral et encore moins de chef-d'œuvre. »

« Son chef-d'œuvre est né naturellement, comme on respire. »

« Après son chef-d'œuvre, sa vie s'est emplie d'avantages. »

« Il a appris à haïr son chef-d'œuvre. »

« Nous avons fait le tour des lieux où se déroule le chef-d'œuvre, toute cette journée-là et la suivante. »

« Nous parvînmes à la statue de bronze sur laquelle le chef-d'œuvre a été coulé dans la main de l'écrivain. »

« Le bronze lui-même n'était pas un chef-d'œuvre. »

« Le hashtag du chef-d'œuvre est l'un des plus populaires de la ville. »

« Une recommandation a été émise pour que le chef-d'œuvre obtienne une journée officielle au calendrier, mais ces processus sont longs et tortueux. »

« Les uns disent que le chef-d'œuvre est né ici, d'autres disent que c'est là-bas. »

JESPERI

p. 171
Un poète sur deux a aujourd'hui un petit minage Ethereum qui tourne dans son studio. Avec la nouvelle carte graphique Nvidia GeForce RTX 3070 on gagne un bout de croûte, environ six euros par jour après les frais d'électricité. Une bourse de la Fondation pour la littérature, et on s'achètera deux cartes graphiques de plus.

Pour ma part, je placerais toute mon énergie sur l'uranium. Ce sera l'unique conseil d'investissement de ce livre. Ces marchés abandonnés vont se réveiller dans quelques années.

Quand une personne s'enrichit, la surface de son appartement augmente, mais la quantité de ses affaires reste identique. Partout s'engendre un espace solitaire, silencieux, blanc.

L'appartement est imbattable : tu auras beau essayer, tu ne pourras pas le rendre à l'image de ta vie ; le paquet de pâtes fraîches qui était le signe d'une insouciance confortable dans ton deux-pièces de Kallio n'est plus qu'un déchet une fois posé sur un plan de travail en marbre blanc.

Ici tu t'éveilles au parfum du vent. Tu es si loin de tout que tu peux éprouver le monde tel qu'il était avant le début. Après la guerre nucléaire, tout, dans ce bâtiment sécurisé et automatisé, est comme avant. Tu te réveilles au vrombissement du blender. Kim Kardashian te sourit au centre du labyrinthe blanc de ta cuisine blanche. Maintenant, au plus tard, tu sais que tu es morte. Les fruits ont un goût de magasin. L'éclairage fonctionne et ne contient aucune sensation superflue. À l'entrejambe tu sens un circuit fermé, prêt à l'emploi. L'esthéticienne censée supprimer tes boutons sur les fesses est coincée au milieu d'un long incident de parking sur un terrain de sport en gravier et ne trouve pas d'issue. Tu n'es peut-être pas morte quand même.

Les appartements, même en y plaçant des millions, ou bien justement pour ça en réalité, se changent en espace public. On achète les mêmes meubles et revêtements résistants à l'usure, on choisit les mêmes couleurs durables. Imperceptiblement le confort privé et isolé se perd et laisse place au vide. Jadis, les immeubles d'habitation étaient nettement divisés en deux parties, publique et privée. On recevait ses hôtes du côté public. Aujourd'hui, on ne construit plus que des côtés publics.

> *les 5 000 nouveaux mètres carrés de drake*

JESSICA

Les troubles de la vision de l'écrivain sont manifestement des accidents ischémiques transitoires, des troubles passagers de la circulation sanguine dans le cerveau. Ils sont provoqués par des embolies cardiaques causées pendant une opération, par des kystes calcaires, des caillots, diverses particules et de l'air. L'ouverture du clampage aortique fait que, sous la pression, le sang déferle dans les vaisseaux, moment où des particules de calcaire ou autres résidus se détachent de la surface pour venir endommager le cerveau. La moitié des patients ayant connu un accident ischémique transitoire sont toujours en vie au bout de huit ans.

MIKAELA

J'aime que la littérature me cultive aussi dans le domaine des faits, mais j'ai des doutes quant à l'usage des sources. Dans ce livre, les informations ne donnent heureusement pas l'impression d'avoir été acquises au cours du processus d'écriture.

Un écrivain devrait toujours écrire en se fondant uniquement sur ses connaissances et sa mémoire propres. Une information brute qui vient d'être recueillie tranchera sur le reste du texte et ne se fondra pas dans les autres ingrédients. Au lieu de cela, une erreur factuelle flagrante en matière de cardiologie, sur laquelle les relecteurs n'auront pas eu le réflexe de passer un coup d'enduit, donnera un aperçu de l'intériorité qui aura produit le savoir bancal du personnage.

Il ne faudrait jamais procéder à la vérification des faits dans les livres.

PETER

(l'opération)

Mohamed Salah. J'ai été opérée par un homme qui lui ressemble comme deux gouttes d'eau. Je crois qu'il a servi de modèle au personnage du livre. Je le dis sans détour : me remettre de mon opération de la valve mitrale a été la chose la plus dure de ma vie, et je considère que c'est carrément se moquer que de faire une caricature littéraire du chirurgien qui m'a opérée. Il est diffamatoire que le chirurgien cardiaque occupe son temps libre à pratiquer des actes médicaux sur des poulpes dans une salle d'opération prévue pour des patients humains. Comment ce serait même possible ? De transporter un poulpe à l'hôpital et préparer l'opération sans que personne ne s'en aperçoive ? Mon cœur est resté arrêté (clampage aortique) pendant quatre-vingt-sept minutes, et l'ensemble de l'opération a pris le triple de ce temps. Trois cœurs du poulpe, ça multiplierait la durée par trois encore. Comment un rituel pareil pourrait s'effectuer à l'insu du reste du personnel ? Et comment quiconque

ayant la formation supérieure de Mohamed Salah pourrait se lancer dans un tel projet ? Un médecin qui accepte d'étudier des poulpes avec des instruments destinés aux humains met en danger la sécurité des patients et dégrade le caractère sacré de la personne humaine. J'ai mangé des dizaines de fois du poulpe pour me nourrir, mais je n'ai jamais dit un seul mot inconvenant près d'un corps humain.
OUTI

(entre cœurs)
Mon admirateur m'a envoyé une carte postale de Mars. On y voit le Soleil, notre Soleil, se coucher derrière des collines orange acérées. La carte a été envoyée d'un R-Kioski du quartier mais elle évoque « les distances que (je) cause en lui ». C'est gênant d'être la toquade de quelqu'un, en partie par la faute du malentendu que provoque notre système hormonal, certes indépendant de notre volonté mais reproduit à l'identique chez nous tous. Quand je suis assise tard le soir aux arrêts de bus, ce même malentendu me scrute sous les manteaux et les cols. Si je dis le mauvais mot, je peux me retrouver prisonnière des rêves d'un malheureux pour le restant de mes jours. C'est pour cela que je n'ai aucune passion pour les éloges de la femme que les écrivains sujets aux malentendus aiment à placer dans leurs livres. Ils croient en la vérité de leur sentiment alors même que celui-ci les conduirait non à la lumière mais à l'obscurité. Ceux qui suivent leur cœur sont en général des sujets d'angoisse pour ceux qui sont plus intelligents. Si ce n'est un courrier envoyé d'une planète étrangère, je trouverai dans ma boîte mail une playlist Spotify dont la raison d'être est de partager des secrets entre cœurs.
PETRA

p. 39
Elle voyagea à Naples où elle se fit faire un costume déstructuré. Elle prit un bateau pour Ischia le temps qu'on lui confectionne sa tenue. Elle commanda des pâtes au poulpe. Pendant qu'on cuisinait son plat, elle observa depuis la terrasse du restaurant une dispute qui se jouait sur le pont d'un yacht. Elle admirait les cheveux ondulés des parties querelleuses, où l'on voyait la marque d'heures entières de travail. Les chevelures conservaient leur forme sans se soucier des arguments et de leur valeur de vérité.

La conviction d'être une personne très innocente. Le péché ne m'a jamais vraiment touché. Tout n'est que surface et jeu, apparence d'événement, et la surface est ensoleillée.
VILLE

p. 189
Avant de devoir arrêter de boire à cause de ma santé cardiaque, je me mettais une mine 1,85 fois par mois. Cela aussi, comme tout dans ma vie, semble peu, mais entraîna une grande souffrance. Il serait bon que je calcule au moins précisément combien de nuits la personne qui m'est la plus chère a dû attendre le retour de la personne qui lui est la plus proche. Je ne sais, je ne peux, je n'ose.

Même si je passe désormais sur chaque mauvais coup qu'elle me fait, jusqu'à la toute fin, j'aurai toujours une dette envers elle. Je ne rentrais pas quand elle me le demandait, ni quand je le promettais. La compagnie des trinqueurs remportait toujours la victoire. Il n'en fut jamais autrement.

J'ai toujours pensé que je n'étais que de passage ici. Tout ce qui dans ma vie a l'air normal est du chiqué ou le résultat d'un exercice. En vrai je n'ai pas les prérequis pour quoi que ce soit d'ordinaire. Je ne dors pas, je ne mange pas, je ne parviens pas à excréter. Mon corps est totalement non fiable. J'ai peur des gens. Je ne me souviens pas d'un seul matin de mon existence où je ne me serais pas réveillé angoissé. Pourtant, quand mon temps approchera de sa fin, je n'aurai pas envie de partir d'ici.

VILLE

Il y a soudain des dizaines de gens dans Mäkelänkatu, des jeunes hommes, sur la chaussée. C'est mon pire cauchemar. La voiture, qui est mon refuge, devient dangereuse. Les jeunes hommes vont faire tanguer le véhicule, le retourner comme une tortue, donner des coups de pied dans les carreaux, le fracasser avec des tuyaux. Ils vont casser la vitre, nous tirer dehors ou asperger l'habitacle d'essence.

Je tente de faire marche arrière, mais il y a des hommes derrière moi aussi. Quelqu'un va sauter sur le toit. À pieds joints. Ma magnifique voiture fulmine d'une sainte colère. La voiture est en panique. Elle essaie de dire quelque chose, mais ses mots se perdent dans le brouhaha du dehors. Une longue lame plonge à travers le toit. J'appuie sur l'accélérateur. La voiture s'élève dans les airs. J'ai pitié d'elle. Elle est belle et brave, mais pas faite pour un monde comme ça. Elle ne sait pas qu'une foule d'hommes est impossible à arrêter.

Pourquoi est-ce que je pense à des trucs pareils ? Que se passe-t-il en moi ?

J'observe les hommes traverser la route en traînant la patte, personne ne me regarde. Ils s'avancent vers leur but intérieur, qui n'est pas mon confort numérique. Je regarde

mon client, il ressemble à un petit enfant. Je me dis que je suis son père, ou sa mère, je demande plus de chaleur. La chaleur se fait. De la main droite je remonte le plaid. La physionomie de mon client est lointaine, presque neutre, et exprime un sentiment qui m'est inconnu. Puis nous reprenons notre chemin. La route est à nouveau ouverte, large, sèche, sans défaut. Le soleil du soir ridiculement orange qui irradie bas me fait penser à la Terre et à son rôle dans le système de ses semblables. Nous passons devant la piscine de Mäkelänrinne. Je vais bientôt m'engager à droite, dans l'accès au Hesburger. J'ai besoin d'un café. Mon esprit est flottant, inquiet, en manque d'embrassade.
RAUNO

J'ai la force de t'attendre.

Qui aurait deviné que la durabilité de la Terre serait si mauvaise ? L'homme vient sans doute à peine de commencer à jouer qu'on lui retire ses jouets. Si je racontais l'histoire d'une planète si faible qu'elle ne supportait pas la créativité de ses habitants, quel crédit lui accorderait-on ?
ESKO

Ce qu'il y a de plus impressionnant avec les calamités telles qu'une opération du cœur ou une explosion nucléaire, c'est qu'elles n'ont finalement aucun effet, que rien ne change. Les catastrophes s'accompagnent toujours du désir d'un changement, du désir d'une vie nouvelle, de nouvelles façons de penser, de nouveaux sentiments, du désir de voir l'inutile disparaître, le noyau se condenser, l'amour proliférer, la mesquinerie être mise au rencart, les choses devenir substantielles, l'existence augmenter, du désir de participer à la vie. Mais rien ne change. Le changement aussi est ailleurs. C'est cela, au final, qui fait de la catastrophe une catastrophe.

C'est quoi, d'attendre soixante-cinq ans?

(critique du lecteur)
En tant que lecteurs nous ressortons nos mêmes vieilles idées et sujets pour tous les ouvrages. Quel livre pourrait survivre dans ce désert?

Installés au comptoir, nous proposons à une personne prometteuse le même amour qu'à la précédente.
JEREMIAS

De si nombreux poèmes et chansons ont tenté de dépeindre cet instant d'une claire nuit d'été où on a pris trop de cocaïne et on se retrouve tout seul dans le jardin, les marmottements des gens qui sont au sauna au bord de l'eau vous parviennent de loin sous forme d'exhibitions bizarres, les ombres vaquent en courant et, au paroxysme de la nuit, c'est une hâte incessante.
L'AMI PANU

(du jeu avec les objets)
« J'observe si ses talents d'actrice ressortent lorsqu'elle est avec moi. Sa manière d'enlever son collant. De le poser sur une chaise. Joue-t-elle la fragile? Marche-t-elle avec une démarche exagérée? Est-elle à nu quand elle se met nue? Est-elle réellement inquiète? » (p. 236).

Observe les gens qui sont à l'aise avec les objets. Les gens qui utilisent les objets naturellement, qui réfléchissent avec un briquet ou un cure-dents. Qui ne prennent pas garde à ne pas renverser. Qui reposent leur verre sur la table d'une manière chaque fois légèrement différente, en fonction de leur humeur. Qui ouvrent et referment les portes comme il se doit et sans danger.

JEAN

« L'acteur qui joue le mieux avec les objets est Jack Nicholson » (p. 79).

Observe Jack Nicholson avec les objets. (Écris la façon toujours variée et précise dans ses variations qu'a Nicholson d'être avec les objets. Ne sois pas approximative avec les objets.)

MINTTU

La malocclusion de Michael Douglas.

SELJA

p. 131

Afin de nous faire une idée des proportions des unités de refroidissement de la ferme Ethereum, mentionnons qu'un de ses bassins les plus récents a été conçu pour abriter un calamar géant.

Le taxi ambulancier rêve d'une trombe venant aspirer l'eau des bassins jusqu'au ciel et emporter les poulpes. Ce serait impressionnant de recevoir sur le sol de son bureau un calamar de deux mètres qui aurait traversé le plafond.

Le taxi ambulancier raconte qu'une baleine s'était échouée sur la plage de la zone résidentielle où habitait Bob Dylan, qu'elle puait tellement que tout le monde restait confiné à l'intérieur. Pour la star de la folk, ce fut synonyme d'une période d'inspiration. Il contemplait la baleine pourrissante par sa fenêtre et jouait ses mélodies. Le chuintement des gaz et les gargouillis des organes internes donnaient l'impression que la baleine respirait. Elle produisait, aux heures de la nuit, des sons atroces, comme si elle vomissait et rugissait tour à tour, elle soufflait simultanément des immondices par son évent, sa bouche et son anus. Puis, un matin, la baleine avait disparu. Une trombe l'avait emportée. La star de la folk remisa sa guitare.

Le taxi ambulancier a aussi évoqué le hangar situé dans la cour de sa maison d'enfance, abritant une batterie et des guitares. Quand il était tombé amoureux, il y avait oublié sa plantation de cannabis et son ordinateur qui minait. Réaliser une décennie plus tard qu'il n'a cessé de miner des bitcoins pendant tout ce temps.

(pour un amour perdu, un dimanche d'émotion)
Le dimanche je m'installe pour bosser ce cul. C'est une merveille mûre, musculeuse, recouverte d'une fine couche de graisse. Il fait partie d'un corps fonctionnel bien exercé où loge un esprit virevoltant lestement dans l'intervalle des mondes. J'adore ce cul et je ne peux pas m'empêcher d'y penser au cours de mes journées. Si je ne disposais pas de cet agrégat de bonnes pensées et de nutriments, ma vie serait insipide, sans un grain de folie. Je ne ferais qu'une avec mes instants, avec mes mots, le monde anéantirait mon piquant en une seconde. Maintenant j'ai mes dimanches, je m'installe pour exercer mon cul. J'ai survécu à six jours assidus et dociles, je peux aujourd'hui verrouiller ma porte et éteindre la lumière côté rue.
VEERA

(les rideaux invisibles)
Certains deviennent méchants à l'instant de mourir. Ils n'ont plus confiance dans la capacité de Dieu à juger, mais laissent échapper tout ce qui leur pèse sur le cœur depuis tant d'années. Ils reprochent aux gens leur nullité, qu'ils ne pardonneront jamais. D'autres en revanche disent tout le bien qu'ils ont prévu d'emporter dans la tombe. Les personnes qui leur sont le plus proches apprennent à leur surprise combien on a été ravi d'eux. Dans les deux cas, ces nouvelles vous tétanisent. Il vous faut des jours pour vous habituer à vaquer à vos occupations dans la lumière nouvelle qui baigne votre vie maintenant que ces rideaux invisibles se sont ouverts.
HELENE

Qui se fait rejeter a aussi en général quelqu'un qu'il rejette, aux messages de qui il ne répond pas, à qui il ne pense pas quand il ne se passe rien de spécial.
JOHANNA

Je suis en plein milieu d'un déphasage très large mais précis. Il est maintenant 12 h 27.
PIETU

p. 146
J'avais oublié pendant vingt ans la merveille que c'est de se baigner. J'en retrouvai le souvenir à Lähteelä lorsque, dans mon ivresse, j'entrai dans l'eau. Mon frère et moi étions en train de faire voile vers l'archipel de Turku. Mon prof de l'École supérieure de théâtre, qui par ailleurs me persécutait, m'avait qualifié de tête parlante, de tête sans corps. Il avait interdit aux autres élèves de travailler avec

moi parce que je l'avais fâché avec mes projets extrascolaires.

Plus tard, je fis partie, en tant que membre étudiant, du jury réuni pour sélectionner le maître de conférences en mise en scène. L'enseignant persécuteur était au nombre des candidats. Il était rouge comme une brique et complètement déboussolé par l'angoisse. Lorsqu'il me persécutait, jamais je n'aurais deviné qu'il était lui-même si faible. Sa personne humaine m'apparut peu à peu. En cela aussi que les membres enseignants du jury jouissaient de la situation désespérée de leur collègue, faisaient exprès de se méprendre sur ses paroles, ne voyaient pas la situation d'ensemble, l'histoire, le trac.

Tout ce mémorandum, le genre de choses que je fuis d'ordinaire, me fait me sentir puissant. Un peu de la même façon que j'avais redécouvert mon corps à Lähteelä et appris à en tirer du plaisir. Mon histoire resplendit quand je la regarde directement. Les bonnes choses deviennent vraies quand je ne mens pas sur les mauvaises.

(au sujet du poids des choses)
Si nous envions quelqu'un d'autre, nous envions le poids de sa vie.

Après son opération, Jan Holm a la sensation de vivre une vie deux fois plus dense qu'avant sa maladie cardiaque, il sent que son effet sur le monde est plus puissant que jamais : ses sentiments et ses pensées se prolongent et croissent dans les autres personnes, ils ont du tranchant et une prévenance engendrés par sa circulation sanguine revigorée.

On dit du poker qu'on ne l'apprend pas tant qu'on ne joue pas son propre argent. C'est un bien d'en arriver à payer la vie avec sa propre mort, cash. Les accidents et les calamités y contribuent. Un danger mortel fait fleurir la vie. J'aime la manière dont les mots de *Réception céleste* se mettent soudain à signifier, les objets à peser, la joie à s'allumer dans l'œil des soignants. Le paysage à la fenêtre de l'hôpital devient plus aiguisé, ses couleurs définies plus poétiquement.

SELJA

p. 150

Parce que, du fait de ma santé cardiaque, je ne peux plus boire jusqu'à l'ivresse, les pensées toxiques me tiennent sans cesse compagnie. Ma vie est privée de la résurrection et de la miséricorde, de l'humilité et du pardon inhérents à la gueule de bois. Je suis devenu un insupportable vertueux, mesquin, qui ne pardonne rien. Les offenses me tournent dans la tête sans issue. Que Dieu nous protège d'une bonne vie.

Je n'ai pas l'intention de lire *L'Infinie Comédie*, mais je l'ai imaginée il y a des années déjà et j'ai précisé l'image que je m'en faisais par des critiques et des articles. J'ai certes commandé le livre sur Adlibris et, après l'avoir un peu feuilleté, j'ai rabattu, effrayé, la couverture. Je ne supporterais pas qu'une seule phrase banale menace l'image que je m'en suis faite.

Tous les livres que je m'étais imaginé géniaux, sans exception, ont été des déceptions à la lecture, et il n'est pas facile, actuellement, de trouver une critique qui créerait des images grandioses. Il faut donc protéger ses vieux trésors avec encore plus de scrupules.

MAURI

(la fin du cerveau)
Après mon livre, je n'ai plus su m'aimer. Je le comprends aujourd'hui, deux ans après sa parution. Je me suis complètement rejeté moi-même. Je me déteste autant que les lecteurs détestent mon livre. Je me suis déjà abandonné plusieurs fois à une imagination dans laquelle je me fais sauter la cervelle contre un mur. Le spectacle sera laid, abstrait et univoque.

Les sportifs professionnels américains, boxeurs et joueurs de hockey, dont le cerveau a été endommagé par des commotions cérébrales répétées se tirent dans la tête parce qu'ils ne veulent pas laisser leurs cerveaux amochés aux mains des chercheurs.

Les sportifs sont bénis parce qu'ils peuvent éliminer leurs pensées minables, mais mon livre, lui, passera de main en main pendant des décennies encore.
TUOMAS

La production de Kalle Päätalo, quand on la regarde à la bonne distance, avec compréhension, est elle aussi un fragment.
JULIA

Du soleil je dirais qu'il est toujours aussi éclairant. Le déphasage continue. Il est maintenant 14 h 01.
PIETU

Lis *Réception céleste*, absolument. On en parle partout, mais je crois que certaines de tes singularités pourraient en être touchées comme jamais elles ne l'ont été par des phrases. Le livre est par endroits brutal et injuste en un sens que je te sais aimer. À d'autres, il s'attarde dans un entre-deux imprécis entre l'humour pince-sans-rire et les évidences relâchées. C'est aussi l'histoire très triste d'une personne qui se torture elle-même jusqu'à ce que son cœur tombe malade. Une personne qui apprend peu à peu à parler à son cœur et à lui demander pardon de son indifférence. Au final, quand le narrateur quitte l'hôpital, il est démuni, ouvert aux quatre vents comme un enfant.

VEIKKO

Chacun se fait son histoire de sa mort à venir. Et toi, quelle est ton histoire ? Te feras-tu écraser par une voiture ? Boiras-tu une bouteille de soda contenant du solvant ? Un passant te frappera-t-il à terre dans la rue ? Feras-tu l'expérience d'un accident d'avion ? Ton autocar se précipitera-t-il dans le vide ? Seras-tu l'un de ces dîneurs à qui l'on servira de l'amanite vireuse ? Recevras-tu un choc électrique à la suite d'une morsure de chat ? Une bande de chiens te surprendra-t-elle pendant ta promenade du soir ? Ou bien fais-tu partie de ces gens ennuyeux qui auront une occlusion coronaire ou seront consumés par un cancer ?

Jan Holm meurt d'un arrêt de la circulation sanguine. L'activité électrique de son cœur, abîmé par une fuite mitrale et une insuffisance, devient instable, et Holm est victime d'une arythmie ventriculaire qui lui est fatale.

On pourra trouver regrettable que la fuite mitrale n'ait pas été détectée à temps. Sa détection fut grandement compliquée par le fait que Jan Holm n'a pas osé aller chez le médecin parce qu'il avait peur de recevoir de mauvaises nouvelles. Il n'en aurait pas reçu, pendant un long moment. Chacun se fait sa propre histoire de sa mort à venir. Et toi, quelle est ton histoire ?

LUCIA

Nous vivons une époque antiseptique. Nous mourons plus rarement de septicémie et d'inflammation. Nous pratiquons des opérations toujours plus en profondeur, toujours plus loin, de manière toujours plus spécialisée. Au bar, nous encourageons notre équipe de football dans la solitude de nos domaines de spécialité.

SAMUEL

(la fatigue)

J'ai été touchée par le passage où le personnage principal fait le distinguo entre différentes fatigues. En tant que patiente narcoleptique, le sujet me touche de près.

« Si une tumeur cancéreuse peut être une belle fleur, dit le taxi ambulancier, il se peut que la fatigue qu'elle produit soit la langueur la plus douce qu'un être humain puisse éprouver » (p. 89).

TIINA

p. 219

Sur le chemin du retour de l'école, l'enfant traînait en arrière. Elle était contrariée parce que je ne pouvais plus la faire sauter en l'air ou courir dans le parc. Je lui dis que mon cœur guérirait, c'était sûr.

p. 327

Après la soirée au coin du feu organisée par les éditions Otava, je me retrouvai en train de danser sous l'horloge du grand magasin Stockman et d'écrire des poèmes en groupe, assis sur les pavés de la rue Mikonkatu. Je reviens donc aussi facilement à mes anciennes habitudes ? La souffrance ne signifiait-elle donc rien ?

Finalement, j'ai joué à des jeux assez merdiques toute ma vie. *Hidden & Dangerous* est d'une difficulté redoutable pour quelqu'un comme moi. Il m'a fallu apprendre chaque minute du jeu par cœur, mourir dix mille fois avant de comprendre dans quel ordre accomplir chaque action. Toute ma vie est passée là-dedans, à remplir des missions dans un jeu obsolète. Mon plus cher souvenir de vie est lié à ce jeu plein de bugs. L'appentis d'une baraque où un nazi solitaire tremble de froid à l'abri de la pluie, baigné par une lumière jaune chaleureuse. Le bruit de la pluie, sa périodicité s'apprennent vite. Un camion-benne, gris dans le gris, à peine visible. Les pas lointains d'un nazi sur le sable devant une autre baraque. Puis : le teuf-teuf d'un train à proximité. Ma vie est passée à me cacher comme ça dans des buissons, dans un jeu auquel on ne peut plus jouer en ligne depuis onze ans. Sur place, il ne reste que moi et les soldats dont je connais chaque mouvement.
MIKA

J'ai entièrement disparu du monde, maintenant, mais d'une manière tout à fait moyenne.
PERTTU

p. 240
Le prime time sur une radio ou une chaîne de télé commerciales est la meilleure cachette du royaume. Lorsque mes pièces radiophoniques publicitaires furent intégrées les vendredis à *Radio Nova Route*, le programme le plus suivi de Finlande, pas une des personnes que je connais ne les écouta, de toute l'année. Je n'aurais pas pu trouver où mieux me cacher avec mes textes. Si je prenais les manettes de la grosse

émission du samedi soir sur la chaîne MTV3, je serais caché de tout ce qui a de l'importance pour moi, autant des gens que des phénomènes.

Même à son dernier concert, Elvis avait un verre sponsorisé par Coca-Cola à la main. Sa soif ne s'éteignit jamais.

LE PLUS GROS CŒUR DU MONDE. Roman non écrit qui relate le voyage mouvementé d'une équipe de recherche internationale au-delà des mers avec pour objectif de mesurer le pouls de la baleine bleue.

Personne ne s'imagine sans doute sérieusement que je n'ai pas conscience de la platitude de tous mes textes. Je n'écris que pour écrire, et j'ai toujours eu dans l'idée que cette indifférence cardinale se voyait. J'ai renoncé à mes rêves de littérature il y a vingt ans. À l'époque je m'acharnais dans le but de faire de la bonne prose, mais je ne parvenais pas à produire une seule page correcte. Mon texte était compressé. En le lisant, vous aviez la tête prise dans un étau et le sang qui se figeait. Il fallait tout relire plusieurs fois afin d'y comprendre quelque chose. On disait dix choses dans une seule phrase, où ces dix mêmes choses étaient niées. Et pas une phrase n'était tout à fait vraie. Les enseignants de l'Académie critique ne pouvaient masquer leur dégoût. Un prof et poète d'âge moyen avait roulé mon texte en cornet, s'était donné un coup sur la tête avec et exclamé à voix basse : oh putain ! Un auteur comme moi, il aurait fallu lui casser la gueule sans sommation. Il aurait fallu me mettre à terre chaque week-end où, vaniteux, je gravissais la colline où se trouvait l'école. J'étais, littérairement parlant, de la pure merde. Mon arrogance donnait aux enseignants la tentation de me persécuter. Une strophe astucieuse de mon invention valait à mon sens mille fois plus que les manuscrits de roman des autres étudiants, alors même que j'aurais été infoutu d'écrire ne serait-ce qu'un roman de bas niveau. Pas même le premier chapitre. Mes tentatives d'écriture finissaient toujours en pschitt merdique.

Je suis devenu écrivain, oui, quand j'ai renoncé à tout ça et que je me suis mis à faire des trucs juste pour emmerder le monde.

PAUL

TROTTE-MENU. Je réfléchis à la honte d'une personne qui réussit quand elle se retrouve au contact d'un trotte-menu. Une personne qui réussit est toujours approximative, elle voit les choses en grand, elle délègue. On l'humiliera sans mal. Si un trotte-menu parvient à entrer dans la pièce, on le mettra dehors. Le trotte-menu est toujours en train de chicaner, il est colérique et se promène avec une « arme blanche ». Fais comme moi, dit la personne qui réussit, sans se douter que le trotte-menu le fera, mais pour un moment seulement. Le trotte-menu, c'est le génie qui s'arrête à l'instant, l'acuité à court terme mais des catastrophes majeures à long terme.

> bâclage

Une information merveilleusement poétique nous est donnée à lire sur un dépliant de la clinique du sommeil Coronaria : Il existe plus de quatre-vingts troubles du sommeil.

SIRU

Selon Matti Vaarala l'up-to-déité
Selon Väinö Valo l'immersivité
Selon Merja Mörkö la simultanéité
Selon Vuona Kaltainen l'ellipsisme
Selon Herkko Paaso l'éclectisme
Selon Seija Sarkko l'intersectionnalité
Selon Keijo Määttä l'intertextualité
Selon Elisa Elliluoma la contemplation
Selon Juha Vaarakari la compromentation
etc.
VESA-MATTI LOIRI

(le survivant)
L'unique survivant finit par apprendre qu'il rentrerait chez lui. Il attendait encore la dernière visite du chirurgien dans sa chambre d'hôpital, en forme d'adieux. On lui donnerait peut-être des ordonnances, des recommandations pour les soins à domicile, le numéro du service à toutes fins utiles. Après le petit déjeuner, il avait vidé sa penderie dans un sac Ikea bleu fourni par l'hôpital. Il était arrivé en gilet de sauvetage, les mains vides. Il avait rassemblé dans le sac Ikea les affaires que des parents éloignés lui avaient apportées : des paquets de bonbons pas ouverts, une peluche, un paquet intact emballé dans du papier cadeau bon marché.

Pas de nouvelles du chirurgien. Ce n'était pas surprenant, en cas d'opération urgente, il pouvait facilement avoir trois heures de retard sur l'horaire annoncé. Le lit avait été fait pour le patient suivant et il n'avait pas envie de le mettre en désordre. Il s'assit au bout du matelas et regarda tantôt par la fenêtre, tantôt le moniteur fixé dans un coin du plafond. L'appareil ne montrait plus les informations qui le concernaient, le boîtier et autres capteurs lui avaient été retirés en plusieurs fois, et voilà qu'il était libéré d'eux aussi. Il s'était mis d'accord au téléphone avec le syndic, il le rappellerait dans le taxi, comme ça celui-ci penserait à venir lui ouvrir la porte de l'appartement. Il n'avait pas mis les pieds dans son vaste cinq-pièces à Siltasaari depuis un mois. Toutes les choses étaient aux endroits où on les avait laissées. Dans la chambre d'enfant ou sur le lavabo de la salle de bains il y aurait aussi le téléphone de Matilda, dont l'oubli avait été la cause de leur dispute sur le bateau. Ils l'avaient appelé plusieurs fois depuis la cabine. L'appareil aurait sans doute reçu aussi des messages de ses camarades d'école, dans les premiers jours les habituelles vidéos de slime et de LOL, ainsi que des chaînes d'émojis remplissant l'écran, jusqu'à ce que, après les informations, ce soient des messages de condoléances et les versions en larmes de ces mêmes émojis.

S'il avait fait des spéculations sur pareille situation il y a un mois, il aurait déclaré sur-le-champ qu'il se tuerait. Le chirurgien allait passer et lui dire ce qu'il avait à dire, puis il savait qu'il commanderait un taxi pour rentrer chez lui.

T

p. 189

Les arts martiaux mixtes (combats UFC de MMA), que je regarde toujours au lit avant de dormir pendant que ma femme et l'enfant dorment à côté, seraient trop pénibles dans n'importe quelle situation pour beaucoup de gens de ma connaissance. Le tibia endurci atteint à la bouche l'adversaire déjà mis dans les vapes par un coup de coude, le gars s'écrase l'occiput sur le tatami et rebondit un moment. Ou encore, une façon décisive de mettre K-O : saisir son adversaire déjà affaibli à deux mains par le haut du crâne et tirer d'un mouvement puissant son visage sur la trajectoire d'un coup de genou. Le MMA a été l'inspiration centrale de ma vie ascétique après l'écriture et l'opération.

« Après avoir lu ce livre, tu le seras toi aussi, et ni la maladie ni la misère ni la mort ne te toucheront plus » (p. 7).

Lorsque sont parvenues de Wuhan les premières informations faisant état d'un virus qui se propageait rapidement, tuait 3 % des malades et pour lequel il n'y avait pas de traitement, et quand la Chine, qui n'a pour religion que la croissance économique, s'est mise à confiner des villes entières en interdisant aux gens de se rendre au travail, il aurait fallu agir. Vendre l'appartement, tout ce qui rapporte, acheter des puts pas chers, shorter tout le marché. Puis finir son café, saluer la barista et sortir dans la rue pour une vie nouvelle. Ne pas oublier de tousser dans sa manche et se tenir à deux mètres des autres. Y rester pour la fin de sa vie.

Quand deux millions de containers Maersk ne furent pas ouverts dans un port de Chine, les cours étaient encore élevés.

EVELIINA

Ce sont surtout des footballeurs et des hockeyeurs connus qui approchent Anne Kukkohovi via les réseaux. L'article paru dans le tabloïd *Iltalehti*, qui se base sur l'émission de Maria Veitola, *Yökylä*, laisse entendre qu'Anne Kukkohovi autorise des hommes choisis à venir pratiquer le sexe avec elle, mais seulement du sexe car Anne Kukkohovi a une règle : aucun homme n'a le droit de passer du temps en plus auprès d'elle. Je pense aux gros seins bruns d'Anne Kukkohovi sur la publicité pour *Danse avec les stars*. Ils doivent vous manquer à en pleurer, après y avoir goûté une fois et été obligé de se tirer sans attendre.

En principe, je ne serais pas surpris que, partant de la chambre d'Anne Kukkohovi justement, un nouveau mème du niveau de 2 Girls 1 Cup se répande sur la face cachée d'internet.

PERTTI

(le retour de l'esthétique de la chambre)

Existe-t-il des hommes qui savent tout faire dans le reste de leur vie mais dont l'engin ne fonctionne pas au lit ? Ville Leino, dont les statistiques de buts marqués ont connu un coup d'arrêt, souffrait aussi sans aucun doute d'impuissance, mais est-ce qu'un sportif qui enchaîne les performances année après année en souffre aussi, et je ne parle pas d'individus exceptionnels tels que Sidney Crosby (chez eux, l'impuissance se manifeste probablement plus que chez leurs équipiers), mais par exemple de Patrick Bergeron, un joueur de qualité, un attaquant de confiance, un magicien qui travaille dur dans les deux sens, un homme qui marque un point par match ? On peine à imaginer une nullité littéraire, un prosateur basique, souffrant d'une impuissance majeure. La médiocrité est toujours un manque de sensibilité, et l'impuissance une hypersensibilité.

Je ne sais pas, l'impuissance semble être un thème désuet. Écrire sur des sujets liés au sexe est une gageure à une époque où la pratique n'est pas à la mode. Au cours des quatre décennies précédentes, le sexe avait une saveur fraîche, progressiste. Désormais, le sexe vous évoque cet écrivain mâle d'âge moyen analysant son impuissance, à peine plus moisi que cette dame écrivaine qui s'enhardit et se répand d'une plume libérée sur sa folie sexuelle. La seule manière d'écrire sur le sexe à la page de ce monde néoconservateur est de procéder par insinuations, de revenir aux années 50. Je m'attends au retour de l'absurde esthétique de la chambre à coucher.

VERTTI

Tu te souviens du passage du roman où un groupe de gens se retrouve dans l'arrière-salle d'une boîte de nuit après la fermeture ? C'était à quel moment du livre, et qui racontait ça ?

Pas facile de savoir quelle image primera au final. À quelle image on reviendra quand tout aura changé. J'ai longtemps cru que les gens que je rencontrais, ou même les lieux où je rencontrais les gens, auraient une importance secondaire, en quelque sorte, par rapport à ma vie. Que ma vie se produirait ailleurs, en fait. On devrait renoncer aux expressions « en fait », « en réalité », « à proprement parler », « avant toute chose ». Elles t'égarent dans des visions pyramidales.

PAVEL

p. 151

Je n'ose toujours pas faire de pompes alors que deux ans ont passé depuis l'opération. J'ai mal au sternum, mes os pointent bizarrement sous la peau. J'évite de toucher la zone qui a été sciée.

Le contenu du livre serait-il résumable ainsi : la vie réalise chaque rêve de Jan Holm.

SUSANNE

(les chemisiers en soie)
Le résultat de ma recherche Google quotidienne sur Linnea, c'est que j'ai mis une bouilloire d'eau brûlante à chauffer et puni mes mains.

Je voudrais être assise sur le canapé de l'émission *Le Livre du matin* avec mes mains bandées et raconter que je les ai punies pour leurs mauvais textes et leur vilaine apparence. Je voudrais un public envers qui être honnête, proche, mais personne ne s'intéresse à mes confessions.

Linnea a l'air encore plus petite et fraîche que d'habitude lors de l'interview avec Anna Tulusto. Le résultat de mon googlage, c'est que je me rends compte qu'elle a décidé de se donner une image de personne qui met des chemisiers en soie alors que je ne l'ai jamais vue en porter. En plus ses cheveux n'ont jamais eu l'air aussi bien coiffés à la va-vite qu'aujourd'hui à la télévision. Il y a en elle cette supériorité parisienne insouciante que nous avions si souvent enviée chez les autres. Elle s'est mis dans la poche non seulement les journalistes littéraires mais encore les magiciens de l'esthétique. Aussi surprenante que ce côté bohème, il y a sa voix somnolente, son ton articulant précisément, une friture vocale que je ne me souviens pas avoir jamais entendue. Ses phrases sont si précises et bien construites qu'elle a dû s'y exercer tout exprès. J'ai entendu dire que les journalistes transmettent leurs questions d'avance si l'interviewé le souhaite. Comment pourrait-on sinon répondre sans pause réflexive à la question de savoir où l'on se situe dans la tradition de la prose autofictionnelle féministe ?

Ou bien serait-ce quand même que, si j'écrivais vraiment sur mon cœur et chassais ma rancune funeste, j'obtiendrais la même chose que Linnea ? Je n'aurais qu'à entrer dans la

même énergie et la même joie. Si je n'en suis pas capable, je n'aurai mérité rien d'autre que mon moi actuel.
MINTTU

J'adore les paysages écrits, quand un artisan de la littérature dépeint en phrases la beauté du monde visible. Qu'il crée avec ses phrases les pelouses familières et le chemin du manoir, les chênes, le coteau qui mène à la rivière. L'épervier qui mesure d'un coup d'œil le domaine, le bilan du patrimoine qui ne cesse de s'accumuler. Un bon écrivain travaille avec la précision et l'humilité d'un mosaïste.
PIRKKO

Deux mois après l'opération, Holm reçoit un appel des services hospitaliers d'Helsinki. On veut lui programmer un rendez-vous pour une échographie en raison de sa fibrillation atriale. Holm répond qu'il n'en a pas besoin. Il se remet d'une opération à cœur ouvert réalisée en urgence. La voix déconcertée au téléphone constate que les choses doivent donc être en ordre.

Si son frère n'avait pas été cardiologue des hôpitaux d'Helsinki, Holm serait encore sur liste d'attente, pas même pour l'opération mais pour les premiers examens. Les principales causes de fibrillation atriale sont les atteintes valvulaires. Malgré cela, on ne réalise pas d'échographie au moment où est posé son diagnostic, mais il lui faut attendre des mois pour accéder aux examens. Information plus effarante encore lorsqu'on sait que les spécialistes voulaient opérer Holm au plus vite parce qu'ils redoutaient que l'état de son cœur ne se dégrade de jour en jour.
TUULI

p. 302
Mets-toi en retrait de tout jusqu'à ce que tu aies terminé ton roman. Dans la vie, il est bon de faire des come-back.

p. 267
L'infirmière est prise d'une étrange hilarité lorsque le médecin lui dit que j'ai reçu le prix Finlandia. Elle qui pensait s'occuper d'une personne ordinaire.

Je fais la connaissance de mon nouveau voisin à Töölö, un homme dans la trentaine qui dit lire beaucoup et semble avoir une connaissance détaillée de la littérature incluant, entre autres, les noms de directeurs éditoriaux et d'auteurs expérimentaux périphériques, et même celui de mon ancien éditeur. À cette réserve près qu'il n'a jamais entendu parler de moi, ni d'aucun de mes ouvrages. Quand je lui fais savoir que mon roman sur l'architecte Engel a remporté le prix Finlandia il y a trois ans, il secoue la tête, consterné. Je n'en ai jamais entendu parler. Quand je lui dis que le livre parle de l'histoire d'Helsinki, le soulagement lui monte au visage : ah oui, tu as remporté le prix dans la catégorie essais. Non, en littérature. Le voilà replongé dans sa misère. Un type gentil, qui travaille dans la culture, amateur de littérature, qui ne voulait pas me vexer. J'y repense pendant une semaine. Suis-je si invisible ? Faut-il entendre que mon ouvrage est tellement ciblé sur certains lecteurs que les autres, comme lui, n'en gardent aucun souvenir ? Engel est-il un produit pour grand-mères ? J'aimerais n'accorder aucune importance à la célébrité. Le prix Finlandia a entraîné tant de tribulations que je ne pourrais plus supporter pareille déconfiture de l'ego. Pourtant, mon identité est celle d'un écrivain, et je ne peux m'empêcher d'être vexé de ce non-être. Pour ce type, je n'ai jamais eu aucune existence en tant qu'écrivain, à aucun titre, ni de nom, ni de mention ou remarque marginale, ni de nullité éreintée, ni quoi que ce soit. Les amateurs de littérature dans son genre sont-ils nombreux? Des centaines? La majorité?

Après une nuit de sommeil, je me sens rasséréné. C'est peut-être un cadeau du ciel : je vais pouvoir tout recommencer du début. Ma mauvaise humeur se perd peu à peu dans l'idée merveilleuse de cet oubli et de ce nouveau début.

Ne renonce sous aucun prétexte à te mettre torse nu. Ta cicatrice est belle. Le monde déborde de femmes dont le corps a été déchiré par les enfantements, et elles aussi sont en quête de plaisir sur les plages et dans les bars.
PETRA

p. 289
Au sushi de la rue Topelius, je revois la femme qui m'a torturé en surveillance cardiaque. Elle ne se souvient pas de moi, mais moi je me souviens d'elle. Elle rencontre des centaines de patients par an. Pour moi, elle était l'unique.

Fassbinder avait fait poser des tentures de cuir marron aux murs de sa maison.
PENTTI

À ce point du déphasage, je ressens fortement la séparation de certains motifs. Je suis toujours assis dans l'arrière-cour, je bois du Pommac. Le soleil n'est plus comme avant. Il est 15 h 18.
PIETU

Rue Aleksis Kivi je tombe sur un ancien prof de l'Académie critique. C'est un metteur en scène de théâtre et auteur qui a réussi, il me demande quelles sont les nouvelles. Je sais que je vais finir au lit avec lui dans les deux heures si je ne trouve pas de parade.

Il propose évidemment qu'on prenne un café et nous allons à Sävy. Il se comporte de manière désobligeante avec la barista, flatteuse avec moi. Je pourrais encore m'échapper, d'une manière.

Qu'est-ce que j'ai de spécial ? Un cul plus réceptif ? Je lui pose la question directement. J'ai déjà des tendances suicidaires de toute manière. Il dit qu'il est amoureux de moi. Qu'il l'est depuis notre première rencontre. Je me souviens d'un passage de son roman : il va se branler aux toilettes en plein milieu d'un déjeuner s'il est accompagné par une jeune femme. Dans son livre, il raconte avoir baisé avec mille femmes. Je fais durer, je vais me chercher un Club-Mate. Je lui demande ce qu'il se rappelle de la serveuse. Il ne se rappelle rien. La fille n'est pas belle. C'est pour ça. C'est pour ça qu'il a fait l'arrogant, le distrait, le gars plein aux as. Les belles femmes souffrent de la compagnie de types dans son genre, de leurs promesses jamais tenues. Après le Club-Mate, il me tire par la main pour me faire lever. Dans le taxi il pose ma main sur sa braguette. Je serre. Nous nous embrassons. Je serre plus fort. Une tache humide se forme sur son pantalon en toile. J'envoie un texto à Linnea : il a éjaculé dans le taxi. Il dit qu'il ne peut pas résister à mes doigts. Il dit qu'il est tombé sous leur fascination pendant l'atelier où nous avons fait des exercices de distanciation. À l'arrivée, je décide d'être indépendante et je retire tous mes habits dans l'entrée. D'abord mon manteau en laine. Je l'accroche à un cintre. Puis mon pull à col roulé. Au portemanteau. Puis mon jean. À une patère. Puis mon tee-shirt. Sur le dossier d'une chaise. Je n'ai pas de soutien-gorge. Pour finir j'enlève ma culotte, je la jette par-dessus mon épaule et je le suis au salon. Je me tiens sur la bordure du tapis et je me rends compte que j'ai mes chaussettes roses à dentelle aux pieds. Je m'assois sur le canapé en cuir, sensation agréable sous le cul. Il fonce dans la cuisine. Des negronis, il s'écrie. Campari, vermouth rouge, gin, à égalité, un zeste d'orange, des glaçons. Il pose un verre sur ma cuisse, je pousse un cri, et me le met ensuite dans la main. Nous buvons nos negronis et nous sifflotons. Dans la cuisine on entend *Father of the Bride* de Vampire Weekend. Une fois son verre vide, il se met à genoux face à moi, m'écarte les cuisses et plonge sa tête dans mon entrejambe. Je sais que je pue mais aussi que ces hommes-là s'en fichent. Après mille femmes, on n'a plus de surprises. Je me détends et je profite. Je suis là un moment.

MINTTU

Claude Bernard est l'inventeur du cathétérisme cardiaque. Il a mesuré la pression dans les cavités cardiaques d'un cheval à l'aide d'un tuyau en caoutchouc qu'il a introduit le long d'un vaisseau sanguin jusqu'au cœur de l'animal.

Avant, on pensait que le cœur du cheval était une grosse pompe, tandis que le cœur humain confinait à la magie. Les chevaux ont appris des choses à Claude Bernard avec leur cœur et leur souffle vital.

AATOS

Un roman, c'est un style avant toute chose. Le style, c'est un trou de serrure donnant sur un monde. Une lentille à travers laquelle on voit le monde. En dehors du style, il n'y a rien. Pas de personnages, pas de pensées, pas de structures. Rien d'autre n'a d'importance dans un roman. Tout le reste sera oublié, mais le monde qu'éclairera le style demeurera.
VELI-MATTI

p. 39
Nous apprîmes que le père de Tuukka n'avait pas encore capitulé. Il avait prié pendant des jours auprès du corps, peut-être même une semaine, à chaque minute qu'il ne dormait pas. La Bible avait promis que les morts se réveilleraient. Le père de Tuukka n'avait sans doute pas songé qu'il aurait un jour à réclamer l'accomplissement de cette promesse, mais ce jour était pourtant venu.

Tuukka était le meilleur ami de mon frère. Le camion-benne qui avait surgi derrière le panneau de signalisation avait laissé la vie sauve aux autres mais emporté Tuukka.

À la fin, le corps commençant à se décomposer, on força le père à arrêter. Celui-ci était encore là pour l'enterrement de Tuukka, mais on ne le revit plus après.

Les êtres d'action au grand cœur s'exposent aux trahisons du monde. Ce sur quoi le père de Tuukka avait bâti sa vie le trahit au pire moment.

Au plus profond de ses prières, le père de Tuukka sentit peut-être que ça y était, maintenant, le cœur de son fils allait ressusciter, ses yeux se rouvrir. Mais si près qu'il fût passé du miracle, celui-ci ne se réalisa pas. Son fils resta mort.

Puis-je penser que le père de Tuukka était un être maudit, venu sur cette Terre pour souffrir excessivement ? Ce n'est pas possible, n'est-ce pas, que votre enfant, pour lequel vous donneriez votre vie, meure malgré tout? Que tout le dérisoire poursuive son existence, mais que l'unique chose qui importe vous soit retirée?

Je ne pardonnerais jamais si mes prières étaient un jour écartées de cette manière-là. Jamais. À côté d'une trahison pareille, Dieu apparaît tellement dérisoire, minable. Infâme. Le père de Tuukka avait servi Dieu pendant des décennies uniquement pour comprendre qu'il ne serait pas écouté au moment où il aurait besoin de quelque chose.

On ne revit plus le père de Tuukka. Quelqu'un rapporta qu'il avait déménagé en Laponie. Je n'ai rien appris d'autre.

Je suis bourré de pensées glauques. De pensées glauques sur moi-même et de pensées glauques sur les autres. Je suis tout près de la violence. Je passe chaque nuit à regarder de la violence sur internet. J'exprime colère, amour, passion, pitié et mépris par la violence. Ce dont j'avais peur hier est aujourd'hui ma force. Quand je me suis disputé avec un ami il n'y a pas longtemps, je l'ai brutalisé, ça lui a fait peur. Je n'ai plus de nouvelles depuis. Je suis proche de mon premier passage à l'acte majeur. Il est partout palpable. Je l'ai dit, enfermé dans les toilettes du huitième étage du grand magasin Stockmann, d'abord en chuchotant, puis plus fort. Je ne sais pas s'il y avait des gens dans les autres cabines.

Jan Holm me connaît, sans tout à fait oser le reconnaître. Il a écrit de belles pages contre la saloperie. Moi, il me met directement en garde : cela ne vaut pas la peine d'apprendre de nouveaux trucs à la chair, car la chair n'oublie rien de ce qu'on lui enseigne un jour. Si tu secoues un enfant, tu le secoueras une deuxième fois. Le mécanisme est le même que dans les nouvelles sensations corporelles.

Rien ne se produit qu'une seule fois. Ce bizarre trouble de la vision réapparaîtra un an plus tard. À moins que tu ne brises la règle par un suicide. Si tu ne parviens pas à te tuer, tu réessaieras.

Les stars du rock se tuent jeunes parce qu'elles veulent mourir innocentes. En avalant des Xanax enrobés de fentanyl en live sur Instagram, Lil Peep savait que sa vie future se serait résumée à la perte de l'innocence. Tout ce que tu recevras, tu le paieras de ton innocence. L'innocence est l'unique moyen de paiement ici, et rien de ce qu'ils vendent ne vaut le coup. Chaque Lil Peep de quarante-six ans a perdu son innocence. Le futur n'est pas pour nous. Le futur ne marche jamais.

JANOS

p. 205

Au milieu de tous ces meubles obscurs, séculaires, brille maintenant une commode blanche. Tu me dis qu'il ne s'agit pas de n'importe quelle commode. C'est la Malm de chez Ikea, la commode tueuse d'enfants. De si nombreux enfants sont morts sous la commode Malm aux États-Unis qu'elle n'y figure plus au catalogue.

JOHN SPANO est un Américain qui, sans un dollar en poche, avait réussi par tout un tas de magouilles à devenir le propriétaire des Islanders de New York. Avant d'être mis en prison pour ne pas avoir honoré la transaction, il avait retourné la série de défaites des Islanders en victoires.

Dans *Réception céleste*, il y a une photo de John Spano au mur du bureau de Jan Holm.

p. 221
Mon spécialiste de la gorge était un jeune homme plein de sagesse. Il inséra sans prévenir la caméra dans ma narine et descendit jusqu'à mon pharynx. On voyait mes muqueuses sur l'écran de l'ordinateur. La salle de l'hôpital chirurgical d'Helsinki était étroite et remplie de gens silencieux. Le spécialiste de la gorge dit que l'être humain n'est pas censé tout ressentir ou du moins pas se concentrer sur ses sensations. Il dit que certains ressentent même les mouvements de leurs viscères. Que ce n'est pas bon. Ma gorge ne présente aucune anomalie physiologique mais la sensation, surtout si je ne sais pas comment m'en débarrasser, pourra me suivre pendant des années. Un jour pourtant je remarquerai qu'elle n'existe plus. Tout cela est extrêmement courant, dit-il. Extrêmement courant. Puis il me sourit comme à un fou.

Mon client est réveillé. Il est assis le dos droit et regarde paisiblement dehors. En me remarquant, il me dit qu'il a visité des lieux importants, réglé de vieilles histoires.

Nous approchons par l'ouest la ville qui s'assombrit, la longue avenue Mannerheim. Une fois que nous sommes parvenus au bout, au carrefour d'Erottaja, la ville est entièrement obscure.

« Je ne sais quelle direction emprunter dans ce paysage : celle menant à des perceptions spéciales ou celle menant aux perspectives miséricordieuses de perceptions éternelles ? » (p. 202). J'éteins l'affichage du livre sur le pare-brise.

Mon client me demande si je connais la Toyota Century. Je connais bien le monde de l'automobile, oui, y compris la Century. La sensation qu'on y a est très similaire à celle de votre véhicule, dit-il, mêmes suspensions, une impression plus proche du ballon dirigeable que de la voiture. Il me raconte le jour où il avait échappé à la surveillance de sa mère à Tokyo. Quelqu'un était venu le prendre en voiture au bord de la route et l'avait installé sur la grande banquette arrière d'une Toyota Century. Il se souvenait de cette ville lointaine dans mon véhicule. De ses larmes qui roulaient sur le siège en cuir. De sa mère qui serait partie pour toujours et qu'il retrouva ensuite. De l'importance aussi d'être émotif au contact d'une matière de qualité.

Il me raconte qu'il est allé prendre le café dans la maison de ses grands-parents à Puistola et dans le Massachusetts, qu'il a grimpé dans sa chambre d'enfant et regardé le terrain joliment cadré par la petite fenêtre. Une voiture était apparue près de la barrière.

Il me demande si j'ai été en danger pendant qu'il dormait. Si les soldats m'avaient arrêté. Je lui réponds qu'il y avait des types agités dans Mäkelänkatu, probablement en route pour un match de foot.

Mon récit le rend songeur. Comment pourrait-on mettre l'accent ailleurs que sur la force et l'habileté pour changer, demande-t-il. Et pourtant, j'aimerais avoir une partie de leur force, du moins ne pas reculer devant elle avec aussi peu de classe. Je ne sais même pas concevoir une centrale nucléaire. L'approche scientifique m'est restée étrangère, celle qui pense que tout est déjà là dans le monde, qu'il n'y a qu'à étudier, découvrir, comprendre les mécanismes. J'ai pensé que ce serait une sorte de soumission, un truc qui vous bouffe.

Il me parle de Nick Cave, qui produit son meilleur travail lorsqu'il se fait transporter sans but dans une ville inconnue. Sviatoslav Richter, en revanche, prodiguait ses conseils aux taxis des métropoles du monde, sa mémoire était ainsi faite. La littérature pianistique mondiale est privée d'ouvrages dans lesquels Richter se laisserait conduire et serait surpris.

Il me demande ensuite si je suis en bonne santé, si mon cœur va bien. Il me parle d'une connaissance à lui qui s'est réveillée en plein milieu d'une intervention cardiaque. On oublie que l'hôpital est un entre-deux concret entre les mondes, dit-il. Beaucoup d'êtres s'y déplacent en se moquant de ses murs. Un de mes rêves me l'a rappelé.

J'ai aussi fait un tour en Italie, dit-il, j'ai vu un couple de jeunes assis en terrasse, le garçon tripotait son téléphone, la femme trifouillait dans sa salade de langoustines, elle regardait les passants, dont je faisais partie. Allais-je mourir ? J'ai l'impression d'avoir failli mourir dans mon sommeil.

Je lui rapporte que, pendant que je le conduisais, j'ai lu et écouté un livre qui parle d'Helsinki. Il me demande comment cela s'est répercuté sur mon trajet. Je lui dis que le livre va à l'aventure mais qu'on y trouve le même élément unificateur : la ville. Je dis que, comme je regarde cette ville à travers mon chagrin, tout est nouveau. Le monde se renouvelle avant tout par nos pertes.

Nos histoires à tous sont très semblables, je dis. Nous avons tous des désirs. Il est rare que l'histoire de l'un ne vaille pas, mutatis mutandis, pour un autre. Une personne pourra apprendre énormément d'une autre, si elle accepte d'écouter. Les sentiments sont désynchronisés de leurs causes. C'est pourquoi nous peinons parfois à comprendre autrui. Il est courant que la peur se manifeste avant ou après la chose qui fait peur. Je veux dire : trop tôt ou trop tard. Les uns passent tout leur mariage à déplorer une perte future, mais quand celui-ci se termine, ils se sentent légers et libres. Tout est décalé. À mon avis, ce roman approche des choses très semblables.

Mon client regarde à nouveau dehors. Nous passons devant l'ancien octroi de Töölö, sur la droite on voit l'hôtel réservé aux patients. Il dit que nous avons atteint un âge où la vie devient soudain sérieuse. Les risques commencent à se réaliser. Si on a été frivole, c'est l'heure de payer la note. Si on n'a pas nourri ses talents, il commence à être trop tard. À cet âge, les petites différences dans nos choix passés prennent des dimensions gigantesques. Sur la gauche on voit le Rokkimäkki, le McDonald's célèbre pour sa décoration rock and roll dans les années 90, auquel mon client lance un regard nostalgique. Je lui demande s'il a faim.

Helsinki s'effrite, dit-il. Le vent transporte la poussière depuis les quartiers pauvres, où aucun de nous ne se rend. Il est difficile de ne pas sentir la destruction, la micropoussière qui s'est déposée partout uniformément. Si tu passes un doigt sur une table en terrasse du restaurant Elite et confies l'échantillon à analyser, tu sauras quelle substance tu as respirée bien trop longtemps.

Je vois ensuite ses yeux se refermer. La voiture baisse automatiquement l'intensité de la lumière. L'extérieur, l'obscurité et les publicités lumineuses pénètrent dans la voiture. C'est merveilleux de se déplacer dans la ville, de se configurer au gré des arrêts et des redémarrages.

RAUNO

(les dossiers médicaux)

Je lis volontiers des livres dont l'histoire est motivée par un accident. Une femme devient paralytique à la suite d'un accident et oublie vingt années de sa vie. Un chef étoilé reçoit un coup de poing et perd le goût. Toute une lignée se noie dans le naufrage d'une péniche. Un tueur en série compose son compagnon idéal à l'aide de ses jeunes victimes.

Mais les livres qui parlent de maladies, je ne supporte pas. Le simple mot de *maladie* me fait me sentir mal. Plutôt un corps mutilé qu'affaibli par la maladie.

MERZI

Chaque personne munie d'une bite est dans le fond croyante. Que ce soit le plaisir de la baise ou la honte de l'impuissance qui se profile, cela reste toujours au pouvoir de forces supérieures.

TIMO

Jan Holm projetait même la publication d'un ouvrage autobiographique, mais il a tout de suite réalisé combien il se sentirait déshonoré si le livre ne se vendait qu'à trois cents exemplaires.

Un petit chiffre de ventes ne fait ni chaud ni froid à l'honneur d'un roman artistique, au contraire, il peut même s'en prévaloir, mais pour un livre commercial, la mévente est une honte. Les livres de ces dernières années, dont le seul but était de vendre, on les retrouve dans les bennes à ordures. Personne n'a envie de les garder dans sa bibliothèque.

TUOMI

p. 240

Au cours de la semaine dernière, mon sternum a émis d'alarmants craquements et crépitations. Il est aussi particulièrement sensible. Deux ans et cent huit jours se sont écoulés maintenant depuis l'opération.

Mon souvenir des instants précédant la mort, c'est la disparition des sentiments. J'ai commencé à quitter ce monde dans un ordre spécifique, comme décidé d'avance. Le déménageur professionnel transportera d'abord les gros objets et les petits à la fin.

Tout s'est achevé comme en passant, quelqu'un a regardé son téléphone ou ri dans le couloir. Les infirmiers rient toujours.
VILJA

p. 341
Il s'est écoulé deux ans et trois mois depuis l'opération, et mon enfant âgée de dix ans n'ose toujours pas rester seule à la maison, pas même le temps qu'on sorte promener le chien. C'est dire si la convalescence est longue. Parfois mon enfant veut me parler à travers la porte des toilettes. Elle a une chose importante à me dire.

Un soir, elle dit qu'elle s'accuse de tout, de ce que j'ai failli mourir et de ce qu'elle n'a pas su m'aider. Je la prends dans mes bras et je la remercie de son courage.

(les images de la fin)
Le titre *Réception céleste* fait évidemment référence à la fin du roman qui se situe, en tout cas selon mon interprétation, dans un espace postérieur à la mort.

Ces pages sont écrites avec grand talent. La bizarrerie se glisse comme subrepticement dans les phrases dont la lente métamorphose commence à s'expliquer par la modification des conditions ambiantes.

La lecture est scandée par divers éléments mobiles familiers, des voyageurs de passage, les garçons du kiosque, la jeune fille qui traverse la place en courant, la gare qui s'élève dans les cieux.

ARMAS

Ce dont meurt Holm reste flou pour moi. L'opération par laquelle il passe était tout de même une chirurgie de remplacement très généralisée qui ne comporte pas de risques énormes chez un homme de son âge.

Je n'aime pas ce genre de flou. Quelqu'un pourrait me dire de quoi il est mort ? Ou s'il est mort tout court, d'ailleurs ?

Je tombe de plus en plus souvent sur des livres où les choses les plus importantes ne sont pas dites. On prétend que le plus important n'est pas le plus important.

IIVARI

Écoute l'aria pour alto de la Passion selon saint Matthieu : Erbarme dich, mein Gott. *Concentre-toi.*

Je veux de la littérature qui cause des crises. Tout autre type de littérature n'a aucune portée. Je veux avoir honte en lisant, me sentir vieux et con. Comprendre sur quelles bases primaires naissent mes propres livres. Combien ma vie est bête. Je veux être écrabouillé, annihilé et réassemblé.

Rencontrer Mahler à Helsinki a fait criser Sibelius pour un long moment. À raison. La musique de Sibelius est notre honte collective.

AARRE

p. 402
Je finis par aller voir un neurologue pour mes troubles de la vision. Le tarif d'une consultation dans le privé chez Mehiläinen est grotesque : trois cent cinquante euros. Il inclut une garantie de traitement, heureusement. Ledit traitement étant adapté au cours d'un suivi à distance par e-mails, jusqu'à la disparition des symptômes.

À mon entrée dans le cabinet, le neurologue me déclare sans attendre que ma situation est limpide. Il a lu mon dossier et peut m'assurer avec une parfaite certitude que mes symptômes proviennent des muscles, pas de la circulation sanguine. À la suite de la sternotomie, ma musculature souffre d'un trouble de l'équilibre. Je lui demande si la vision en double peut vraiment avoir pour origine une raideur de la nuque. Oui, bien sûr, répond-il, tout dans l'être humain est connecté par l'intermédiaire des membranes musculaires. Quand la nuque est vraiment très raide, les muscles des yeux le sont aussi.

Après un diagnostic pareil, on a plaisir à payer sa facture.

Dehors, au coin du Forum, je suis empli au plus profond de moi-même de confiance dans l'avenir, un sentiment que seule une visite chez le médecin réussie peut causer. Je crois que j'aurais gagné moins de confiance en l'avenir de la part d'un spécialiste moins cher.

Tout en me cherchant un endroit convenable pour déjeuner rue Aleksanterinkatu, je réfléchis aux changements qui ont affecté le système de santé. À la naissance de notre fille, nous avons décidé de ne pas lui prendre d'assurance privée. Nous ne voulions pas être les soutiens d'une évolution introduisant des inégalités de traitement. Aujourd'hui, tous les soins de santé importants passent par l'intermédiaire du privé. Et ce n'est pas seulement que l'argent vous ouvre les meilleurs services de médecine spécialisée, il vous faut aussi avoir des relations. Les meilleurs neurologues et cardiologues ont leurs clients attitrés. Il est extrêmement difficile de devenir membre de leur clientèle ségréguée, exclusive. Quand l'un quitte la rangée, de nouveaux sont déjà en train d'attendre. Avec de bonnes relations, on peut accéder à un entretien avec un spécialiste de pointe, mais pas devenir son client.

Le service public de la santé ne couvre plus que le minimum défini par la loi, auquel manque une expertise différenciée. Au niveau de la médecine, cela veut dire que, dans des domaines spécialisés comme le cerveau ou le cœur, si on n'a pas les moyens de payer et des relations, on n'obtiendra pas les informations fondamentales non plus. Me revient à l'esprit la panique causée par mon électrocardiogramme dans un centre de santé, et même deux. On avait proposé d'appeler une ambulance. Pour mon frère, les courbes étaient tout à fait banales et compréhensibles. Et maintenant, ce neurologue qui évoque les causes de mes symptômes avec une certitude parfaite. Je me souviens très bien que le cardiologue n'avait pas du tout envisagé la possibilité de causes d'origine musculaire.

Aujourd'hui j'ai pensé aller faire un saut au port de plaisance, mais j'y étais déjà passé.

Le déphasage a duré tout l'après-midi. Il est maintenant 18 h 02.
PIETU

(têtes contre têtes)
Chaque fois qu'un avion me survole, je prie pour qu'il tombe, mais il ne tombe jamais. Une fois, j'ai vu une boule de feu silencieuse, qui se formait dans un brasier d'essence, s'élever au centre de la forêt et j'ai pointé le ciel en jacassant. En proie à la terreur, j'ai couru en direction de la vision kilomètre après kilomètre, mais elle était si loin que j'ai perdu connaissance avant d'avoir eu le temps de parvenir au but.

Un homme en combinaison de travail prénommé Teuvo m'a ramassée. J'ai fait route à l'arrière de sa camionnette jusqu'à Kouvola. Le transport était doux et silencieux. Les parois étaient capitonnées de vieux matelas à ressorts hors d'usage. Il régnait un silence plus profond qu'en aucun lieu où j'ai été. Quand j'ai entonné le cantique *Sur un coin de terre perdue marchait*, ma voix a résonné comme si j'étais à l'intérieur de moi-même. Nous avons quitté la grand-route pour un chemin menant à un chalet. Je l'ai senti au fait que le gravier crissait. Nous sommes parvenus dans une cour ombragée d'arbres. Je l'ai su à la fumée qui ne parvenait pas à s'échapper dans le ciel. À la fin j'ai quand même été forcée de tuer Teuvo avec ma ceinture Balenciaga aiguisée parce qu'il ne me laissait pas sortir faire pipi. J'ai marché jusqu'au ponton et imaginé un avion en feu qui se refléterait à la surface noire et étale de l'étang. Qui se collisionnerait avec lui-même, et les voyageurs se cogneraient la tête contre leur propre tête et mourraient d'un traumatisme crânien.

L

Je n'ai jamais vraiment cru que les moments qui ont jalonné ma vie soient vraiment miens. Que je sois maintenant étudiant. Que j'aie une vraie petite amie. Que je sois l'auteur d'un premier roman. Que je sois réellement malade du cœur.

Maintenant je suis mort. Je fais partie du groupe des morts même si je n'ai pas, cette fois encore, la sensation d'y appartenir.

J'observe les gens, ils donnent l'impression d'avoir accepté ma mort. La vie de ma femme semble régulière, occupée, bonne. On dira bientôt : quand Teo était en vie. C'était il y a longtemps. Bientôt toutes les choses ayant trait à moi seront vieilles. Chaque jour un petit peu d'elles tombe hors de la mémoire des gens comme un objet léger tombe d'une table.

TEO

Linnea, je sais que lorsque j'ai négligé de te saluer par accident sur le Bulevardi, juste avant de prendre Yrjönkatu, les derniers fils se sont rompus entre nous. Toi aussi tu m'as vue, mais tu t'es dépêchée de t'arracher à la situation. Tu t'accuses peut-être de la même manière que je m'accuse moi-même. De toute façon, nous ne nous saluerons plus désormais. Je me sens laide et rejetée. J'espère que c'est comme ça que tu me vois aussi.

MINTTU

Le cardiologue qui reconnaît à la sensation en bouche que le porc avait une maladie cardiaque, une cardiomyopathie. Il mâche le morceau soigneusement, le fait glisser avec une rasade de pinot, s'essuie la bouche avec sa serviette.

Le collègue qui prétend avoir détecté un cancer dans sa tranche de foie au restaurant Lehtovaara. Le cancer, pas encore développé mais catégoriquement grave, était, pour le goût, pareil au reste du foie. Il est impossible d'éviter que

des cellules cancéreuses soient servies au restaurant. On se dira que l'animal est devenu de la viande et de la nourriture, cela simplifiera les choses.
KRISTOFER

p. 202
Il y a aussi des matins où l'on a rêvé d'absolument tout. Chaque chose, objet, pensée ou personne qui se présente vous est connue de votre rêve de la nuit dernière.

À Herttoniemi, au bout d'une allée forestière, se trouve un portail doré. Notre voyage s'achève ici. Mon client remet à son poignet sa Tudor au cadran décoré d'une rose et descend de voiture. Il examine le portail de près et de loin. Il le flaire, l'effleure du doigt. Le portail est neuf, la peinture a l'air fraîche, la grille est en fer forgé. À travers ses quelques barreaux on aperçoit la forêt touffue. Un sentier faiblement dessiné, sans fin, la traverse en serpentant au milieu des troncs des pins sylvestres et des monticules moussus.
RAUNO

On pense que les ouvrages potentiels se comportent comme les ouvrages réels, à la différence que la trace mnésique qu'ils laissent est plus fragile, plus claire et plus belle. L'énergie : les pressentiments s'écoulent en direction des complétudes.
VESA

Il prenait soin de toujours se montrer à l'heure des opérations d'arbitrage. Le reste n'avait pas tant d'importance.
WALTER

SE DÉBARRASSER D'UN GALGO. Façons connues de se débarrasser d'un galgo à la fin de la saison de chasse.

1. Le pendre à des branches basses de façon à ce que le chien soit obligé de se tenir debout sur ses pattes arrière. Quand ses forces l'abandonneront, la corde lui mordra le cou. Le chien effectuera alors des mouvements des pattes avant rappelant ceux qu'on fait lorsqu'on joue du piano. Cette méthode est appelée *le pianiste*.
2. Le jeter dans un ravin. On jette du bois enflammé à la suite du chien, ce qui renforce l'efficacité de la destruction.
3. L'écorcher.
4. Le traîner derrière sa voiture.
5. L'abandonner loin de chez soi.

p. 417

J'interroge finalement un ophtalmologue sur mes troubles de la vision et lui parle des hypothèses du neurologue. L'ophtalmologue déclare que les troubles de la vision ne sont pas provoqués par ma nuque, en aucun cas. Les images en double peuvent provenir d'une fatigue oculaire pour laquelle il me conseille d'acquérir des lunettes d'ordinateur. Lorsque je lui parle de la théorie des membranes musculaires du neurologue, selon laquelle un trouble de l'équilibre musculaire causé par la sternotomie se répercute sur les muscles des yeux via les membranes musculaires, il ne se donne pas la peine de me répondre. À la fin, il déclare que les zones grises ne sont pas dangereuses et ne sont pas non plus causées par un problème de circulation sanguine cérébrale, mais si l'un des deux yeux devient entièrement noir, il faudra appeler une ambulance. Nous nous disons au revoir et nous souhaitons un très beau printemps.

Je ne veux pas mourir. C'est potentiellement la seule phrase vraie que je puisse écrire.
JUHA

p. 292
Mes nuits se firent plus claires et je m'endormis plus vite à partir du moment où je commençai à trouver la forme du véhicule que je me construisais sur la base d'un pick-up Brabus 6 × 6. Je passai des mois à le construire avant d'aller me coucher. Je voulais en faire une hypervoiture efficace, à l'épreuve des balles, capable de naviguer, nucléaire, exploitant largement l'intelligence artificielle et comprenant tous mes besoins, avec laquelle je pourrais franchir les océans et les déserts.

Sa caractéristique la plus importante est son autonomie spécialisée. Dans une de mes visions, le Brabus traverse un théâtre d'opérations en Irak et moi je dors dans son habitacle ergonomique. En raison de la dangerosité de l'environnement, sa vitesse doit être supérieure à trois cents kilomètres par heure et il faut activer un brouillage électronique.

Le poste de pilotage de mon Brabus a un petit air de stock-car, mais le luxe d'un G-Wagon. La vue de la cabine et le positionnement du volant me posent d'énormes difficultés. J'ai du mal à arrêter des choix définitifs. Je regarde la route tantôt de trop haut, tantôt de trop bas. Je m'endors en général au milieu de ces questionnements.

Chaque fois que je trouve une solution d'ensemble révolutionnaire pour mon ouvrage j'essaie de l'inclure sous la forme la plus petite possible.
LE CALEPIN DE MIRVA

(immortel)
Un homme qui ne meurt d'aucune manière. Un médecin qui se déshonore encore et encore en prédisant la mort de cet homme à sa famille, chaque nuit qui se présente. Tous les matins, pourtant, l'homme se réveille dans sa chambre, prend son petit déjeuner et contemple le ciel changeant de Meilahti. La famille vient le voir au compte-gouttes au cours du long après-midi. On ne respecte plus autant qu'avant ces visites échelonnées. Beaucoup travaillent sur leur smartphone pendant que l'ascenseur les hisse au bon étage. Il va encore falloir faire ses adieux. Il va falloir encore trouver un nouvel angle d'approche sur la mort et sur la vie.
VÄINÖ

Chaque disque postérieur à Giant Steps *a diminué la popularité de Coltrane.*

Je me suis promené dans Aleksanterinkatu en fin de matinée. Je me rendais au café Engel pour le déjeuner. J'allais y retrouver l'éditrice qui a lu mon manuscrit et y a fait des annotations précises, à son habitude, probablement supprimé des virgules et redressé des tournures passives. J'attendais avec enthousiasme ses commentaires revigorants.

Puis j'ai vu deux lunes dans le ciel et je me suis souvenu qu'il n'y avait aucun rendez-vous. En tout cas pas à un endroit où je saurais me rendre. L'éditrice est vraisemblablement chez elle en train de lire d'autres manuscrits. Peut-être qu'elle passe une journée de congé sur son bateau.
VENLA

Quand on a terminé le jeu des poèmes, est-ce qu'on voit le Vaisseau Mère ou l'Ender Dragon ?
PETRUS

p. 150
Indéniablement, cette peinture imitant le placage sur bois est très touchante.

Les animaux que tu vois sont des animaux alternatifs, ils existent au cas où les choses auraient suivi un autre cours. Mais à partir d'ici les paysages sont comme toujours.

p. 373
Je ne sais exprimer le sentiment que la rencontre d'aujourd'hui a fait naître en moi. Je me suis rencontré moi-même, ou du moins un jeune garçon qui donnait la vive impression d'être moi, à Hakaniemi, déambulant dans la rue Näkinkuja, franchissant les portes d'entrée de la paroisse de Salem.

Ce sentiment se double de la pensée que j'attendais davantage de la vie, une intensité supérieure. Comment se fait-il que tout soit si fade ? Avant, par exemple dans la salle de répète au sous-sol de Salem, les éternels moments d'ennui étaient nimbés d'une luminescence miraculeuse, de l'idée que cette expérience aussi serait considérablement relativisée par rapport à quelque chose de plus grand. Je veux sans doute seulement dire que tout était quand même si petit, futile, à l'état de brouillon et encore une simple anticipation. C'est l'enfance, plus longue que le reste de la vie, qui est la vie proprement dite. L'enfance est une publicité pour une vie qui ne viendra jamais. Elle met en place les bases d'un livre que personne n'aura le temps d'écrire.

J'ai toujours pensé que j'avais été un bel enfant, intéressant du moins, mais ce garçon déambulant dans la rue Näkinkuja, je le qualifierais plutôt d'insignifiant.

(la mort à linnunlaulu version 1)
Je me réveille tôt et enfile ma tenue silencieuse Ursus Ultra Light de chez Bearskin. À la porte de l'immeuble, je vérifie que je n'ai sur moi ni mon téléphone ni mes tablettes de glucose. Aujourd'hui j'ai l'intention de courir jusqu'au ciel. L'atmosphère est humide dans Vaasankatu. Le brouillard s'est répandu partout sur la verdure dans l'air matinal, ça fait des gouttes, chaque corniche, arbre et ses feuilles, ma cervelle trempée dans mon crâne aussi font des gouttes, leur tapotement rythmé est comme une musique des fées (voir Corot). J'ai pris une double dose d'insuline à courte durée d'action, vingt-quatre unités, et je n'ai rien mangé. Ma foulée sera longue et déroulante. Je quitte Fleminginkatu pour prendre Helsinginkatu.

Je referme derrière moi. J'appuie une deuxième fois sur le battant avec la paume de la main pour m'assurer qu'il a bien claqué. J'allume la lumière dans l'escalier. Je descends en trottinant et j'ouvre la porte de l'immeuble. Je suis dans Vaasankatu déserte. L'atmosphère humide et brumeuse me rappelle les matins où je n'y vois pas bien à cause de ma glycémie élevée. À travers le brouillard j'entends un brouhaha de paroles proche, mais je sais que c'est mon imagination portée par le brouillard.

Je suis sur la passerelle de Linnunlaulu, je n'arrive pas à respirer, tout mon corps tremble, le besoin de nutriments est gigantesque, de même la soif, je m'accroche à la rambarde et je rassemble mes forces pour reprendre ma course. À l'intérieur de moi s'ouvrent plusieurs sentiers verts entre lesquels je n'arrive pas à choisir. J'entends des conversations lointaines de part et d'autre de la passerelle. Je sais que d'un côté se trouve la maison des écrivains, la villa Kivi, théâtre de nombreuses beuveries et pleine de petites pièces où l'on se murmure des mots d'amour dans le silence. Holm raconte qu'il a visité ces petites chambres amoureuses. Une fois, au milieu de la soirée de publication d'un livre, la belle maîtresse de cérémonie l'avait attiré par la main dans son bureau et avait voulu se déshabiller. Voilà ce qui arrive à Holm de temps à autre. Quelqu'un l'entraîne à l'écart et veut se déshabiller. J'entends Holm chuchoter, refuser, accepter, marmonner, marmotter, pour employer le mot : vivre sa vie aux mille teintes et détails où tout est traversé par une empathie sexuelle miraculeuse. Je serre la rambarde mais le froid glacial se transfère à mes mains et toujours plus avant à mon corps, il se change en noir de suie. On dirait que seule une croûte friable sépare mes viscères de l'humidité ambiante qui s'illumine. Un train passe en contrebas, sans un son, ses phares ont la beauté des lotus sur les photos floues que j'ai eues un jour sur mon téléphone. Le train parti, je constate que, tandis que je courbais l'échine, la gare s'est soulevée et les anges sont descendus la protéger. Je vois la gare s'élever toujours plus haut, mais la passerelle s'est mise à filer comme une draisine dans la direction opposée.

Je laisse mes clefs de maison dans le panier que je garde sur la table du téléphone. Ma maison file. Je vois l'environnement changer par les fenêtres obscures. Tout en haut il y a un miroir dans lequel je me scrute toujours. J'ai tant écrit au sujet de mes sentiments que je ne vois plus rien sur l'image, la personne sur l'image n'éveille aucune sorte de pensée en moi. J'ai l'impression que tout, de moi, s'est

transféré dans les calepins soigneusement alignés sur trois rayons de ma bibliothèque. Je retourne mesurer ma glycémie. Je frappe légèrement le bout du majeur de ma main gauche avec la lancette et exprime une goutte de sang dont j'imbibe les entrailles du glucomètre. 3,4. Il y a encore un instant elle était de 11,1. Ma glycémie redescend vers la terre et sa légèreté nourrissante. Je jette un dernier coup d'œil. Les surfaces de la cuisine sont nickel. Les arbres fluctuent magnifiquement à la fenêtre obscure. J'éteins la lumière.
MINTTU

p. 320
Rien ne nous distingue l'un de l'autre. Même au niveau des plus menus détails, nous sommes la même personne. Tout ce que je fais, je le fais en ton nom, de même que toutes tes actions sont mes actions. Lorsque je suis allongé dans la baignoire de l'hôtel au milieu des sels et de la mousse que j'ai achetés dans la journée, je ressens tout cela dans mon corps, dans ma poitrine douloureuse et mon organe sexuel se raidissant, dans lequel le sang circule à une vitesse inédite au rythme implacable de la valve artificielle. Derrière les murs j'entends la dispute d'un couple singapourien. Un enfant court dans le couloir. Tout ce qui m'arrive se produit en toi.

p. 280
Après un déménagement, il reste toujours une charretée d'affaires dans l'appartement. Essayer de les éliminer est inutile. Un store à une fenêtre, que personne n'a songé à décrocher. Une pelle et une balayette dans un coin du salon

qui fait de l'écho. Un vase sur la tablette de l'évier, qui devait déjà être là.

Je réserve cet endroit à ce que je ne vais pas dire. N'ai pas osé. Je sais, moi, ce que je veux dire. Ce n'est pas que je l'aie omis, cela a sa place à soi, comme tout le reste.

(...)

Que je suis dans la salle d'opération. Deux ans et demi de convalescence et me revoici ici. Encore ici. Lorsque je suis entré à l'hôpital en novembre 2018, mes veines ont rejeté les aiguilles depuis la première canule. Il n'est pas jusqu'à l'anesthésiste qui n'ait échoué à poser une canule sur mon artère à la manière conservatrice. J'ai une cicatrice au-dessus du pouce, souvenir du point d'entrée de l'anesthésie. M'y revoici. L'anesthésiste cherche une veine dans mon bras gauche. Il n'y a que deux personnes dans la salle d'opération, un homme et une femme. J'ai appris que la préparation d'une opération cardiaque prend une heure avant l'arrivée du chirurgien. On m'a donné 20 mg de Tenox dans le service. On m'a ensuite transporté ici. D'abord une descente en ascenseur de dix étages, puis de longs couloirs étroits encombrés de bruit et d'objets jusque devant la salle, près d'un chariot de draps, où on est venu me chercher pour me faire entrer. Je me souviens d'avoir envoyé un message à Maija sur le chemin, mais c'est impossible. Mon téléphone était à ce moment-là déjà enfermé avec mes autres affaires dans un grand sac en plastique qui devrait se trouver dans le service de chirurgie cardiaque, où je retournerai si je ne meurs pas au cours de l'opération. Les deux personnes croient manifestement que je suis dans les vapes. Elles vaquent tranquillement à leurs tâches. La salle a l'air bizarrement décrépie comparée à mes fantasmes high-tech de salles d'opération. Je vais être entièrement transpercé de canules et de tuyaux, mais par ce premier trou je vais être anesthésié. Je vais leur confier mon corps et mes organes pour les heures suivantes. Ils pourront creuser et réparer autant qu'ils voudront. Arrêter et assécher mon cœur, le prendre délicatement dans la main et l'ouvrir au scalpel comme un fruit. J'ai l'impression que je ne devrais pas être là, qu'on m'a transporté trop tôt. Les occupations du duo ressemblent plus aux préliminaires de préliminaires, à un passe-temps avant que les choses proprement dites ne commencent. Puis c'est le moment, on m'anesthésie. Le médecin me dit : faites de beaux rêves. La substance pénètre dans mes veines. Rien ne se passe. J'examine le plafond et je pense au réveil qui me paraît à des années d'ici, alors que je vais être réveillé le soir même. À moins que je ne meure pendant l'opération. Ou si l'opération ne se passe pas comme souhaité, on sera forcé de me poser une pompe auxiliaire et je me réveillerai dans quelques jours. Je l'ai probablement déjà dit. J'essaie de détecter les premiers effets de l'anesthésique, mais rien de rien ne se passe. Puis la voilà, la vague bien nette qui va m'endormir, contre laquelle je ne pourrai rien. La salle tourne sur elle-même comme dans les films.

Mais pourquoi suis-je encore ici? Dix ans se sont-ils écoulés, la durée de vie de ma bioprothèse valvulaire a-t-elle expiré et faut-il la remplacer? Ai-je conservé mon argent dans des actions ou l'ai-je dépensé à autre chose? J'avais un plan : je laisse la Bourse faire croître mon capital jusqu'à ce que je subisse une nouvelle opération. Après, si j'en ai envie, je partirai en famille passer un an en Italie.

Notre enfant sera devenue majeure à ce moment-là. Nous lui achèterons peut-être un appartement.

Lorsque je suis entré à l'hôpital la veille de l'opération, il n'y avait personne, nulle part. C'était dimanche. J'ai pris un café avec mon frère dans la cafétéria déserte. Une fois encore. J'allais bientôt être appelé pour monter. L'infirmière était une femme d'âge moyen d'une beauté dominicale, qui m'a demandé de prendre une douche très minutieuse, comme si je me lavais deux fois. Après m'être séché, je me suis installé sur le lit et la femme a rasé les poils qui devaient l'être, dans le dos, à l'entrejambe, sur le haut des jambes. J'avais le droit de conserver une petite barbe, j'en avais parlé pendant des semaines. Après le rasage, la femme m'a posé des scotchs en suivant des règles précises qu'elle consultait sur la table de chevet. Elle a posé un gros adhésif molletonné dans mon dos, dont la mission était d'empêcher les lésions consécutives à la position couchée. Quand tout a été prêt, la femme est partie et je suis resté seul dans la pièce.

C'est dur de me dire que tout cet effort physique se profile une nouvelle fois. Aurai-je eu le temps de jouir de ma vie pendant la durée de vie de ma bioprothèse ? Ou n'ai-je fait qu'attendre ? Ai-je rien écrit de spécial ? Me suis-je souvenu d'aimer ma femme et ma fille, de soutenir mes amis ? De faire attention à mon frère ? Mes parents sont-ils encore vivants ?

La première douche est difficile. Les lésions sont si étendues que l'opéré du cœur a tout le temps une fièvre élevée. Il faut pourtant se remettre sur ses pieds tout de suite. Il faut beaucoup d'espoir pour puiser la force de prendre cette première douche. Après, on a de nouveau envie de dormir. On a tout le temps envie de dormir. Un opéré du cœur dort tellement qu'il refait tous les rêves de sa vie. Tout se mélange à tout. Il est vain de chercher à comprendre séparément la veille et le sommeil. La vie et la mort. Il faut juste espérer qu'un jour viendra un instant limpide, chouette, où que ce soit.

Et voilà qu'on m'emmène à nouveau quelque part. Le taxi ambulancier est incapable de me dire où.

Notre objectif n'est pas ce qui se voit, mais ce qui ne se voit pas ; ce qui se voit est provisoire, mais ce qui ne se voit pas est éternel.

Deuxième épître aux Corinthiens, 4:18.

REMERCIEMENTS

Je remercie chaleureusement mon éditrice Salla Pulli, mon éditeur Antti Kasper ainsi que mes excellents premiers lecteurs Jaana Seppänen, Anna Tuori et Maija Viikilä.

Je remercie pour leur soutien financier le Centre pour la promotion des arts de Finlande, la fondation Alfred Kordelin, la fondation WSOY pour la littérature et la Fondation du livre Otava.

Composition : PCA
Achevé d'imprimer
par CPI Firmin-Didot
à Mesnil-sur-l'Estrée, en octobre 2024
Dépôt légal : octobre 2024
Numéro d'imprimeur : 181633

ISBN : 978-2-07-299289-6/Imprimé en France

544798